元華文創
頂尖文庫 EA046

臺灣國際教育
政策與實踐

國際教育議題重要而備受關注，
本書以IPO為架構，
關注教育現場之策動，
論述臺灣國際教育之政策與實踐。

蔡 金 田
劉 素 珠

著

序 言

　　本有鑑於全球化之衝擊與地球村之生命共同體理念，學校教育國際化已然成為顯學，而國際教育乃成為新世紀教育改革與發展的重要趨勢之一。世界各國對於國際教育推動亦不遺餘力，2016 年經濟合作暨發展組織 OECD 更指出孩子是否具備理解國際新聞及分析議題的能力，將決定其面對全球化衝擊下的生活能力與職涯競爭力，並自 2018 年起增列「國際素養或全球競合力」（global competence）測驗項目於國際學生評量計畫（the Program for International Student Assessment, PISA）中，足見國際素養或全球素養係當代所重視與關心之議題，國際教育議題已成為國際組織與世界各國高度關注之新焦點。

　　在台灣，綜觀中央與地方戮力於國際教育政策之擘劃與推動，教育部 2011 年 4 月頒訂以扎根培育 21 世紀國際化人才為主軸之《中小學國際教育白皮書》，是啟動臺灣國際文教領域之新里程，更是指引中小學國際教育之燈塔。全球化與國際教育是吾人必須迎接的教育趨勢之一，而國民小學是國家發展的根基，在世界各國關注推動國際教育的潮流下，唯有小學階段扎根國際教育之永續政策與執行力，方能裨益培育具備全球移動力與競合力之國際化人才。

　　筆者鑑於國際教育議題日趨重要與備受關注、國民小學階段國際素養之扎根與重要性、國民小學階段國際教育本土化研究之闕如，以及關注教育現場推動現況等動機，本書乃以國民小學階段國際教育之實施進行探究。

　　本書共分為二個部分，第一部分為理論脈絡，共分為二章，包括背景脈絡與理論研究。內容主要敘述國際教育的背景，筆者研究動機及目的等，並

藉由國內外國際教育或全球教育相關文獻的梳理歸納，探究國際教育之內涵、台灣、英國與美國推動國際教育的政策現況等，進行論述與評析。第二部分為實證分析，共分為三章，包括實證研究分析結果與討論、實證研究分析結論，並據以對未來國際教育之實施提出改進途徑。內容係以推動國際教育之輸入（input）面向、過程（process）面向以及輸出（output）面向 之「IPO」為架構模式，針對 2012~2018 年申辦 SIEP 公立國民小學為研究對象，進行問卷調查研究，據以形成實證研究分析結果討論與結論，亦對未來國際教育之實施提出改進途徑和建議。

　　本書撰寫過程中，承蒙多位師長指導與斧正，以及承蒙元華文創股份有限公司的鼎力支持方能順利出版，謹致上最誠摯的敬意與謝意。雖然本書撰寫過程力求嚴謹，但疏漏之處在所難免，尚祈各方先進不吝指正是幸。

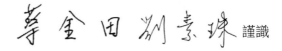

葉金田 劉素珠 謹識

2020 年 6 月

目 次

第一部分　理論脈絡

第一章　背景脈絡

本章主要分為五節加以敘寫，第一為研究背景；第二為研究動機；第三為研究目的與待答問題；第四為名詞釋義；第五為研究限制。

一、研究背景

本研究旨在探討臺灣國民小學實施國際教育之現況，茲就全球化促動教育革新、國際素養為全球新焦點以及白皮書啟動國際文教在台新里程三個部份，論述本研究之背景。

（一）全球化促動教育革新

21 世紀是全球化的時代，全球化促進國際間之依存關係；聯合國教科文組織（United Nations Educational, Scientific and Cultural Organization, UNESCO）鑒於人類和各國必須共同努力發展全球意識，去除刻板印象和偏見才能實現國際安全和社會包容，促進世界和平，因此在 21 世紀初提出「2001-2010 年世界兒童和平文化與非暴力國際十年」（International Decade for a Culture of Peace and Non-Violence for the Children of the World

1

2001-2010)(UNESCO, 2001)，並繼「2010 國際文化和睦年」(the International Year for the Rapprochement of Cultures 2010)（UNESCO, 2010）之後再提出「2013-2022 國際文化和睦十年」（UNESCO, 2013）。經濟合作暨發展組織（Organization for Economic Co-operation and Development, OECD）(2016) 更指出全球化激發創新、新經驗和更高的生活水平；準此，顯見國際組織對全球化議題的關注與籌謀。全球化已然成為當代社會文化的重要特徵（張樹倫，2008）。教育部（2011）呼籲全球化已不是一種選擇，而是必須面對的事實，全球化與臺灣發展息息相關，教育必須擴大深度與廣度，才能因應多元的文化體系並進一步與國際接軌。李英明（2012）則強調我們鑲嵌在「全球化」的過程中，而「全球化」也鑲嵌在我們的生活實踐中；處於當今世界，體認無疆界與牽一髮而動全身的全球化世界，係吾人須不斷面對與迎接的挑戰，是以，吾人須具足國際與全球知能，進而提升國際參與及跨國競爭的實力。

　　源於世界每個國家之歷史、傳統、文化和優勢等差異，全球化也以不同的方式影響各個國家，全球化是多元化的現象，也是對教育產生多重影響的重要環境因素（Knight, 2003）。周珮儀（2011）論述全球化的概念時指出，巨觀而言，政治、經濟、社會和文化的關係，不受領土和國家界線所限；微觀而言，生活周遭、影視媒體、均受全球化影響。教育受跨疆界之激盪與衝擊而促動一連串的革新，體認地球村概念應加強國際互動，多元文化社會結構與重建之需，國際教育的重要性也應然而成。李英明（2012）更提及在世界經濟與貿易組織（World Trade Organization, WTO）的框架規範中，教育領域已被視為准入承諾市場的一環，教育因此須朝國際化發展，以接軌國際及擴大國際合作的深度和廣度。蔡金田（2004）則主張教育要「面向世界、面向未來」，全球化對教育的影響之一便是重視國際教育，在面對不同族群的倫理與文化時，應側重人與社會之互動課程，透過多元教學材料闡釋世界體系之各種變革並共同學習與生活。陳怡如（2015）引用 Bates 在 2011 年所述，受全球化的影響，近十餘年全球國際學校迅速增設，使得各階段教育成為全球服務產業的一部分；廖文靜（2013）也指出，國際網絡交錯縱橫，世界已

發展成彼此競合、相互依存的地球村，臺灣的中小學教育也不能再安守在本地脈絡裡，國際教育是無可規避的道路；因應全球化趨勢與社會結構的變遷，國際教育在臺灣之實施已然刻不容緩（周祝瑛、陳榮政，2012）。

　　準此，有鑑於全球化之衝擊與地球村之生命共同體理念，學校教育國際化已然成為顯學，而國際教育乃成為新世紀教育改革與發展的重要趨勢之一。

（二）國際素養為全球關注新焦點

　　世界各國對於國際教育推動亦不遺餘力，美國、加拿大、英國、新加坡、南韓、日本、中國與澳洲……等國，透過提供獎助學金、各種期程之留學、研習或遊學課程、訂定各項國際教育相關法案或計畫、建置網路交流互動平台、結合非營利組織機構辦理營隊、國際志工培訓與服務學習、境外開設語言學校或文化交流參訪活動等，企圖達成國家文化傳承、經濟發展與確保國家安全之目的（邱玉蟾，2012；洪雯柔，2012；教育部，2011；黃月純、王如哲，2013；廖文靜，2013；劉靜宜，2013；蔡靜儀，2013a；鄭以萱，2013；Canadian Bureau for International Education, CBIE, 2013）。聯合國教科文組織和經濟合作暨發展組織（OECD, 2016）收集 200 個國家之數據調查分析提出2016 全球的《文化素養與國家排名》，結果發現芬蘭名列第一，美國排名第 7，南韓第 22 名，中國則第 39 名，臺灣並未列入其中（黃捷，2016）；OECD 主張未來公民應具備全球素養，因此於 2016 年 5 月 15 日宣佈：自 2018 年起將增列「國際素養或全球競合力」（global competence）測驗項目於國際學生評量計畫（the Program for International Student Assessment, PISA）中，同時提出「平等（equity）」、「和諧（cohesion）」、「永續（sustainability）」為國際素養的三大指標。OECD 更指出孩子是否具備理解國際新聞及分析議題的能力，將決定他面對全球化衝擊下的生活能力與職涯競爭力。而國際素養是培養學生具備解決問題的方向性之「導航能力」（王彩鸝，2016）。

　　教育部於 2014 年起亦委託台中教育大學辦理「教師合作問題解決教學能力提升計畫」之全球競合力課程推動（教育部，2014a），以因應十二年國民

基本教育之實施，培養現代公民素養，達成引導多元適性發展等目標。2015年聯合國教科文組織在韓國仁川市舉辦世界教育論壇，並通過《2030 年教育：仁川宣言》及其《行動框架》，更提出未來 15 年之新的教育願景：邁向包容、公平和優質的教育，以促進全民享有終身學習機會(UNESCO, 2015)。

　　承上所述，國際素養或全球素養係當代所重視與關心之議題，足見國際教育議題已成為國際組織與世界各國高度關注之新焦點。

（三）中小學國際教育白皮書啟動國際文教在臺新里程

　　教育部於 1995 年公布《中華民國教育報告書：邁向二十一世紀的教育遠景》，強調因應國際社會需要，提早實施國民小學英語教學及資訊化電腦多媒體輔助教學，以符應國際化之所需（教育部，1995）。2000 年頒布《九年一貫課程綱要》載明十大能力指標中之「文化學習與國際瞭解」，強調認識並尊重不同族群文化，瞭解與欣賞本國及世界各地歷史文化，並體認世界為一整體的地球村，應培養相互依賴、互信互助的世界觀（教育部，2000，2001a）。更分別於 2001 年及 2009 年 2 月推動與發布「推動高中職國際教育旅行計畫」及「教育部補助增進高級中等學校學生國際視野要點」，針對高中職提供國際交流計畫規劃的指導及經費提供補助（教育部，2001b，2009）；而前述之「推動高中職國際教育旅行計畫」及「教育部補助增進高級中等學校學生國際視野要點」已於 2012 年 11 月廢止並併入「教育部補助高級中等以下學校推動國際教育計畫要點」辦理（教育部補助高級中等以下學校推動國際教育計畫要點，2012a）。

　　2010 年第八次全國教育會議，鑒於國際教育在若干縣市或學校已暖身多年，但教育部卻缺乏導引，各校推動作法迥異，也無法將國際教育實務知識傳承與累積，實施成效自難評估，爰此，乃將「兩岸與國際教育」納入第八次全國教育會議中心議題，強調中小學國際教育推動機制與資源整合、課程發展和師資培育之議題，也奠定中小學國際教育之政策基礎；並於 2011 年 4

月發布以扎根培育 21 世紀國際化人才為主軸之《中小學國際教育白皮書》（教育部，2011）。

　　在地方政府推動國際教育方面，臺北市分別於 2002 年和 2010 年訂定《臺北市教育國際交流白皮書》及《2011-2016 臺北市全球教育白皮書》（臺北市政府教育局，2002，2010），以「世界級台北、全球觀教育」為願景之六年計畫，成為推動國際教育的先導縣市；高雄市於 2009 年以「海洋高雄、全球佈局～培育全球村的世界公民」為願景，首先健全組織運作（高雄市政府教育局，2009）；而桃園縣則以實現國際航空城為願景，提出「2020 桃園航空城教育計畫」，期許桃園在世界中成為有競爭力的城市，具備一流的學習知能、多面向的國際文化觀，並以「桃園領航‧教育起飛」為目標孕育「明日全球村的桃園人」，以「成就每個孩子」、「多元文化視野」、「國際溝通能力」、及「世界公民信念」等四個面向為教育理念主軸並依之規劃推動方案（桃園縣政府教育局，2011）。

　　綜觀中央與地方戮力於國際教育政策之擘劃與推動，教育部 2011 年《中小學國際教育白書》之頒訂是啟動臺灣國際文教領域之新里程，更是指引中小學國際教育之燈塔。

　　總而言之，全球化與國際教育是吾人必須迎接的教育趨勢之一，而國民小學是國家發展的根基，在世界各國關注推動國際教育的潮流下，唯有小學階段紮根國際教育之永續政策與執行力，方能裨益培育具備全球移動力與競合力之國際化人才。

二、研究動機

　　回顧臺灣清末的歷史，世界強國對中國之覬覦與清末官員未能瞭解國際脈動釀成八國聯軍之戰事；歷史的事件對現今國際教育之啟示乃在國際素養之闕如所造成的。臺灣雖以原住民為文化基礎，亦歷經荷、西、明鄭、日治與民國等時期，經歷 400 餘載的變遷與文化交融；加上 1992 年臺灣通過《就業服務法》，正式規範企業主引進外籍勞工從事基層勞動工作（薛承泰、林昭

5

禎，2004）；而且近年來新移民與其子女之人口數攀升，根據內政部至 2017
年 3 月 13 日之統計資料顯示，臺灣新移民人數已達 523,042 人，相較 2016
年 3 月之新移民人數 512,516 人，增加 10,526 人；至於國人出國人次，2016
年超過 2500 萬人次，其中 14 歲以下的孩童約 160 萬人次，佔當年度總出國
人 次 15.6%（ 內 政 部 統 計 處 查 詢 網
http://statis.moi.gov.tw/micst/stmain.jsp?sys=100，無日期），可見為數不少的國
小階段學童已具有國際文化交流之經驗。

而教育部統計資料顯示，105 學年度就讀國中小之新移民子女已有
196,178 名學生；此外，在臺留學或研習的境外學生人數連年走高，2016 年
達到 116,416 人，與 5 年前相較增加 58,496 人，增幅約 50%，境外學生數增
幅近 10 年也呈現穩定成長（教育部統計處 https://depart.moe.edu.tw/ed4500/，
無日期）。再者，交通發達促進跨國勞工移動、國際旅遊、遊學打工、國際志
工服務學習和跨國研討與文化交流，科技網路無遠弗屆強化網路社群互動與
聯繫等；面對社會人口結構變遷與國際接觸頻仍，自身與他國文化及傳統風
俗衝撞之際，祖曉梅（2015）呼籲省思中國古代絲路、宗教的傳入、鄭和下
西洋以及西學東漸的歷史啟示，經濟的全球化引領人口的移動與交通科技之
發達影響所及，倘若未進行廣泛的國際交流和合作，將導致語言、文化不適
應與交際障礙的「文化休克」現象，由此可見學習跨文化交際之必要性。是
故，培養理解、尊重及欣賞的胸襟與態度等國際素養，是屬當務之急。

（一）國際教育培養學生全球移動力

加拿大國際教育局（Canadian Bureau for International Education, CBIE,
2013）論及國際教育乃跨越國家疆界進行教育連結，其重要性可分為三個層
級：在個人層級方面，可拓展視野並培養未來職涯發展、構築專業網絡和建
立國際友誼之能力；在學校機構層級方面，可提升學術品質，增進學生、教
師和行政支援間的人際鏈結，並能強化教學研究和實務知能；在國家層級方
面，能裨益建構穩定的民主社會，在國家內部和國際之間建立諒解、合作和

團結，並能實現經濟繁榮。同時，隨著科技發展與全球化，不同文化背景的人們之間的交流，儼然成為人類社會生活的重要部分，而國際教育主軸之一的國際交流正是學習跨文化的體現。OECD（2016）則將「國際素養」或「全球素養」定義為：以尊重為前提，具備從多元觀點對全球與跨文化議題分析判斷能力；能充分理解偏見如何影響自我及他人的觀點、判斷與詮釋；並擁有與不同背景的夥伴公平而有效溝通的知能。有鑑於學校越來越需要培養青少年面對全球世界之知能。如前所述，在 Reimers (2013)的建言下，2018 納入國際素養項目的 PISA 測驗將帶動世界各國對國際教育之關注；《世界是平的》作者 Friedman（2005）在文本中也提出面對全球化，開放的利益大於壁壘分明的觀點。隨著國際與區域組織之紛紛成立，諸如：UNESCO、OECD、世界貿易組織（WTO）、亞太經濟合作組織（Asia-Pacific Economic Cooperation, APEC）、歐洲聯盟（European Union, EU，簡稱歐盟）、跨太平洋夥伴關係協定（Trans－Pacific Partnership, TPP）等，均以共同關注及解決全球或區域的國際議題為結盟訴求，達成跨國界之人才整合與交流。是以，培育具備國際交流與協商、國際移動能力（global mobility）等全球素養之國際教育也備受重視。

（二）國民小學是推動國際教育的基石

Beck(2000)曾謂：全球化是「距離的消失」。張樹倫（2008）也指出，全球化是「疆界的毀壞」。全球化使得國界、疆界模糊，國與國之間政治、經濟、文化之互賴依存程度日趨緊密，其重要性亦無庸置疑；然而基於臺灣政治社會因素，存有特殊國際政治地位，經常遭遇被排擠及受限於參與國際重要活動或國際事務之會議，爰此，戮力推展國際教育方能讓學生具備充足的國際視野與素養，以了解國際趨勢及脈絡，落實國際化人才之培育（邱玉蟾，2010；教育部，2011；詹盛如，2011）。

根據張欽盛（2006）歸納臺灣教育國際化的政策與措施指出，教育部因應全球化之潮流，自 2000 年起致力推動教育國際化，包括「擴大招收外國學

生來台留學」、「開放中學招收外國學生」、「提升學生外語能力」、「鼓勵學生出國留學」、「推動多邊及雙邊教育交流與合作」、「推動對外華語文教學」、「推動國際間之臺灣研究計畫」以及「鼓勵國內學校推動國際教育合作與交流」等八大重點政策，研究者發現前述政策中，與國民小學階段之初等教育較有相關者，僅有「提升學生外語能力」政策之國小英語教學向下延伸至三年級、「引進英語外籍師資計畫」與「選派中小學英語教師海外師培研討」等，前述八種重點政策中似乎存有較重視與關注高等教育之偏頗。黃乃熒（2011）、洪雯柔和郭喬雯（2012）均強調國際教育應奠基於小學階段；黃乃熒（2011）認為扎根於小學，才能與高等教育國際化產生共鳴效應，提升國家競爭力。國民小學是義務教育的基礎階段，也是教育紮根的最佳時期，鑒於國際教育政策方案規劃與執行，對於國民小學之必要性與優先性，本研究乃聚焦國民小學推動國際教育之探究。

（三）瞭解臺灣國民小學國際教育現況規劃未來發展

體認國際教育的重要；教育部於 2011 年完成《中小學國際教育白皮書》，訂定推動臺灣國民中小國際教育之政策方向（教育部，2011），根據該白皮書規劃，主管教育機關預計自 2012 年起至 2021 年止，分兩階段執行各行動計畫。然而，國內學者研究指出，臺灣國際教育之推行由於教育部較早關注高等教育國際化，故在國民義務教育階段之推動起步較之高等教育為晚，也欠缺客觀的全國性普查機制，致使國民小學國際教育執行現況之質量難以掌握與追蹤（黃月純、王如哲，2013；教育部，2011），且無法落實國際教育政策之影響性評估（王麗雲，2014）。

研究者自 2008 與 2010 年申辦內政部與教育部合作之華裔青年英語服務學習營計畫、2011 年帶領學生出國閱讀交流活動、2014 年參加中興大學國際志工到校合作方案計畫及 2015 年申辦杜魯門大學國際志工暑期育樂營等活動；同時，個人也多次參與國際學術論壇與遠赴日本進行觀課研討等交流，深刻體認國際教育的重要；而教育部於 2011 年完成之《中小學國際教育白皮

書》（教育部，2011），國民小學在國際教育各行動計畫推動實施至今，其執行情形與成效為何？是否遭遇困境？基於前述，本研究旨在探究國民小學國際教育之實施情形，以利其未來發展之規劃與滾動修正參酌。

（四）充實國際教育之本土研究

　　研究者自國家圖書館期刊文獻資訊網之臺灣期刊論文索引系統中，以「國際教育」關鍵字搜尋自 2012 至 2017 年之相關文獻，針對臺灣國際教育論述研究之期刊共有 52 筆資料，但僅有 18 筆文獻以臺灣國民中小學階段為探討焦點；其中，單獨針對國小階段者僅有 7 篇。前述 18 筆文獻包括探討國小教師國際教育素養與培訓者 2 篇，應用調查研究方法者 1 篇，採取個案研究或行動研究方法者 3 篇，其餘均屬論述評析臺灣國際教育政策、發展、現況、經驗分享或執行成果報告。另外，研究者以論文名稱「國際教育」為關鍵字查詢「臺灣博碩士論文知識加值系統」中 2011 至 2017 之博碩士論文，得到 68 篇；在研究方法方面，前述 68 篇論文中超過六成應用訪談、文件或內容分析、行動研究或個案研究等質性研究方法；以國民小學為研究對象者約占 28%。其中針對小學推動國際教育之博士論文僅有 3 篇；本土性研究僅 2 篇。換言之，國內有關國民小學國際教育之研究闕如；據此，乃引發研究者聚焦於國民小學階段實施國際教育之輸入-過程-輸出（input-process-output, IPO）架構模式的調查研究，以充實臺灣本土性與在地化之實徵性教育研究，並作為未來政策擘劃之參考。

　　綜合前述，鑒於國際教育議題日趨重要與備受關注、國民小學階段國際素養之扎根與重要性、國民小學階段國際教育本土化研究之闕如，以及關注教育現場推動現況等動機，本研究以國民小學階段國際教育之實施進行探究。

三、研究目的與待答問題

本研究聚焦於臺灣國民小學推動國際教育之情形，並且以輸入、過程和輸出面向之 IPO 模式進行探討，期能對推動國際教育之展望提出建議。此節先臚列研究目的，再依研究目的列舉待答問題。

（一）研究目的

1. 瞭解國民小學國際教育輸入、過程與輸出面向之要素。
2. 探究不同背景變項之國民小學教育人員在國際教育輸入、過程與輸出面向覺知之差異情形。
3. 探討不同背景變項之國民小學教育人員與國際教育輸入、過程與輸出面向之相關情形。
4. 瞭解國民小學推動國際教育變項間之理論結構關係模式。
5. 分析國民小學推動國際教育輸入與過程對輸出面向之直接效果與間接效果。
6. 瞭解國民小學推動國際教育輸入與過程面向之困境。
7. 根據研究結果提供主管教育行政機關及學校推動國際教育決策、執行與研究參酌。

（二）待答問題

根據研究目的，本研究之待答問題如后：

1. 瞭解國民小學國際教育輸入、過程與輸出面向之要素為何？
2. 探究不同背景變項之國民小學教育人員在國際教育輸入、過程與輸出面向覺知之差異情形為何？
3. 探討不同背景變項之國民小學教育人員與國際教育輸入、過程與輸出面向之相關情形為何？

4.瞭解國民小學推動國際教育變項間之理論結構關係模式為何？

5.分析國民小學推動國際教育輸入與過程對輸出面向之直接效果與間接效果為何？

6.瞭解國民小學推動國際教育輸入與過程面向之困境為何？

四、名詞釋義

本段分別就「國民小學」、「國際教育」與「IPO 模式」之定義論述之。

（一）國民小學

本研究所指之國民小學乃依據臺灣 2016 年修正之《國民教育法》與《國民教育法施行細則》所稱之縣(市)立國民小學、直轄市立國民小學、師資培育之大學依規定附設之實驗國民小學階段之學校。並以臺灣境內公立國民小學實施國際教育政策計畫活動之「學校本位國際教育計畫」（School-based International Education Project, SIEP）學校，不包含私立及境外臺灣學校為研究對象。

（二）國際教育

UNESCO（2004）將國際教育定義為「國際化理解的教育」（International education is education for international understanding）。教育部（2011）在《中小學國際教育白皮書》中亦揭櫫中小學國際教育的目標在讓中小學生透過教育國際化的過程，瞭解國際社會、發展國際態度、培育具備國家認同、國際素養、全球競合力、全球責任感的國際化人才。本研究依據前述概念採用「國際教育」一詞，英文翻譯則採取由國家教育研究院教育學名詞電子書所示之「International education」一詞。本研究係指以國民小學申辦與執行教育部學校本位國際教育計畫者稱之。

（三）IPO 模式

本研究所謂的 IPO 模式，係參採吳宗立（2007）提出之學校社會系統模式，從輸入-過程-產出(input process output, IPO)模式，作為探究學校教育品質控制系統基模；同時，教育部中小學國際教育資源網站中，各校填報四軌面向執行成果指標亦以 IPO 為績效指標代碼。

循此，本研究所指之 IPO 模式，乃根據文獻探討歸納，將國民小學實施國際教育策進作為，以輸入(input, I)面向、過程(process, P)面向以及輸出(output, O) 面向之 IPO 架構模式，由研究者自行建構三個分量表，作為本研究之脈絡。其中包括：（一）推動國際教育理念、教師國際教育知能、學校環境與設備、經費與資源整合等為「輸入面向」；（二）學校文化與氛圍、行政領導與執行、課程規劃與設計、統整教學與活動等為「過程面向」；以及（三）行政領導成效、課程教學成效與學生學習成效等為「輸出面向」。自編問卷量表採 Likert 五點量表計算分量表及總量表之得分高低；得分越高代表國際教育各面向之推動情形越佳，得分越低則反之。

五、研究限制

本研究以瞭解與探究臺灣公立國民小學實施國際教育之情形為焦點，並以 2012 到 2018 年申辦學校本位國際教育計畫(School-based international education program, SIEP)之學校為研究對象，茲就文獻蒐集與閱讀理解、研究範圍與對象、研究取樣、研究變項與研究方法之主要限制分述如后：

（一）關於文獻蒐集與閱讀理解之限制

鑒於全球教育、國際教育、教育國際化、多元文化教育等概念之混沌與莫衷一是；如前所述，精準聚焦於「小學」與「國際教育」一詞之實證研究

與文獻略嫌不足，致使本研究在爰引文獻時須以各教育階段及國際教育廣泛意涵作為文獻搜尋與閱讀之範圍。

其次，由於語言與文化的隔閡，研究者在蒐集國外有關國際教育之文獻時仍以英語系國家為主，其他語系之文本雖然可以線上翻譯軟體協助翻譯，然而仍存有詮釋與理解之限制。本研究在克服文獻蒐集與閱讀理解之英文以外之語言與文化的隔閡方面，盡量透過口頭與網際網路途徑諮詢該國家專長之相關資源協助。

（二）有關研究範圍與取樣之限制

在研究範圍方面，本研究聚焦於義務教育階段之公立國民小學；考量私立小學的資源較之公立學校豐富與境外臺灣學校之環境差異因素，並未納入私立小學及海外臺灣學校之調查分析，是以無法比較其彼此之差異。另外，研究對象係以 2012 年至 2018 年申辦教育部 SIEP 學校為主，亦無法全然推論至未申辦該計畫與其他教育階段之學校。

在研究取樣方面，礙於無法普查之考量，分為北、中、南三區；本研究引用與參考教育部「建構中央與地方教學輔導網絡實施方案」（建構中央與地方教學輔導網絡實施方案，2013）之各分區參與縣市分類方式，將全國公立國民小學分為北、中、南三區，分區之縣市為：基隆市、宜蘭縣 、新北市、臺北市、桃園縣、新竹市、新竹縣、花蓮縣、金門縣、連江縣等 10 縣市為北區；苗栗縣、臺中市、彰化縣、南投縣、雲林縣等 5 縣市為中區；而南區則為嘉義市、嘉義縣、臺南市、高雄市、屏東縣、臺東縣、澎湖縣等 7 縣市；未能將離島與花東地區另外單獨統計分析，恐稀釋該區域之資料，亦是本研究之限制。

（三）關於研究變項之限制

本研究以學校所在位置與學校規模等為學校背景變項，擔任職務、服務年資與教育程度等為個人背景變項；以國際教育之 IPO 模式作為依變項，如

前所述，包括推動國際教育理念、國際教育知能、學校環境與設備、經費與資源整合等為「輸入面向」；學校文化與氛圍、行政領導與執行、課程規劃與設計、統整教學與活動等為「過程面向」；以及行政領導成效、課程教學成效、學生學習成效等為「輸出面向」。對於學校校長、行政主管與教師之專長背景、年齡、性別、學生、學區家長、教育信念等，可能影響國際教育推動之變項，無法一一納入研究考量而進行探討，係因過多變項可能導致研究結果鋪陳繁雜反而失焦，其後續研究仍可延伸與追蹤。

（四）關於研究方法之限制

本研究採取問卷調查研究法，在資料蒐集與統計分析上，雖具省時省力等經濟效益，且能夠整體性的了解國民小學推動情形，但對於國際教育執行策略背後之信念及推動之主觀意識、文化脈絡和困境因應較難深入探究。此外，對於問卷之回收率與填答問卷者之心理及物理環境因素較難以掌控；針對上述限制，在尊重參與研究倫理之前提下，本研究隨函檢附填答問卷小禮物及編碼之回郵信封、延長問卷回收時間、電話或親自請託與催促等方式，以提高問卷調查之意願與回收率。

第二章　理論研究

　　本章分為四節論述，首先就國際教育之內涵予以闡釋，其次概述臺灣中小學國際教育之政策與評析，再進一步介紹英國與美國推動國際教育之政策方案及其啟示，最後探究國內外相關研究與論述。

一、國際教育之內涵

　　本段先澄清與國際教育相關的詞彙，包括比較教育、全球教育與多元文化教育等進行論述與比較，再闡明國際教育之定義與目的等內涵，並於末段提出運用 IPO 模式面向，探究國民小學國際教育現況與績效之參照思維。

(一)國際教育之相關詞彙

　　從國際教育詞彙演變觀之，相關概念傳統的用詞為「國際教育」、「國際發展合作」、「比較教育」和「通訊教育」；現存用詞為「國際化」、「多元文化教育」、「跨文化教育」、「全球教育」、「遠距教育」和「海外教育」；而 1990 年開始之新用詞為「全球化」、「無界教育」、「跨界教育」、「跨國教育」、「虛擬教育」、「國外國際化」與「在家國際化」（詹盛如，2015）。其中由於國際教育、比較教育、全球教育、多元文化教育、教育國際化等詞彙之應用廣泛，其概念重疊與界限模糊，故而予以闡述與比較，以利概念澄清。

　　有關國際教育、比較教育、全球教育與多元文化教育之名詞定義，學術界與實務界言人人殊（王如哲，1999；邱玉蟾，2012；楊思偉，2007；楊深

坑，2014；劉美慧、游美惠、李淑菁，2016）；王熙和陳曉曉(2015)也以為國際教育是一個邊界寬泛、定義模糊的概念。

有些學者對於比較教育與國際教育之關聯提出國際教育隸屬於比較教育之一環的主張（王如哲，1999；楊思偉，2007；梁福鎮，2013）。王如哲（1999）從四個基準點論述國際教育與比較教育之差異：前者重視實務性問題，研究取向為描述性取向，具有關注國際性教育問題之特性；而後者則注重理論性問題，以分析作為研究取向，較側重學術研究領域之特性。楊思偉（2007）認為國際教育的實務人員是國際交流互動的專家；比較教育學者的興趣則在於解釋與分析教育如何及為何會與構成教育脈絡的社會因素與影響勢力產生關聯。然而，1974 年石附實指出，國際教育是以關係為主的，而比較教育是以並排為主，若論及比較教育與國際教育之位階，則認為兩者有相同位階的相對概念，但各有其關注的焦點、不同的取向及迥異之特徵（引自楊思偉，2007，頁 77）。姑且不論比較教育與國際教育之同位或隸屬位階之爭辯，實則兩者均涉及國際或群際之間教育議題的探究。

而全球教育（Global education）在討論的議題上，因為基本教育內涵與國際教育類似，故而常被用來交替或混為使用（國家教育研究院，2012；鍾宜興、黃碧智，2013）。但是，林素卿（2011）在論述全球教育課程與實踐之省思時，支持其跨文化察覺的價值，並認為全球教育比國際教育涉及層面更廣，更強調全球教育是一種對人類共同議題系統分析之研究取向；其定義已從「知識」推進至「態度」和「行為」層面。而顏佩如（2010）也指出，全球化的概念是全球教育理念醞釀的溫床，全球教育係以全球共融為基礎的教育，並從核心觀點、國家意識與國界、國民素養養成、國際依賴與合作以及全球與本土關係的平衡等面向，提出全球教育與國際教育概念不同的見地。全球教育是否等同於國際教育之論述，因學者思考脈絡與信念立基點而有所差異。

至於多元文化教育的興起源自多元文化，根據劉美慧等（2016）所述，多元文化乃北美多族裔國家反抗美國社會主流文化之「熔爐」（melting pot）

同化理念，轉化與開啟承認差異之民主化的結果與產物；是以，多元文化教育強調尊重文化差異與追求教育機會均等的教育，其目標為促進教育機會均等、提升弱勢族群的學業成就、瞭解與支持文化多樣性、促進群際關係以及培養增能與社會行動能力。準此，國際教育與多元文化教育有其師資培育焦點和部分核心理念的交集，諸如理解與鑑賞文化多樣化與差異、促進群際關係等。然而，研究者以為，在執行向度上，多元文化教育更強調國內的多元族群與文化回應的教學；而國際教育則傾向國際間的文化理解與鑑賞，其關注焦點仍有差異。

　　本研究梳理上述學者之論述，彙整於表 2-1 進行比較。

表 2-1

國際教育、比較教育、全球教育、多元文化教育、教育國際化比較表

比較詞彙	國際教育	比較教育	全球教育	多元文化教育	教育國際化
起源年代	1808	1817	1969	1960	希臘時代
重要倡導學者	Basset	Jullien	Reischauer 和 Hanvey	Banks	J. A. Comenius
研究取向	實務取向；屬應用研究，是問題解決的	研究取向；屬基本研究，是理論知識的	實務取向	實務取向；宏觀探討結構問題的敘事取徑	實務取向
定義	言人人殊、定義紛陳	定義分歧、尚無共識	定義分歧多元	各家各派立論歧異	略
目的與範圍	培養國家意識；促進國際親善、和平交流與合作	汲取、借用與轉移外國教育經驗以作為本國教育改革之參照；囊括教育的全部領域	世界公民素養之養成；鑑賞與尊重他族文化並以民主的態度對待文化差異；強調環保與永續；學習國際公平正義以促進世界和平	促進教育機會均等；提升弱勢族群的學業成就；瞭解與支持文化多樣性；促進群際關係以及培養增能與社會行動能力	教育政策及作為應該國際化；向國際化努力之教育，就是指國際理解教育和多元文化教育的做法
哲學理念或核心觀點	研究各國、地理區域、文化、國際組織及其兩難問題，仍主張國家主權；保有國家意識與國界	確立比較基準點，置諸社會或文化脈絡及教育制度內在結構之資料分析與詮釋；以比較的方法，研究世界各國教育的共相與殊相，揭示教	理解國際社會的轉變及提升全球問題的解決，重視全球系統的相互依賴	尊重文化差異與促進社會公平正義	代表一種趨勢與期望，強調教育的內容和型態應走向國際化；教育國際化是實現國際教育目的之過程或作為

表 2-1

國際教育、比較教育、全球教育、多元文化教育、教育國際化比較表

比較詞彙	國際教育	比較教育	全球教育	多元文化教育	教育國際化
		育發展的主要因素和相互關係，以探索未來教育發展趨勢			

資料來源：研究者自行整理。

　　根據表 2-1 所示，國際教育、比較教育、全球教育與多元文化教育之定義不一，個別定義均具有多元與紛陳的共通特性；然而，誠如楊深坑（2014）所述，確立比較基準點，置諸社會或文化脈絡及教育制度內之詮釋，將裨益前述相關詞彙概念的釐清。在研究取向方面，比較教育較側重理論分析，其他三者則偏重實務取向；在目的與範圍及核心觀點理念方面，比較教育強調他山之石可以攻錯，而國際教育與教育國際化互相為用，至於國際教育、全球教育與多元文化教育有其重疊與差異之立論，亦即，尊重與理解不同文化並設身處地、促進公平正義以及世界和平係三者之共通項目；而國際教育在國家意識與主權強調上，以及多元文化教育在族群文化保存之訴求上，則與全球教育重視全球系統的相互依賴上有所殊異。

　　總之，上述關於國際教育相關詞彙之闡述與釐清，旨在強調與確立本研究使用「國際教育」一詞作為研究主題之立意，本研究基於上述詞彙使用界線可能模糊，在相關文獻論述或實證研究之應用上，將無法精準引用「國際教育」用詞之文獻。而比較教育、全球教育及多元文化教育之各自核心價值與哲學理念非屬於本研究焦點與範疇之內，茲不贅述。

(二)國際教育之意涵

　　學者們對國際教育的定義與觀點紛陳，隨著學者們個人概念的側重而有差異。聯合國教科文組織（UNESCO）對於教育國際化、國際教育、國際理解教育、全球教育和跨文化教育等名詞亦會併用。邱玉蟾（2010）將國際教育以一種調色盤的概念解讀，認為處於不同時期的個人教育機構和國家，其國際教育調色盤都會呈現不同顏色。陳怡如（2011）則指出國際教育的主要意涵係發展學生跨文化理解與溝通互動的能力；而鍾宜興和黃碧智（2013）在釐清國際教育與全球教育時指出，隨著國際教育的擴展，其涵蓋的範圍與全球教育似有重疊部分，是以有些學者將國際教育視同全球教育（Cambridge & Thompson, 2004; Collins, Czarra & Smith, 1995）；有些則主張國際教育與全球教育二者有界限和對象等內涵的差異（鍾宜興、黃碧智，2013）；而顏佩如（2005）則認為全球教育之內涵含蓋國際教育的概念。循此，研究者彙整文獻所示，概略將國際教育的意涵或定義分為廣義與狹義兩部分，茲闡明如後。

1.廣義的國際教育

　　國際組織對國際教育之定義較屬於廣義的概念。UNESCO 在 2004 年將國際教育定義為：國際教育是國際理解的教育，其應蘊含在教育系統的課程、活動與教材中，並應融入整個教與學的歷程（UNESCO, 2004）。而加拿大國際教育組織認為，國際教育是創造人類相互瞭解以及發展國家之間持久的政治、文化和經濟的聯繫（CBIE, 2013）。OECD（2016）則將「國際力」或「全球素養」（global competence）定義為：以尊重為前提，具備從多元觀點對全球與跨文化議題分析判斷能力；能充分理解偏見如何影響自我及他人的觀點、判斷與詮釋；並擁有與不同背景的夥伴公平而有效溝通的知能。

　　洪雯柔和郭喬雯（2012）以為廣義的國際教育是以全球一體的概念，瞭解與認識各種文化、全球議題與關係，期能實踐包容、多元與尊重的世界公民之角色。

詹盛如（2013）則強調，國際教育是協助學生從地球村的觀點，認知人類相互依賴與合作的事實，透過跨國的溝通與理解，學習尊重多元文化的差異，培養成為世界公民，促進永續發展，並在全球化時代下具備國際競爭力的人才。

王熙和陳曉曉(2015)指出廣義的國際教育，無論學生主體是國民還是非國民，也無論學校屬於公立或私立性質，以跨國理解與國際和平為核心價值理念的教育便屬國際教育。

2.狹義的國際教育

有些學者因論述焦點不同，而提出狹義的國際教育之定義。Knight（2003）在論述高等教育國際化之意義時指出，國際化一詞並非新語彙，其定義廣泛，在科學政策和國際關係方面之使用已然一世紀，遲至 1980 年代起才被應用在教育領域；在 21 世紀初會與比較教育（comparative education）、全球教育（global education）和多元文化教育（multicultural education）之定義區別，而現今其相關概念則包括跨國教育（transnational education）、無國界教育（borderless education）和跨界教育（cross-border education）；隨著國際教育的發展，Knight（2003）並賦予國際教育一個新的操作型定義：「將國際化，跨文化或全球的面向轉化為高等教育的目的，功能或傳授的歷程」，以回應現實環境的挑戰與衝擊。

楊巧玲（2004）探討高等教育的國際化指出，國際化的意涵因人而異也因國而異，有些學者著重外國語言的教育，強調國際間交換教師與學生，有些則主張教育的交流與技術合作，但大多數人都以活動的類別或心態來定義國際化；而各國發展程度不同，所需要的與所能做的國際化也有所差異。

洪雯柔和郭喬雯（2012）認為，狹義的全球教育、國際教育和教育國際化之意涵各異，全球教育強調未來導向、關注永續發展；國際教育側重現狀、關注各國間的互相暸解；而教育國際化則包含傳統國際教育活動、關注國際聯結與外語知能等。

陳惠邦（2013）以學校教育而言指出，國際化是指教育的發展從地方或區域躋身於國際的種種措施與過程，而國際教育則是指促進國際化目標的課程與教學活動。

王熙與陳曉曉(2015)將狹義的國際教育視為國際學校提供的教育，例如設置於中國的美國人學校、提供僑民子女異質性國民教育的學校等。

針對上述國際教育廣義與狹義之論述，本研究採取廣義的概念，認為國際教育是一個動態的教育歷程，透過跨文化、跨國界與全球素養之養成教育過程，並藉由國際教育課程融入與相關活動的規劃、實施及參與，陶冶師生成為尊重欣賞不同文化及享受自身與他族文化之世界公民，並進一步發展為策進國際與全球世界之和平的負責情操與行動力，以達到瞭解國際社會、參與國際教育活動、發展國際態度，並以促進世界秩序和福祉為目的。

(三)國際教育之目的

教育不啻是加強國際性合作和相互理解的最佳工具之一（鄭以萱，2013）；聯合國教科文組織宣示：國際教育旨在促進國際理解、合作、和平以及尊重人權和基本自由；同時，強調不論哪一階段與形式的教育都需促進各個國家、種族和宗教團體之間的理解、寬容和友誼，並推動聯合國維護和平的活動。其次，呼籲「各個層面和形式的教育應具備國際層面和全球視野」、「理解和尊重所有民族、文化、價值觀和生活方式」、「意識到人與國家之間日益增長的全球相互依賴」、「與他人溝通的能力」、「意識到個人，社會團體和國家對彼此的權利與責任」、「了解國際團結合作的必要性」以及「具備世界一員的信念並願意大力參與解決其社區、國家和整個世界的問題」等七個指導原則（UNESCO，1974）。

王如哲（1999）在進行比較教育與國際教育初探時澄清，國際教育是實務性問題，旨在增進國際間交流及相互瞭解，其所衍生的國際教育學（international pedagogy）即指多國、多文化或多種族間的教育研究。

邱玉蟾（2009）則將國際教育視為推動「教育國際化」的目的；傳統國際教育係來自國際主義（internationalism），國際教育是讓學生透過教育國際化的活動與過程以達到國際社會理解、參與國際教育活動、發展國際態度以促進世界秩序和和平福祉之目的；而教育國際化是一個過程概念，依地域區分可略分為國家境內的國際教育與境外的國際教育兩類。

教育部 2011 年以「扎根培育 21 世紀國際化人才」為願景，在《中小學國際教育白皮書》中揭櫫其目標為：中小學生透過教育國際化的過程，了解國際社會，發展國際態度，強調從融入課程、國際交流、教師專業成長、學校國際化等四個面向著力；以培育學生成為具備國家認同、國際素養、全球競合力，全球責任感的國際化人才，其中分別訂定 7 或 8 項不等的分階段能力指標，作為具體的課程實施與評量基準（教育部，2011）。

林明地（2012）從學生進行國際學習的角度切入，論及學生國際學習有四個目標，包括（一）培養學生認識自我文化，具有愛國情操與國家意識，且願善盡對國家責任的人才；（二）教導學生願意與國際交流，進行跨文化溝通，理解、尊重與欣賞國際不同文化，並關注與協助不同國際議題之討論與解決；（三）強化學生國際競爭與合作能力，厚植國家競合實力；以及（四）培育學生尊重與包容不同地域、文化和族群等，為地球和平與永續發展負起道德責任，養成生命共同全球村的使命感。

陳惠邦（2013）指出，國際教育的目標不只是國際化人才的培育，是指所有國民的國際化與全球化意識、胸懷與精神的培養。因此，國際教育至少蘊含多元寬容的理解、冒險患難的精神以及博愛互助的實踐等三種精神。

廖文靜（2013）認為國際教育的目的取向是多元廣泛的措施或活動，其目的若以巨觀而言，是創造人類相互了解及發展國家之間持久的政治、文化和經濟的聯繫；如以微觀而言，是建立學生和教育專業人員跨文化的能力、國際社會知識和世界公民意識。

國際教育要根據學生發展歷程作重心的轉移，以符合學生心智年齡，漸進式形塑學生行為。其目的包括幫助學生覺知意識國際化與全球化時代的象

徵及不可逆的趨勢；幫助學生培養跨國競合態度、社會正義、和平、友愛尊重各族群、生態環保等情意層面；在認知層面上則協助學生具備全球化時代之基本常識、敏感度以及跨國化跨文化行動知能等（張善禮，2015）。

　　綜上論述，僅有林明地（2012）從學生學習的角度和張善禮（2015）考量學生身心發展歷程，進行國際教育目標之論述。研究者認為國際教育之目的可以分別從微觀與巨觀兩方面闡釋，亦即：國際教育係指學校藉助輸入(input)或輸出(output)跨文化的課程統整與交流活動，微觀的目的是孕育學生深耕瞭解、接納、尊重與欣賞己身與他國或其他族群之文化差異知能；巨觀的目的則是學生為主體的國際或全球公民素養之認知、情意與技能的養成，二者均以達成國家與國際或全球共同利益為前提，並以臺灣《禮運大同篇》所述之「世界大同」理念為圭臬與願景。本研究考量以學生為主體之宏觀目的，在探究國際教育之實施績效時，亦聚焦在學生學習成效之輸出面向。

(四)運用 IPO 模式探究國民小學國際教育現況與績效

　　臺灣國際教育品質與績效，關乎未來國際化人才培育及其國際移動力生存要素。在「教育應有工作-成效的概念」下，以及學校組織具有行政與教學的雙重系統特性(鄭新輝，2011)，再加以臺灣中小學國際教育自《中小學國際教育白皮書》頒訂後之推動迄今已逾六年，學校實踐國際教育需克服與面臨的挑戰之一，應關注其質量兼顧的評鑑問題（林明地，2013）；據此，整合性的學校績效管理系統，週期性的績效管理歷程，方能促進學校與個人永續發展的完整體系(鄭新輝，2011)；也才能符應以學生為主體，亦即以學生為最大利益的核心專業倫理規範(Shapiro & Stefkovich, 2011)之理念；而國際教育之推動績效更亦如是。基於績效指標建構方式以「輸入-過程-產出(input process output, IPO)」模式最常使用（陳順興，2011），同時，吳清山、黃姿霓和王令宜（2011）也以此模式初步建構國民教育階段關鍵績效指標，準此，本研究也運用 IPO 模式架構，作為臺灣國民小學國際教育實施現況與成效之探究思考脈絡。

1.輸入-過程-產出(input process output, IPO)模式與教育品質

　　隨著 2005 年世界貿易組織(The World Trade Organization, WTO)將教育歸類為教育服務業後，教育品質的要求便隨之升高；世界各國也致力於學校教育品質之提升，以強化培育具備競合力之國際化人才之機制；學校教育永續經營與追求卓越的唯一途徑就是保持持續的競爭優勢（吳天方、費業勳，2007；沈姍姍，2010），而學校教育品質的確保更是永續經營的利基；成立於 1946 年之美國品質學會(American Society for Quality, ASQ)將品質定義為「堅持培養準備好承擔世界任務學生之學校」(A school that consistently turns out students who are ready to take on the world)（American Society for Quality, n. d.），而臺灣教育界也於 2006 年首次召開教育品質委員會議，更揭示推廣教育品質之序幕（陳善德，2006）。

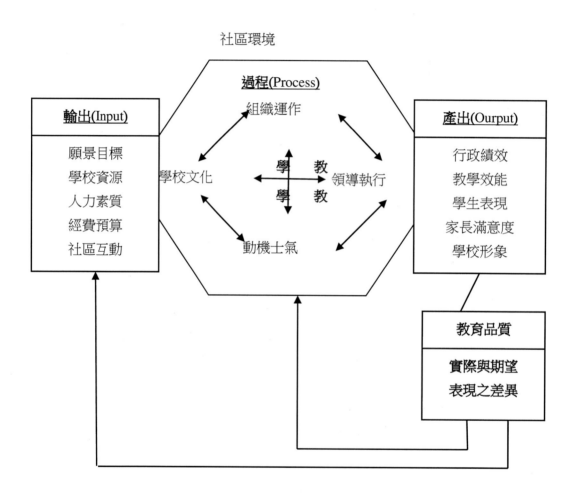

社區環境

過程(Process)
組織運作

輸出(Input)

願景目標
學校資源
人力素質
經費預算
社區互動

學校文化

學 教
學 教

領導執行

產出(Ourput)

行政績效
教學效能
學生表現
家長滿意度
學校形象

動機士氣

教育品質

**實際與期望
表現之差異**

圖 2-1　學校教育品質系統 IPO 模式圖
（資料來源：吳宗立，2007，頁 22）

　　吳宗立（2007）修改 Hoy 和 Miskel 於 2005 年繪製之學校社會系統模式，從輸入-過程-產出(input process output, IPO)模式，探討學校教育品質控制系統，並提出學校教育品質系統 IPO 模式圖以供參照，茲爰引於圖 2-1。

　　由圖 2-1 得知，學校教育品質的管控系統在輸入面向方面，包括願景目標、學校資源、人力素質、經費預算與社區互動；在過程面向方面則以學生學習和教師教學為核心，透過組織運作、領導執行與在地脈絡等機制，形塑學校組織文化並激勵教師工作動機與士氣；在產出面向方面，將顯見於行政績效、教學效能、學生表現、家長滿意度與學校形象上；是以，過程中之雙箭頭符號圖示，代表組織運作、領導執行、學校文化與動機士氣之間，彼此之交互影響，而回饋於教育品質之決定因素係指實際與期望表現之差異情形。因此，單箭頭符號則代表學校教育的產出與教育品質之關聯，而教育品質又將回應其教育的輸入與過程。

　　根據前述概念，本研究參採上述輸入-過程-輸出模式之各層面要素，將「學校資源」、「人力素質」、「經費預算」與「社區互動」，以及結合臺灣中小學國際教育白皮書所示四軌面向中之「學校國際化」與「教師專業成長」，轉化形成「國際教育理念」、「國際教育知能」、「學校環境與設備」以及「經費與資源整合」為本研究「輸入面向」之分向度；其次，將「學校文化」、「組織運作」、「領導執行」與「動機士氣」以及中小學國際教育白皮書所示之「課程發展與教學」和「國際交流」，轉化形成「學校文化與氛圍」、「行政領導與執行」、「課程規劃與設計」以及「統整教學與活動」為本研究「過程面向」之分向度；最後，將「行政績效」、「教學效能」與「學生表現」，轉化形成「行政領導成效」、「課程教學成效」以及「學生學習成效」為本研究「輸出面向」之分向度，據以進行臺灣國民小學實施國際教育之調查研究，作為反映學校現場推動成功關鍵與發展，同時檢視達成國際教育目標與任務等績效，以提升國際教育品質之參照。

2.運用 IPO 面向探究國民小學國際教育現況

　　研究者以關鍵字「IPO」搜尋臺灣期刊文獻資訊網中發現，168 篇文獻中以股票市場價格相關之論述占大多數，以「input-process-output」關鍵字搜尋則僅有一篇以實踐大學高雄校區綠色校園為例之 ISO14001 環境衝擊評估與管理文獻。循此，關於運用 IPO 模式於學校教育品質管理之研究較為少見；

事實上，所謂 IPO 模式原是用於描述資訊處理程序或其他過程的結構系統分析，在應用上許多分析文本系統都將其作為描述過程之最基本結構(Wikipedia, n. d.)，其後也逐漸延伸到商業與人力資源管理領域之應用。潘慧玲（2017）觀諸教育指標建構之相關文獻歸納發現，IPO 模式係以系統論為基礎，是將教育系統視為一個包含特定功能的不同部份，且具動態循環歷程的有機體，故而參採系統論之 IPO 模式，發展涵蓋政策力、資源力、專業力、創新力、品質力和公平力等六大面向的 30 個縣市教育力指標，以期進行教育執行成效之品質評估。此外，陳玉琨（2004）論及基礎教育品質保障的主要模式時，亦提出 IPO 的教育品保模式，能適用於相較於高等教育複雜度較低的基礎教育之運用；並歸納教學經費、行政領導、政策性舉措、教學制度建立與教師精力投入為輸入品質保障，過程品質保障則包括教學過程步驟與進程、預期效益的控制以及針對學校教育和教學活動結果未達成預期目標的差異進行分析與檢討解決，而學生學習產出品質的提高乃作為輸出品質保障。

因此，基於前述 IPO 模式之架構內涵，本研究則以 IPO 模式引申至探究臺灣國民小學國際教育推動現況及成效，並作為後續彙整與歸納文獻探究之鷹架。

二、臺灣國民小學國際教育政策與評析

本段就臺灣國民小學國際教育政策脈絡、中央與地方政策方案之內涵及評析敘述如後。

(一)臺灣國民小學國際教育政策之脈絡

　　臺灣國民小學之國際教育政策看似以 2011 年《中小學國教育白皮書》之頒訂為里程碑；然而研究者深究其決策歷程，茲就國際教育政策法制化接軌國際趨勢、教育施政方針指引國際教育政策推動與課程綱要領航國際教育之實踐等三方面分述如下。

1.國際教育政策法制化接軌國際趨勢

　　縱觀 1929 年公佈之《中華民國教育宗旨》及 1999 年頒訂之《教育基本法》所示，臺灣國際教育政策法制化早已啟動。《中華民國教育宗旨》揭櫫「中華民國之教育，根據三民主義，以充實人民生活，扶植社會生存，發展國民生計，延續民族生命為目的，務期民族獨立，民權普遍，民生發展，以促進世界大同」，其中實施方針之一為「提倡國際正義，涵養人類同情，期由民族自決，進於世界大同」(伍振鷟，2000)；而 1999 年頒訂之《教育基本法》第二條明定「教育之目的以培養人民健全人格、民主素養、法治觀念、人文涵養、愛國教育、鄉土關懷、資訊知能、強健體魄及思考、判斷與創造能力，並促進其對基本人權之尊重、生態環境之保護及對不同國家、族群、性別、宗教、文化之瞭解與關懷，使其成為具有國家意識與國際視野之現代化國民。」(教育基本法，1999)；據此，臺灣教育法令政策蘊含公平正義、關懷、民族主義與國家意識，以及培植國際視野之現代化公民之國際教育哲學理念，其實乃接軌前述國際組織所示之國際教育重點趨勢。

2.教育施政方針指引國際教育政策推動

　　回顧近十年來臺灣教育部中程施政計畫發現，其中 2010 至 2013 年度及 2013 至 2016 年度之中程施政計畫均列舉以「促進教育事務之國際交流」為

其使命；並以「培育能自我實現的高素質現代國民與世界公民」為願景之一（教育部，2010，2013）。除了上述兩項計畫，包括 2017 至 2020 年度之中程施政計畫均以高等教育或技職教育階段之國際教育與交流為重心（教育部，2017a），例如：頂尖大學計畫、境外招生、學生出國留學或交換學習、國際志工服務等。循此，除了《十二年國民基本教育課程綱要》外，針對國民小學階段之國際教育施政細部計畫均未精確明列（教育部，2014b）。研究者認為《中小學國際教育白皮書》之政策已然於 2011 年另案頒布實施，為避免疊床架屋，因此未明列於教育施政中程計畫當中。然而，教育施政方針為國際教育政策推動之領航與燈塔，期能概述臚列於中程計畫裡勾勒推動脈絡。誠如黃乃熒（2009，2011）呼籲：國際教育應從基本的教育層級規劃扎根，以利與高等教育推動國際教育產生共伴效應。同時符應林明地（2012）之主張：從義務教育開始的時刻就應是政府推動國際教育的時間點。準此，研究者認為教育部中程施政計畫似可明確列舉國民小學之國際教育政策方針。

3.課程綱要領航國際教育之實踐

因應國家發展需求與社會改革期許而推動的《九年一貫課程綱要》於 1997 年啟動成立「國民中小學課程發展專案小組」，至 2001 年全面推動實施，其中有關包容異己、團隊合作、社會服務等民主素養及包括鄉土情、愛國心、世界觀等(涵蓋文化與生態)之鄉土與國際意識方面的基本理念，都是奉行實踐國際教育的信念；而表達、溝通與分享、尊重；關懷與團隊合作；文化學習與國際了解等指標，亦是教師落實國際教育課程教學的目標（教育部，2001a）。

接續，教育部（2014b）頒布以「自發、互動、共好」為基本理念之《十二年國民基本教育課程綱要》，將「涵育公民責任」列於課程目標之一，並強調人際關係與團隊合作、多元文化與國際理解等核心素養項目，冀期拓展國際視野、尊重與欣賞多元文化、關心全球議題以及培植國際移動力，以因應全球化與國際教育之趨勢。

　　《九年一貫課程綱要》與《十二年國民基本教育課程綱要》為臺灣近二十年來國民義務教育之重要革新。上述課程綱要傾向於將課程視為「經驗」（黃顯華和徐慧璇，2006），倘若課程被定義為學習經驗的安排，則透過實際教學情境設計與執行，學生因而產生有品質與有意義的學習，如此課程綱要明訂之「文化學習與國際了解」、「涵育公民責任」等目標方能達成，且裨益國際教育之成效。臺灣課程綱要之訂定納入國際或全球素養與公民責任之向度，具有遠見與宏觀視角，也引領國際教育之實踐。

　　綜而言之，臺灣國民小學階段之國際教育政策及早法制化，頒布《中小學國際教育白皮書》作為行動指導方針，並且於課程綱要中臚列國際教育教學之指標提供教學現場參考，實有助於國民小學國際教育之計畫、推動與實踐。

(二)中央與地方國際教育政策方案

　　本段首先概述教育部《中小學國際教育白皮書》之理念與內涵，接續簡介臺北市、高雄市與桃園市等直轄市之相關政策，最後進行評析。

1.教育部《中小學國際教育白皮書》之核心理念與內涵

　　臺灣《中小學國際教育白皮書》緣起於 2009 年的全國教育局處長會議，並於 2011 年頒布實施。白皮書揭櫫：深耕國際教育是臺灣創造競爭優勢的藍海策略，甫自 1971 年退出聯合國以來，臺灣在國際活動之侷限與排擠，讓我們必須重新省思本身的定位，面對全球化的發展，透過教育國際化的歷程，方能落實國際人才育成目標（教育部，2011；2012b）。茲就其核心理念與內涵分述如后：

(1)《中小學國際教育白皮書》之核心理念

　　臺灣中小學國際教育之核心理念有三，簡言之包括：「以學校本位為基礎」；「融入課程為主，國際交流活動為輔」以及「以中央支持基層為重點」。

換言之，國際教育之規劃和推動應考量各校文化脈絡、環境現況及資源需求，整合教學資源與行政支援；並強調現有課程領域和議題為架構基礎，將國際教育融入課程與教學中，依據不同教育階段之情境與需求，研發教材教法，加強縱向連貫與跨科統整，並輔以國際交流與活動；在政策訂定與執行行政方面，落實中央地方雙向推動機制，回歸學校的課程及教學，避免疊床架屋之工作負荷與人力經費資源之浪費。

(2)《中小學國際教育白皮書》之內涵

本段概述國中小學國際教育白皮書所示之目標、推動策略與計畫，並爰引白皮書之架構圖，於圖 2-2 以便瞭解其概廓。

①國際教育之目標

《中小學國際教育白皮書》揭示之目標有下列四項，並據此建構中小學國教教育能力指標，同時該四大目標均可分成認知、情意與行動三個能力面向作為課程目標，有關「中小學國際教育能力指標」詳如附錄一。

甲、國家認同：

學生能透過國際文化之對照，了解自我文化特質，體認國家特殊處境，喚醒國家意識與認同，進而正視自己對國家之責任。

乙、國際素養：

學生能藉由多元面向課程與國際交流活動，學會理解、尊重、與欣賞多元文化，強化跨文化溝通知能，關心全球議題，以涵養國際素養。

丙、全球競合力：

學生能強化國際交流與教育活動所需之多元外語能力，具備體驗跨國學習機會，養成跨文化比較之觀察力與反思能力，以厚實邁向國際舞台之全球競合力。

丁、全球責任感：

學生能經由學習、尊重與包容不同族群與地域之文化，陶冶世界和平價值觀，進而體認全球環境生態之相互關連與依存關係，產生對地球村之責任感。

②國際教育之推動策略

甲、主要策略：深度與廣度並重

為培養寬廣的全球視野與厚實國際素養，從地理區域及國際知能方面擴大學生的學習向度，亦即，交流之地理區域之擴增與師生國際知能之深耕。質言之，強化國際教育的深度係以學校為本位，同時關注課程與教學、國際交流、教師專業成長和學校國際化四個面向；期能深耕各國之文化、歷史、語言藝術、政治、經濟與社會等之雙邊理解，以符應王雅玄（2013）主張之「國際教育要往外看─臺灣理解國際，也要往內看─國際理解臺灣」。增進國際教育的廣度則強調全球視野與擴大向度；意指從全球意識、跨文化認知、全球知能及全球行動力等國際教育內涵、設計課程及教學活動，為培育全方位的國際知能奠定基礎。

乙、次要策略：資源統整與支援系統

國際教育之次要推動策略包含建置推動機制、整合推動資源與進行全面品管三部分。推動機制包含成立中小學國際教育指導會、成立工作協調小組、設置中小學國際教育中心、協調各主管教育行政機關設置專責單位及人力、並鼓勵中小學成立國際教育推動組織等中央及地方行政支援系統。在資源整合方面側重平衡區域資源落差；此部分含括經費資源整合、人力資源整合、社區資源整合、落實弱勢關懷等。最後，在確保推動績效與品質方面，將建立成效指標及諮詢管考；包括建置中小學國際教育資料庫、建立成效指標、建立諮詢及管考機制。

③國際教育之推動計畫

為了達成中小學國際教育之目標，白皮書分別臚列「由下而上」之各地方教育主管機關與學校可參照推動之具體計畫與補助項目，以及教育部「由上而下」統整援助執行之細項計畫。前者包括補助學校端將國際重要議題融入現有課程與教學中，並加強外語與文化學習之國際教育課程與教學發展辦理計畫、資助學校辦理雙向國際交流計畫、補助學校辦理校內行政人員與教

師國際教育專業成長課程計畫以及經費支援學校推動營造國際化學習軟硬體環境計畫等四項。後者則有國際教育中心計畫、國際教育教師專業成長計畫、國際教育海外參訪計畫、國際教育課程發展計畫、國際教育資訊網計畫以及國際教育績優獎計畫等六項。

　　此外，基於本研究對象為申辦「學校本位國際教育計畫（SIEP）」之學校行政人員與教師，茲簡述 SIEP 之內涵如后：SIEP 乃根據補助推動國際教育計畫要點而產生，係指學校端申請國際教育補助經費之計畫格式，包括學校推動國際教育現況檢討與 SWOT 分析、訂定學校推動國際教育之學校本位目標與優先推動重點項目、預計申請四軌面向之規劃原則、項目與細部策略等方案設計、執行進度成效報告與推動成效自評項目等（詳如附錄二），學校繕寫完成計畫後，提出與審查委員進行對話討論修正，再提請主管教育機關覈復補助事宜。

　　而根據中小學國際教育推動組織與工作架構所示，渠等計畫之執行，教育部首先召集各司處長代表、各縣市政府代表、學者專家代表及學校代表籌組指導會，再經由工作協調小組鼓勵各縣市成立中小學國際教育中心，並與大專校院、駐外單位及民間團體與業界進行導入資源協商，支援各主管教育行政機關與高中職及國中小學校推動落實，具有公私部門資源整合與全員啟動之優點。

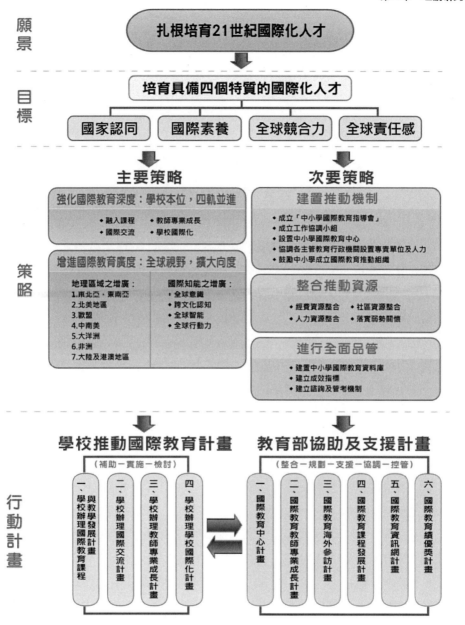

願景　扎根培育21世紀國際化人才

目標　培育具備四個特質的國際化人才
國家認同　國際素養　全球競合力　全球責任感

策略

主要策略

強化國際教育深度：學校本位，四軌並進
◆ 融入課程　　◆ 教師專業成長
◆ 國際交流　　◆ 學校國際化

增進國際教育廣度：全球視野，擴大向度
地理區域之增廣：
1.東北亞、東南亞
2.北美地區
3.歐盟
4.中南美
5.大洋洲
6.非洲
7.大陸及港澳地區

國際知能之增廣：
◆ 全球意識
◆ 跨文化認知
◆ 全球智能
◆ 全球行動力

次要策略

建置推動機制
◆ 成立「中小學國際教育指導會」
◆ 成立工作協調小組
◆ 設置中小學國際教育中心
◆ 協調各主管教育行政機關設置專責單位及人力
◆ 鼓勵中小學成立國際教育推動組織

整合推動資源
◆ 經費資源整合　◆ 社區資源整合
◆ 人力資源整合　◆ 落實弱勢關懷

進行全面品管
◆ 建置中小學國際教育資料庫
◆ 建立成效指標
◆ 建立諮詢及管考機制

行動計畫

學校推動國際教育計畫
（補助－實施－檢討）
一、學校辦理國際教育課程與教學發展計畫
二、學校辦理國際交流計畫
三、學校辦理教師專業成長計畫
四、學校辦理學校國際化計畫

教育部協助及支援計畫
（整合－規劃－支援－協調－控管）
一、國際教育中心計畫
二、國際教育教師專業成長計畫
三、國際教育海外參訪計畫
四、國際教育課程發展計畫
五、國際教育資訊網計畫
六、國際教育績優獎計畫

圖 2-2　中小學國際教育白皮書之架構圖
（資料來源：教育部，2011，頁 33）

　　由圖 2-2 可知，臺灣中小學國際教育以扎根培育國際人才為願景，希望達成培育具備國家認同、國際素養、全球競合力與全球責任感等四大特質之

未來人才，期許植基於學校本位之在地脈絡，強化國際教育學校本位課程之深度與增進國際知能及國際交流區域之廣度。強調以教師專業發展、融入課程、學校國際化和國際交流四軌並進模式推動；並且建置推動組織，整合資源運用，以及各分項行動計畫之諮詢、補助、執行與檢討等作為，最後透過全面品質管考的機制，評估學校執行成效。

2.臺北市國際教育政策方案內涵

引領臺北市推動國際教育之政策方案，主要是 2002 年發佈之《臺北市教育國際交流白皮書》與 2009 年發佈之《臺北市全球教育白皮書》。前者以「國際化的環境、世界級的台北」、「四海存知己、天涯若比鄰」以及「兼容並蓄的台北新市民，共存共榮的地球村公民」為實施願景；後者則以「世界級台北、全球觀教育─友善關懷、公益盡責的世界公民」為願景（臺北市政府教育局，2002，2010；林騰蛟，2006；陳麗華，2010）。

源於瑞士洛桑國際管理學院之國際化程度評比不如預期的省思，並體認外語能力與國際交流素養人才之需求，故而抱著首善之都的使命，率先發布《臺北市教育國際交流白皮書》；其中提示交流城市化、對象普及化、訊息資訊化、活動系列化、方式多元化、內容深度化、行政專責化、環境國際化、經費多樣化與資源互惠化等十個國際交流的實施原則；並推出成立推動國際交流組織、研訂國際交流相關實施要點或須知、推動國際學術交流、辦理國際學生活動交流、辦理國際體育活動交流、推廣與外僑學校文教互動交流與建構國際化環境等八項計畫。衡諸國際教育之推動並非國際交流單一向度可及，衡諸城市競爭力、提升國際文化理解與推動教育外交之因素，《臺北市全球教育白皮書》乃應運而生。茲就現行《臺北市全球教育白皮書》之內涵簡述如后。

(1)《臺北市全球教育白皮書》之目標

依據上述發展願景，訂定全市學生共同學習的目標，包括：

❶世界公民意識：具備全球一體的意識，體認自己與本土社區對全球發展的影響與責任。

②**國際文化學習**：具備參與全球社區所需的跨文化理解及語言能力。

③**國際交流合作**：具備在多族群、多文化環境中與人有效溝通、合作完成任務的能力。

④**全球議題探究**：具備以全球架構來思考、探究與處理全球議題的能力。

(2)《臺北市全球教育白皮書》之推動架構

　　該白皮書揭示之推動策略有五項，包括建立專責推動機制、加強教育人員增能成長、推動教育國際化、善用網路科技設施與發展議題融入課程等，並具體規劃推動機制、教師增能、外語能力、世界公民、文化學習、國際交流、國際參與、全球議題、資訊平台、源整合等十項行動方案。

　　茲於次頁引用臺北市全球教育白皮書之架構圖於圖 2-3，以窺一概。

　　參照圖 2-3 與前述實施期程觀之，臺北市是將推動國際教育責成政策白皮書之先驅者。就政策的延續規劃而言，臺北市從原先國際交流的單一面向之推動，延伸拓展至兼顧全球觀點、世界公民與文化學習之四個向度的漸進作為。累積學術交流、藝文與體育活動交流、教育考察、校際參訪、交換老師和學生、短期遊學與跨國學習以及僑校交流等國際交流能量，再以此為基礎，進一步學習跨國、跨文化與跨族群理解，並反饋己他文化互動之態度與行為；研究者對照 2002 年與 2010 年臺北市全球教育白皮書之內容發現，臺北市推動國際教育之政策具有永續性、漸臻完善周延與架構脈絡清晰系統化之優勢。

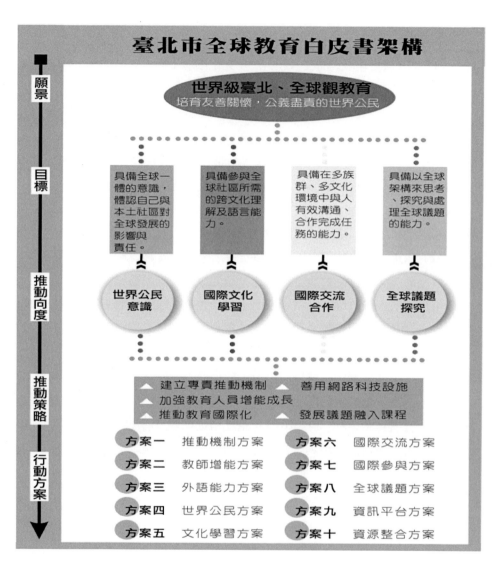

圖 2-3　臺北市全球教育白皮書架構圖
（資料來源：臺北市政府教育局，2010，頁 10）

3.高雄市國際教育政策方案內涵

　　高雄市為建構良好的外語學習環境與推動各級學校之國際化，爰於 2008 年度通過「高雄市國際教育資源中心設置要點」並成立「高雄市國際教育資源中心」；且於 2009 年啟動「高雄市推動國際教育中程計畫」並陸續辦理美籍傅爾布萊特國小英語協同教學專案，引進美國「傅爾布萊特青年獎學金得獎人」進入國民小學進行英語協同教學；建置英語村(English Village)，並輔以規劃「KIVEW 英語村遊學體驗營」，開放全市五年級英語村遊學體驗；辦理中小學校長英語專業英文研習等重大專案；此外，亦建構英語教材網站平台，開設英語教師研習課程及規劃英語友善商店等多項措施，以使國際教育之推動更具效益（高雄市政府教育局，2009；高雄市國際教育資源中心網站，無日期）。茲引用高雄市推動國際教育中程計畫藍圖於圖 2-4 以供參照。

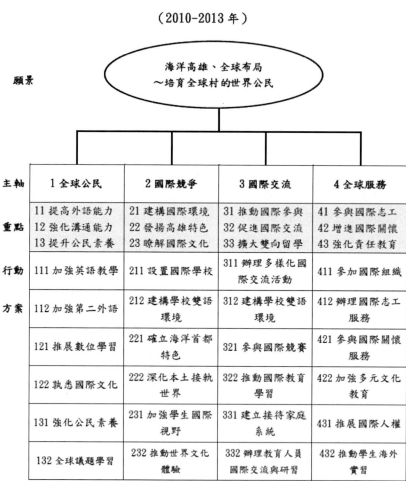

高雄市推動國際教育中程計畫藍圖

（2010-2013 年）

顧景	海洋高雄、全球布局 ～培育全球村的世界公民			
主軸	1 全球公民	2 國際競爭	3 國際交流	4 全球服務
重點	11 提高外語能力 12 強化溝通能力 13 提升公民素養	21 建構國際環境 22 發揚高雄特色 23 瞭解國際文化	31 推動國際參與 32 促進國際交流 33 擴大雙向留學	41 參與國際志工 42 增進國際關懷 43 強化責任教育
行動 方案	111 加強英語教學	211 設置國際學校	311 辦理多樣化國際交流活動	411 參加國際組織
	112 加強第二外語	212 建構學校雙語環境	312 建構學校雙語環境	412 辦理國際志工服務
	121 推展數位學習	221 確立海洋首都特色	321 參與國際競賽	421 參與國際關懷服務
	122 熟悉國際文化	222 深化本土接軌世界	322 推動國際教育學習	422 加強多元文化教育
	131 強化公民素養	231 加強學生國際視野	331 建立接待家庭系統	431 推展國際人權
	132 全球議題學習	232 推動世界文化體驗	332 辦理教育人員國際交流與研習	432 推動學生海外實習

圖 2-4　高雄市推動國際教育中程計畫藍圖

（資料來源：高雄市政府教育局，2009，頁 6）

(1)高雄市推動國際教育中程計畫之目標

①推動各級學校與社教機構共同營造國際化之教育環境。

②促進國際教育交流，加強學生外語能力。

③發展多元化的國際交流活動，增進國際的瞭解與友誼。

④培養學生恢宏的國際視野與世界觀，提升高雄市國際形象與國際化程度。

(2)高雄市推動國際教育中程計畫之工作內容

成立高雄市國際教育中程計畫推動工作小組、辦理國際教育中程計畫推動工作說明會與檢討會、輔導本市各級學校規劃辦理國際教育相關事宜、彙整計畫執行成效並提供輔導諮詢。

參照圖 2-4 所示，高雄市的國際教育藍圖架構，雖鋪陳其願景、主軸、推動重點與行動方案，然而研究者比較與分析發現，對應主軸項下之重點與行動方案彼此有重疊性，脈絡模糊欠缺系統化，各校經由國際教育資源中心網站填報成果的面向或分類活動時，也相對感覺比較雜亂無章。然而，回顧 2012 年到 2017 年高雄市教育局的施政績效報告中發現，有關國際教育之推動，集中在全球村英語教學、教育部學校本位國際教育計畫(School-based International Education Project, SIEP)申辦成效、引進外語教師和國際交流等方面的成效。此外，有關高雄市政策推動的背後，是否如潘志煌（2012)所述，在推動國際教育政策的背後是否陷入爭奪對本土文化學習作為主體性的文化政治性問題。反之，高雄市國際教育資源中心網站的填報系統，具有方便及人性化之優點，可能由於高雄市教育局的組織編制設置了資訊及國際教育科，讓資訊與國際教育能夠有效整合，在專責單位之行政組織再造上，乃高雄市推動國際教育之重要特色，也開啟臺灣之先例。再者，高雄市於 2010 年成立德語、法語和日語等第二外語文化村，亦為全國首創。

4.桃園市國際教育政策方案內涵

有鑒於桃園市（原桃園縣於 2014 年升格為直轄市）是高科技產業密集的城市、並且緊臨國際機場，為了提高國際競爭力，桃園市教育政策重要方針之一就是建構完善的英語教學環境。因此於 2006 年開始籌備國際英語村事宜，包括參訪南韓京畿道政府 2004 年 8 月開先河興辦之安山市英語村，將韓國經驗去蕪存菁政策移植；外籍師資契約內容討論編修、招募遴聘、職前講習與培訓以及委外設立外師生活管理中心；英語村村幹事之遴選招募及英

語村之執行規劃；桃園市內英語教師全體在職進修；英語村教學計畫與設計及實施國民中小學英語教育方案；開設桃園國際英語村官方網站；引進台北教育大學兒童英語系專業支援推動教學與學習評估計畫等（桃園市國際英語村網站 http://ev.tyc.edu.tw/ev_index.php，無日期）。並先後在文昌國中與中壢國小，利用閒置的教室空間，成立了全台首創「英語村」，讓學生不用砸大錢出國，就能享受高品質的英語教育環境（丁嘉琳，2011；桃園縣政府，2008）；截至 2008 年為止已設立三座國際英語村，亦即：中壢英語村、快樂英語村及文昌英語村（桃園市國際英語村網站，無日期），桃園市政府期望能回應知識經濟、地球村的今日世界，藉由推展語言教育及塑造優質學習環境，透過辦理遊學及營隊的方式提供中小學生境教學習機會，達到下列之目標。

(1)桃園市國際教育目標

①根據行政院「挑戰二〇〇八：國家發展計畫 E 世代人才培育計畫」，建置全方面提升學童英語聽說讀寫的能力，培育具有國際競爭力的下一代之優質學習環境。

②落實九年一貫課程與教學深耕－E 輔導團計畫；執行英語教育課程，解決桃園市英語師資不足之困境，期能減少因英語師資不足導致的學生英語學習落差。

③提供偏遠地區學校優質外籍師資，縮短城鄉英語教學差距，讓桃園市偏遠地區學校學童亦能接受完整的英語教育。

④引進國外擁有合格教師證之專業的外師，協助各級學校英語課程的編選、研究與發展，期望藉由他們豐富的英語教學經驗，協助研究發展本國之英語教學技巧，並透過互動切磋觀摩，讓英語教學更具國際觀。

⑤協助營造國際化生活環境，提昇全民英語能力期望藉由外籍英語師資的引進，建立美語村的英語學習模式，拓大英語學習效果和影響，養成全民注重英語學習的習慣，建造一個具有國際視野的生活環境。

　　此外，國際英語村之課程內容多元豐富，涵蓋諸多領域和主題課程，並設定不同區域之代表性國家，以利認知與理解當地之文化，根據英語村網站所示，其教材內容大致完成電子數位化，讓學生能友善應用線上學習與認證。

　　再者，桃園市在尚未升格前即以「教育新視野、親善國際城」為願景，期能培育「明日全球村的桃園人」而訂定《桃園縣國際教育中程（100 年至 103 年）計畫》，並於 2011 年 6 月 24 日假大園國際高中成立桃園縣中小學國際教育事務中心，統籌全縣國際教育事務之推動事宜；並設置國際交流組、師資發展組、教材研發組以及活動推廣組等單位，且納入縣內中小學校成員協助擔綱各組組員及邀聘縣內大專院校擔任諮詢顧問（周櫻雀，2011）。2012 年接續啟動「桃園航空城計畫」，以實現國際航空城為願景，期許打造學生多元視野（詹盛如，2013）。其後，又訂定「2020 年桃園國際航空城教育計畫」、「桃園市 105 年至 108 年國民中小學英語教育中長程計畫」及「桃園市國際教育中程(106 年至 109 年)計畫」（桃園市政府教育局，2015，2016）；據以滾動修正與永續的理念，持續執行國際教育相關之師資發展、國際交流、教材研發及活動推廣等面向之舉措。

(2)桃園市推動國際教育之主要計畫

　　桃園市目前推動國際教育之主要計畫有「2020 年桃園國際航空城教育計畫」、「桃園市 105 年至 108 年國民中小學英語教育中長程計畫」及「桃園市國際教育中程(106 年至 109 年)計畫」茲將前述計畫概述如后。

①2020 年桃園國際航空城教育計畫

　　2020 年桃園國際航空城教育計畫是以桃園國際航空成為主軸，搭配全縣發展目標，開展出相對應的國際教育概念與做法，目標在「明日全球村的桃園人」，以成就每一個孩子、多元文化視野、國際溝通能力、及世界公民信念四個面向為理念主軸並據以規劃相關方案。

②桃園市國際教育中程(106 年至 109 年)計畫

　　桃園市國際教育中程計畫(106 年至 109 年) 以「深化國際學習、培育世界公民」為願景，其主要目標有「營造國際學習的校園環境」、「培養學生具

備世界公民意識」、「增進學生多元交流的國際接觸」、「提升學生外語及全球競合的能力」、「研發國際教育融入課程的教材設計」、「培訓具有國際視野的專業師資」等六項；有關推動主軸與策略詳如架構圖 2-5（桃園市政府教育局，2016）。

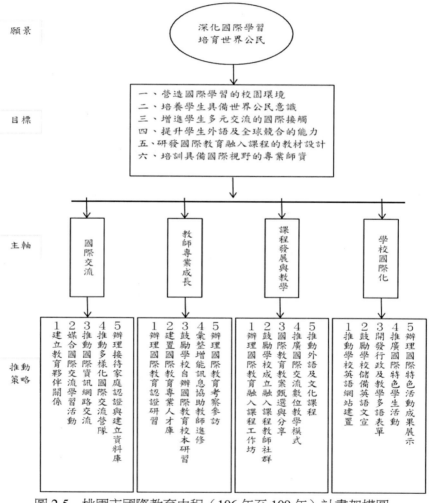

圖 2-5　桃園市國際教育中程（106 年至 109 年）計畫架構圖

（資料來源：桃園市政府教育局，2016，頁 4）

根據圖 2-5 所示，桃園市國際教育中程計畫包含國際交流、教師專業成長、課程發展與教學以及學校國際化等四大主軸；其與主軸相對應之策略各有五項，較具特色者有國際交流面向之「辦理接待家庭認證與建立資料庫」、課程發展與教學面向之「推廣國際交流數位教學模式」以及學校國際化面向之「開發行政及教學多語表單」等。

③桃園市 105 年至 108 年國民中小學英語教育中長程計畫

桃園市 105 年至 108 年國民中小學英語教育中長程計畫於 2014 年 5 月依據 2020 年桃園國際航空城教育計畫等訂定之，其實施方向分為「前瞻學習」和「基礎紮根」兩部分；前者係以「i 上雲端英語村、英語學習 fun 輕鬆—建置桃園市雲端英語村」為主要策略，後者則規劃「提升教師英語能力、精進專業知能」、「深化課程內涵、弭平銜接落差」、「厚實學生英語表能力、提升學習興趣」與「整合教學資源、營造優質學習環境」等四項實施策略。

值得一提的是桃園市開啟實體英語村之先例將進一步結合遠距教學 (ICT)之資訊科技，發展為雲端英語村裨益超越時空之線上學習。茲將桃園市 i 上雲端英語村之架構繪於圖 2-6 供參。

由圖 2-6 得知，桃園市「 i 上雲端英語村、英語學習 fun 輕鬆」之架構包含「異國文化館」、「情境英語館」、「桃園特色館」、「英語閱讀館」及「線上測驗館」等四項。囊括異國與本土之文化認知學習媒材，寓教於樂，並設計透過線上測驗以檢核學生學習成效，同時將家長納入學習對象，除了強化親子共學功能更發揮習焉不察的潛在學習效能，進一步教育家長，達成國際理解的教育目標。

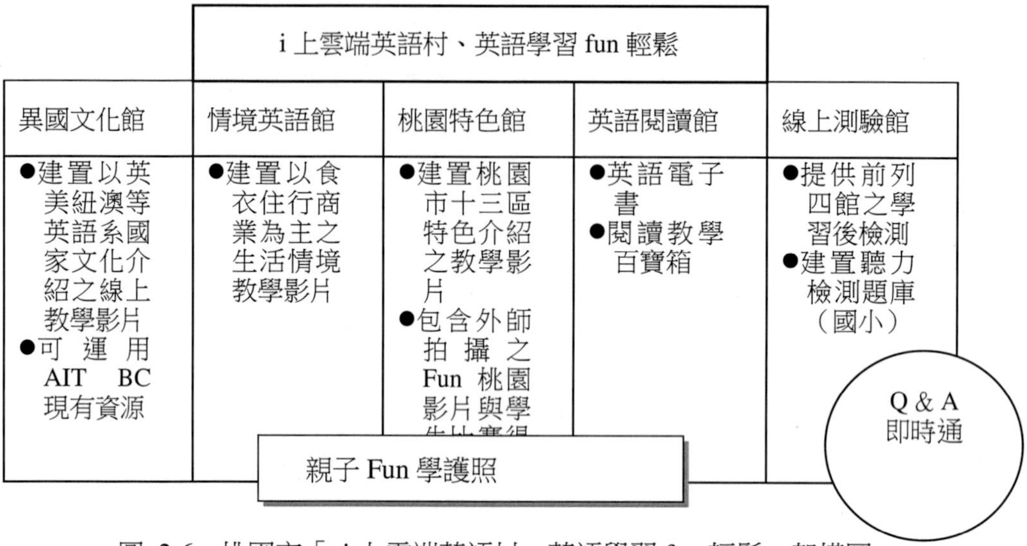

i 上雲端英語村、英語學習 fun 輕鬆				
異國文化館	情境英語館	桃園特色館	英語閱讀館	線上測驗館
●建置以英美紐澳等英語系國家文化介紹之線上教學影片 ●可運用 AIT BC 現有資源	●建置以食衣住行商業為主之生活情境教學影片	●建置桃園市十三區特色介紹之教學影片 ●包含外師拍攝之 Fun 桃園影片與學~~生比賽得~~	●英語電子書 ●閱讀教學百寶箱	●提供前列四館之學習後檢測 ●建置聽力檢測題庫（國小） Q & A 即時通

親子 Fun 學護照

圖 2-6　桃園市「ｉ上雲端英語村、英語學習 fun 輕鬆」架構圖
（資料來源：桃園市政府教育局，2015，頁 5）

5.中央與臺北市、桃園市及高雄市國際教育政策比較與評析

　　如前所述，教育部、臺北市、桃園市與高雄市推動國際教育之政策方案各有其焦點與期望，茲分別就其願景、推動面向與目標、實施理念或原則、推動策略與行動方案以及成效管控或成果面向等向度進行比較並臚列於表 2-2。

表 2-2

教育部、臺北市、桃園市與高雄市推動國際教育政策方案計畫比較表

機關單位	教育部	臺北市	桃園市	高雄市
主要政策名稱	中小學國際教育白皮書	2011-2016 臺北市全球教育白皮書	桃園縣國際教育中程計畫(106 至 109 年)	高雄市推動國際教育中程計畫
願景	扎根培育 21 世紀國際化人才	世界級臺北、全球觀教育－培育友善關懷、公義盡責的世界公民	深化國際學習、培育世界公民	海洋高雄、全球佈局～培育全球村的世界公民
推動目標或面向	課程發展與教學、國際交流、教師專業成長、學校國際化學生能力：國家認同、國際素養、全球競合力、全球責任感	世界公民意識、國際文化學習、國際交流合作、全球議題探究	營造國際學習的校園環境、培養學生具備世界公民意識、增進學生多元交流的國際接觸、提升學生外語及全球競合能力、研發國際教育融入課程的教材設計、培訓具有國際視野專業師資	全球公民、國際競爭、國際交流、全球服務
實施理念或原則	以學校本位為基礎、以融入課程為主軸、以支持基層為重點	交流城市化、對象普及化、訊息資訊化、活動系列、方式多元化、內容深度化行政化、環境國際化、經費多樣化、資源互惠化	未於計畫中載明	未於計畫中載明
中央層級行動方案（由上而下）	國際教育中心計畫、國際教育教師專業成長計畫、國際教育海外參訪計畫、國際教育課程發展計畫、國際教育資訊網計畫、國際教育績優獎計畫。	略	略	略

表 2-2

教育部、臺北市、桃園市與高雄市推動國際教育政策方案計畫比較表

機關單位	教育部	臺北市	桃園市	高雄市
地方層級行動方案（由下而上）	學校辦理國際教育課程與教學發展計畫、學校辦理國際交流計畫、學校辦裡教師專業成長計畫、學校辦理學校國際化計畫	推動機制方案、教師增能方案、外語能力方案、世界公民方案、文化學習方案、國際交流方案、國際參與方案、全球議題方案、資訊平台方案、資源整合方案	持續推動多元國際交流活動、增進教師國際教育專業成長、發展國際教育教材、推動學校國際化	加強外語能力、強化溝通能力、提升公民素養、建構國際環境、發揚高雄特色、瞭解國際文化、推動國際參與、促進國際交流、擴大雙向留學、參與國際志工、增進國際關懷、強化責任教育
成果面向或類別	融入課程、教師專業成長、國際交流、學校國際化（包括：校園國際化、人力國際化、學習國際化、行政國際化、課程國際化與建立國際夥伴關係等六個方面）	同推動方案面向	同推動方案面向	英語教學/第二外語、資訊學習、文化溝通、公民素養、全球議題、雙語環境、海洋首都、認識高雄、國際觀、文化認同、國際交流、國際學習、國際志工、姊妹校、接待家庭、教員交流、國際組織、國際競賽、國際關懷、多元文化、國際人權及海外實習。

資料來源：研究者自行整理。

　　依據表 2-2 所示，茲將中央與前述三個直轄市推動國際教育的特色比較與評析如下：

1.就願景而言：

教育部以培育國際化人才為理想；前述三個直轄市則希望發展具有特色之國際化城市，並以世界公民為訴求。

2.就推動目標或面向與行動方案而言：

中央與地方均關注國際或全球素養的養成、環境國際化以及國際交流等向度；教育部、臺北市與桃園市均明訂師資培訓與增能之面向，而高雄市則否；教育部冀望透過國際教育達到國家認同的目標，高雄市則期許深耕本土接軌世界，兩者亦均以全球競合力與國際競爭為推動目標。桃園市則側重師生之國際學習與增能，回歸課程與教學的本質，同時，在各個子計畫項目、工作內容與各年度實施期程規劃上較為詳細明確。

3.就實施理念或原則而言：

臺北市思考較為多元與周延，教育部訂定學校本位為推動基礎、融入課程及行政支援為其大方向，高雄市與桃園市則未於計畫中載明。

4.就成果面向或類別而言：

教育部以融入課程、教師專業成長、國際交流和學校國際化四軌並行；臺北市扣緊行動方案責成成果面向；高雄市則如前所述，未做主軸歸納，顯現鬆散的成果架構，但是各校在進行網路填報成果時，卻具有貼近學校現場執行端的優點；而桃園市則較貼近教育部之四個面向。

研究者以為，單就中央政策而言，臺灣中小學國際教育政策白皮書之頒訂具有領航國中小階段國際教育實施之功能；其以國際人才培育為圓心；以扎根基礎教育階段為起點；白皮書政策之內容論述與鋪陳包括背景分析、願景、目標、核心理念、推動策略與行動計畫、組織與工作架構等項目；關於課程教學之能力指標及推動國際教育品質管考機制與指標，則另行訂定公告。白皮書規劃完整堪稱為其特色之一。不過，潘志煌（2012)運用社會認知建構觀點的「批判論述分析」(critical discourse analysis, CDA)進行政策分析指

出，中小學國際教育白皮書之特徵有：全球化與本土化的互補與兼重；學習內容強調跨文化視野，卻缺乏國際衝突關係之深度理解與教育因應策略；而全球競合力、培育人才，均以實現國家經濟為目的，對中小學生心理的負荷是否太大。

此外，就核心理念而言，置於學校文化與環境脈絡中之學校本位為基礎的推動，以自主申辦和漸進模式推動，能夠貼近學校需求裨利預期效益之達成，但主動申辦的立意雖然良善，是否陷入林明地（2013）所謂之造成學校強者愈強，弱者愈弱之落差；致使對於全面提昇國際素養之目標難以達成。

其次，就課程與教材來看，中小學國際教育白皮書強調以融入課程為主，國際交流與活動為輔，從領域課程教學與議題的教學以及空白或彈性課程的配合融入，焦點在學生學習(林明地，2012)，能回歸落實學校課程及教學的本質。然而，具體化的融入課程與國際交流計畫並無配套規劃，無形中造成外加式推動增加學校現場之議題課程之負擔(林明地，2013)。此外，朱啓華(2012，2013)在反思中小學國際教育政策時提出：國際教育強調課程融入推動方式，課程綱要中能力指標之內涵並無教材深度與領域廣度之配合；並且建議思考在教材方面，應由東南亞地區的語言文化、宗教與社會活動做為學習起點，再延伸至經濟強勢國家的政經文化理解，在教育目的方面則建議側重培養學生理解經濟全球化對臺灣與世界各國之國際關聯及其延伸之跨國性議題，並提出解決之道。質言之，就現在既有教材的面向來看白皮書所強調的學習題材，與過去未重視全球化時期的學習內容，多半是以史地為主，而英語學習由小學三年級開始其題材也沒有特別強調國際素養，目前臺灣學習領域的內容或教科書並沒有太大的差異或於進行教科書重審時之滾動修正。另外，王曉寧和浦小松(2017）認為臺灣國際教育能力指標在概念和描述上有比較大的模糊性，而國際素養與全球責任感之向度的描述亦存有較大之重複性；其具備指導意義但實踐層面之有效落實，以及精確的學習評量上有其落差。

　　再者，師資培育與養成階段以及在職培育專門國際教育人才方面，誠如林明地(2013）所述，不易於短期間大量培育以供學校現場所需，此乃政策配套不足之詬病。

　　另外，就推動組織與工作規劃而言，縱向與跨單位教育機構的分工與合作(林明地，2013）、公部門與私人民間企業團體之資源整合乃國際教育推動績效的支柱，則是此政策方案之特點。

　　最後，在政策推動與成效之評估與檢核方面來看，從方案理論切入，政策推動與執行之評估有賴更精緻之規劃與檢核；評估與檢核之面向則可思考包含行政之領導面向、教師素養、融入課程與應用實際教學面向、學生國際教育學習目標達成情形等面向，採全面評估之策略，以管考政策推動績效。

　　綜上所述，臺北市的國際教育(全球教育)推動政策之願景與目標、推動策略與行動方案、具體目標與行動項目環環相扣，脈絡清楚，具系統思維之優勢。教育部之白皮書以扎根育才為主，雖然如前所述有些學者批判培育人才論及深度不足、相關課程教材配套措施闕如、偏重部分國家與場域文化、師資專才不易短期大量培育、憑由學校自主申辦可能造成強者恆強，弱者恆弱的問題、外加式推動增加學校現場之議題課程的負擔以及國際競爭力對中小學心理的負荷等，然而在架構與脈絡，全員分工合作式投入、資源整合、行動方案與實施理念上堪稱規劃完整；高雄市以確立海洋首都特色，深化本土接軌世界為政策核心價值，在行政組織專責化、成立第二外語文化村均屬全國首創，有其務實推動的執行特性。桃園市首創國際英語村，以「2020 年桃園國際航空城教育計畫」、「桃園市 105 年至 108 年國民中小學英語教育中長程計畫」及「桃園市國際教育中程(106 年至 109 年)計畫」相互配套，並檢討分析過去推動之問題，在回歸教師增能與學生學習的扎根深化國際學習之信念，據以滾動修正推動國際教育相關之計畫方案，更是務實與前瞻的作為，同時，結合資訊科技，從實體英語村發展為雲端英語村更能裨益親師生超越時空之線上學習與認證，強化外語能力輔助跨文化理解，乃為其政策之特色。

基於前述本研究以 IPO 模式為架構，歸納整合上述中央與三個直轄市之行動方案如后：其一，歸納教育部之教師專業成長、校園國際化、人力國際化；臺北市之推動機制方案、教師增能方案、資訊平台方案、資源整合方案；桃園市之學校國際化、增進教師國際教育專業成長以及高雄市之提升公民素養、建構國際環境等面向或行動方案等，彙整為本研究輸入(input, I)面向之「學校環境與設備」、推動「國際教育理念」、「國際教育知能」以及「經費與資源整合」等四個分向度；其二，歸納教育部之融入課程、國際交流、學習國際化、行政國際化、課程國際化與建立國際夥伴關係；臺北市之外語能力方案、世界公民方案、文化學習方案、國際交流方案、全球議題方案；桃園市之多元國際交流活動、發展國際教育教材以及高雄市之加強外語能力、強化溝通能力、促進國際交流、擴大雙向留學等面向或行動方案，彙整為本研究過程(process, P)面向之「學校文化與氛圍」、「行政領導與執行」、「課程規劃與設計」以及「統整教學與活動」等四個分向度；最後，歸納教育部之行政執行、課程教學與學生能力；臺北市之國際參與方案、外語能力方案、世界公民方案、文化學習方案以及高雄市之瞭解國際文化、推動國際參與、參與國際志工、增進國際關懷、強化責任教育等面向或行動方案，彙整為本研究輸出(output, O)面向之「行政領導成效」、「課程教學成效」以及「學生學習成效」等三個分向度；據此作為研究工具編製之面向。

三、英國與美國國際教育之政策方案與啟示

根據 Bereday(1964)的理論觀點，本段以其「二階段四步驟」方法論之比較模式，概述英國與美國關於初等教育階段國際教育之政策方案，再彙整其推動特色，作為國民小學國際教育推動之啟示與反思。本段先探討英國及美國的國際教育政策方案與措施，希冀經由並列與比較、歸納與詮釋英美兩國

之國際教育政策方案，以圖借鏡，作為臺灣國際教育未來發展與實施之參照光譜。

（一）英國國際教育之政策方案與實施

英國的國際教育願景為讓國民具有全球化/國際化的理解與相關知能，以利於全球社會中生存和貢獻己力，以及於全球經濟競爭下工作（Department of Education and Skills, 2004）。

1.重點政策方案簡介

英國教育技能部（Department of Education and Skills, DfES）於 2004 年提出《將世界融入國際級教育》(Putting the World into World-Class Education)之政策方案係揭開其國中小學國際教育之序幕（黃文定等，2013；蔡金田，2017；劉慶仁，2006；鍾宜興，2012； DfES, 2004）。該文揭示的目標有三：

備妥或培訓（equipping）兒童、青年與成人在全球社會與經濟中生活和工作的知能；包括四個子目標—注入國際面向內容於所有孩子和青年人的學習經驗中、改善表達和使用其他語言的能力、充實雇主與其員工在全球經濟所需的技能以及國際相互認證與提高資格認證透明化等四項。

國際夥伴合作創造雙贏；包含參照國際標準訂為自身成就水準以汲取最佳實務知識、培養與世界夥伴進行策略性合作的能力。

發揮教育和訓練的最大貢獻值--包括海外貿易及對內投資。

除了《將世界融入國際級教育》之方案外，劉慶仁（2006）、林永豐（2011）、黃乃熒（2011）、詹盛如（2012）、黃文定、詹盛如和陳怡如（2013）、黃文定（2017）以及蔡金田（2017）等也歸納英國推動國際教育的其他計畫，與國民小學階段較有關連的諸如，參與歐盟「蘇格拉底計畫二」（Socrates Ⅱ）項下的「康米紐斯計畫二」（Comenius 2）-- 學校教育人員與未來教師之在職訓練；提供國際交流學校媒合的國際教育網站「全球通道」(Global Gateway)--該網站於 2011 年 3 月關閉並整合至英國文化協會的「線上學校」(Schools Online)、與南非學校合作的全球學校夥伴關係(DFID Global School

Partnerships）、國際學校獎（International School Awards, ISA）、教室連結(Connecting Classrooms)課程合作方案、教師國際化專業成長計畫（Teachers' International Professional Development, TIPD）、校長國際領導研習計畫（International Leadership Learning program, ILLP）以及其他計畫，例如國際教育週、國際教育研討會(Above and Beyond)、電子化語言學習計畫(elanguages)及網路學校社群計畫（etwinning）等。茲彙整英國推動國際教育之重點計畫資料列於表 2-3。

表 2-3

英國推動國際教育之重點計畫彙整表

計畫名稱與網址	簡述
國際發展部之全球學校夥伴關係計畫（DFID Global School Partnerships）www.britishcouncil.org/golbalschools & www.facebook.com/DFID-Global-School-Partnerships-206819077305/	全球學校夥伴關係是一個屢獲殊榮的計畫，旨在促進英國學校與南非學校的合作關係。該計畫旨在形成具有教育,公平和可持續發展的伙伴關係,以提高年輕人對全球發展問題的認識,使他們具備知識,技能和價值觀,成為積極的全球公民。
「線上學校」（Schools Online）schoolsonline.britishcouncil.org	提供課程發展和建立教師們之夥伴關係來發展學校的國際教育。主張納入課堂的國際學習,是深化學生理解和尊重周圍世界的關鍵。該網站目前推動計畫有：連結教室（connecting classroom）、伊拉斯莫斯+（Erasmus+）、法國交換機會（French exchange）、聯盟教室（Commonwealth Class）以及華語和文化課程（Chinese Language and Cultural）
國際學校獎（International School Awards,簡稱 ISA）schoolsonline.britishcouncil.org/international-learning/international-school-award	國際學校獎係全球公認的認證獎項,透過認證引導國際學習活動、豐富學習和改進教學,並將國際教育引入課程,並納入學校文化。
電子化語言學習 elanguages www.elanguages.ac.uk	由南安普敦大學現代語言教育研究與開發小組領導此電子語言學習計畫並提供線上諮詢解決方案

表 2-3

英國推動國際教育之重點計畫彙整表

計畫名稱與網址	簡述
網路學校社群 eTwinning www.britishcouncil.org/etwinning	eTwinning 由歐盟的伊拉斯莫斯+計畫共同資助，由英國文化協會在英國管理。於 2005 年推出 eTwinning 以來，已有超過 44 萬名教師註冊到該平台。所有學校都有資格免費參加所有領域的線上課程。其目的有：豐富 3 歲至 19 歲學生和員工的學習動力、獲得高質量的專業發展和現成的資源、藉由通過 eTwinning 獎和國際學校獎提高整個學校社群的水準

資料來源：研究者參考相關網站整理

　　由表 2-3 得知，前述英國之各計畫中，大多以建置與整合網際網路為主要推動平台，可概分為行政領導暨師資培訓與交流、強化語言學習以及國際夥伴學校合作等三個類型。其中英國文化協會（British Council）扮演極其重要的推動與執行角色，並且以認證獎勵制度，激勵各國學校及教育工作者參與動機並藉以進行評鑑績效。

2.實施特色

　　除了前述特色，英國在培養學生國際視野與全球思維之教育作為上之特色是強調學校本位與課程融入的全球教育（林永豐，2011）。DfES（2004）聲明，在全球脈絡下，將全球公民身份（global citizenship）、社會正義（social justice）、永續發展（sustainable development）、尊重差異（diversity）、價值觀與洞見（values and perceptions）、相互依存（interdependence）、解決衝突（conflict resolution）、以及維護人權（human rights）等八項全球素養課程的主題，融入於 5 到 16 歲兒童及青年的學習經驗當中，期能透過國際教育的執行，昇華和發展其思維，以孕育前述素養。諸如，整合教育與技能部所示之八大主題中，以全球觀點探究地方的或主題式的議題進行反思與對話教學；利用校內各種消費物品引導學生探討全球關聯、公平交易產品、綠色能源、倫理銀行(ethical banking)等議題；強調國際參與增拓視野與理解並批判反思校內國際教育重點；了解聯合國兒童基金會或聯合國等國際性機構的工作內

涵；與不同文化的各國學校互相結盟，讓學生體現「在地-全球取向(local-global approach)」全球關聯的意涵；強化教師國際教育專業素養與知能；以及將國際教育相關課程與教學納入校務評鑑與視導項目管考執行成效等作為。

在課程設計規劃方面，2007 年英國資格及課程局（Qualifications and Curriculum Authority, QCA, 2007）發行《全球面向行動手冊—學校課程計畫指引》（The Global Dimension in Action -- A Curriculum Planning Guide for Schools）；該手冊內容分為全球理念介紹、實作活動學習教材、個案分享和相關資源介紹等四部分，以提供學校思考課程規劃與教學之方向，引導師生學習。

而蔡靜儀（2013a，2013b）針對英國中小學國際教育之學校國際化研究發現，英國編制專責行政人力及完整專案經費、系統化進行師資培育、有效整合公私部門資源以及客觀進行全國調查機制管考推動質量足為臺灣借鏡。

此外，英國的全球教育課程目標清楚，概念內涵具體而完整，是以統整及跨科目的型態融入既有課程或發展主題式課程，並非單獨設科（林永豐，2011；Qualification and Curriculum Authority, 2010）；林永豐（2011）更指出英國的全球教育由傳統的「發展教育」擴展而成，其交流互動國家遍及全球各國，互動內涵也由向外資助的角色轉為向內提升教育品質之訴求。研究者發現，英國推動國際教育除了關注課程與教學面向之外，也相當側重教師國際化專業成長與校長國際領導知能之提升，雖然教育部也於臺灣師範大學辦理 106 年度中小學國際教育課程領導者培訓工作坊（教育部，2017b），然而培訓內容仍以學校本位課程規劃與教學為主，較少在行政領導層級著墨。

綜上所示並依據前述 IPO 模式歸納，英國推動國際教育計畫方案之特徵包括：（1）輸入面向：政策方案推動多元、建置與整合網際網路為主要推動平台、系統化師資培育、教育領導人與工作者之專業成長對話、編列完整專案經費，結合歐盟相關計畫協同執行；（2）過程面向：單一機構--英國文化協會--專責推動與執行、國定全球教育課程強調學校本位與課程融入、擴及各教育階段之推動與重視；（3）輸出面向：以認證獎勵制度評鑑績效；更扮

演引導角色提升及互惠其他開發中國家之學校國際教育，以上各面向之作為，均是臺灣推動與執行國際教育之學習典範。

（二）美國國際教育之政策方案與實施

美國是世界上國際教育最發達的國家，其招收之留學生連續多年居世界之首（翁麗霞和洪明，2011）；周汶昊（2013）也指出基於未來的國際競爭力及經濟前景，美國教育部一直著力推動國際教育政策。美國國際教育興起於二次世界大戰後，旨在促進世界和平，至今已形成其獨特的理論、政策與教育制度（鄺灩湘，2016； American Presidency Project, n. d.）。美國早於 1946 年由杜魯門總統簽署立法，創立傅爾布萊特計畫(the Fulbright Program)，係以運用第二次世界大戰剩餘戰爭財產之收益，資助「在教育，文化和科學領域方面，以交換學生促進國際之友善」為宗旨；此舉也奠定美國成為國際教育最發達之國家。1966 年更頒布《國際教育法》，並主導成立聯合國教科文組織，主張擴大國際交流與合作的歷程，並據以發展教育文化和強化學校國際化（Kozma & Radacsi, 2000；Bureau of Educational and Cultural Affairs, n. d.）。

2000 年前總統柯林頓發表之國際教育政策備忘錄(Memorandum on International Education Policy)，闡述美國需要國際教育政策之理由並指示相關策略包括：鼓勵其他國家學生到美國留學；激勵美國學生赴國外進修；支持社會各級教師、學者和公民的交流；加強美國機構建立國際夥伴關係和專業知識的計畫；增進美國民眾的外語學習品質及對其他文化深度的認識；盡力培訓和支持教師教導學生理解其他國家和文化等六項(William J. Clinton, 2000)。2001 年 911 襲擊事件之後，美國驚覺國際理解與跨文化溝通對國家安全之重要，再陸續提出國際教育相關政策方案。

美國第七任教育部長 Rod Paige 曾在國際教育週的演講中強調，為了增進美國學生對其他地域、文化、語言及國際問題的知識，美國教育部將更加努力尋求與其他國家的密切關係，並參加國際計畫與研究；且強調國際教育

應融入課程教學中,不應該是外加的(add-on),也呼籲從幼兒園到中小學校應該重視國際教育,而不僅限於高中及大學(Davis, 2002)。

另外,2012 年 11 月美國聯邦教育部發布推動國際教育全球化(Succeeding Globally Through International Education and Engagement)的公告中,再三強調美國教育方針得符合全球化潮流的趨勢,以培育具有世界觀的合格公民為己任。學生必須充實知識,對世界各地的自然人文景觀都有認知,未來才能與國際間的同儕共事,協調合作無間,攜手接受世紀挑戰(U.S. Department of education, 2012)。再者,2017 年 11 月 15 日自由時報呂伊萱指出,根據美國在臺協會(American institute in Taiwan, AIT)2016 到 2017 學年度之統計,在美國之臺灣留學生以就讀研究所者最多,大學部者次之,近年來加入實習訓練與短期非學位課程之留學生,有增加趨勢。馬健生和吳佳妮(2016)以「十萬強計畫」為例,分析美國教育國際化策略在新世紀的發展正邁向開放與他國雙邊互動特色,更特別強化與中國為主的亞洲各國發展策略聯盟夥伴關係。茲將其重點政策簡介於後。

1.重點政策方案簡介

(1)傅爾布萊特計畫

傅爾布萊特計畫是以國際交流為主軸的計畫,該計畫於 1946 年經由阿肯色州參議員威廉·傅爾布萊特(J. William Fulbright)的建議立法而成立。該提案要求運用第二次世界大戰剩餘戰爭財產的收益資助「在教育,文化和科學領域方面,以交換學生促進國際之友善」。1946 年 8 月 1 日,杜魯門總統簽署立法(PL 79-584),創立了傅爾布萊特計畫(the Fulbright Program);1948 年,第一批傅爾布萊特計畫獲得資助者赴海外交流。該計畫係由美國國務院與外國政府共同推動之學術與文化交流計畫,目的在透過人員、知識和技術的交流,促進美國和世界各地人民的相互了解;更希冀促進美國政府整合公私部門之資源,以發展美國和世界各國之友善、具有同理心與和平的關係。相關計畫由美國國務院教育和文化局主辦,其主要資金來源是美國國會每年

編列經費，另外參與此計畫的政府、主辦機構、企業和基金會也會直接和間接的支援。現今，該計畫服務全球 180 多個國家，每年約頒發 8000 份補助金。

傅爾布萊特計畫是世界上頗富聲望的國際交流計畫。其補助方式有兩種：其一是資助美國公民赴國外交流，例如：美國學生計畫、美國學者計畫、教師交流計畫等；其二是資助非美國公民前往美國交流學習，包括：留學生計畫、訪問學者計畫、教師交流計畫等。主要目的為促進美國政府整合公私部門之資源，透過教育和文化交流，促進美國人民與其他國家的人民之間的相互了解，促進教育和文化進階的國際合作，期能發展美國和世界各國之友善、具有同情心與和平關係(Bureau of Educational and Cultural Affairs, n. d.; 傅爾布萊特學術交流基金會網站，無日期)。

以美國在臺協會網站資訊為例，傅爾布萊特計畫為美國與臺灣的學者、研究人員、專業人士和博士班學生提供獎助學金，以利其進行學習、研究與教學活動；目前該個別計畫以提供申請合格者二週至十個月不等之資助經費，同時針對不同的對象，申辦單位也略有不同，例如，傅爾布萊特學生計畫是由國際教育協會執行，而學者計畫則是由國際學者交換協會執行。茲列舉與臺灣相關之傅爾布萊特計畫於表 2-4。

表 2-4

與臺灣相關之傅爾布萊特計畫一覽表

計畫對象	申請說明	備註
台灣學者與學士後學生	台灣學者的申請截止期限通常為獎助期間開始的前一年十月，而台灣學生的申請期限則為獎助期間開始的前一年八月。台灣的傅爾布萊特計畫由學術交流基金會執行。	欲知申請相關訊息，請至該基金會網站的「獎助學金」網頁查詢
欲邀請學者駐校的大學	台灣有意邀請美國的傅爾布萊特學者駐校教學之大學教授/系所，最長可達十個月之傅爾布萊特獎助計畫。傅爾布萊特駐校學者計畫的申請截止日期，為預定駐校期間開始的前兩年十月（例如：申請 2012 年九月學年的駐校學者，截止日期為 2010 年十月）。	意者可與學術交流基金會聯絡，索取相關訊息與表格

表 2-4

與臺灣相關之傅爾布萊特計畫一覽表

計畫對象	申請說明	備註
美國學生	傅爾布萊特學生計畫是由國際教育協會執行。傅爾布萊特學生計畫美國學生的申請期限,一般是在獎助期間開始的前一年十月。	請至該協會網站「傅爾布萊特計畫」(Fulbright Programs)網頁,查詢台灣的獎助學金機會與申請規定
資深專家 (僅針對台灣授予學位的機構)	為期二到八週的短期傅爾布萊特資深專家計畫,是由國際學者交換協會執行贊助。申請者必須經過傅爾布萊特計畫的贊助單位、美國國務院教育和文化事務局的審核和批准	台灣的學位授予學術機構,有意接待傅爾布萊特資深專家者,可以透過美國在台協會美國中心提出申請
美國專家或專業人士	美國境外學位授予學術單位的申請通過後,美國專家或專業人士就可赴邀請機構訪問,傅爾布萊特專家計畫(Fulbright Specialist Program)為期二到六週不等。活動包括:進行需求評估、調查、機構或計畫性研究;參加專門學術計畫和會議;與高中後學位授予學術單位的行政人員、教師進行諮商,討論教職員發展問題;於研究所或大學部授課;在海外學術機構參加或主持研討會、座談會;開發學術課程或教材以及在學位授予層級進行教師訓練活動	

資料來源:研究者整理自美國在台協會教育與文化網站資料。

從表 2-4 得知,傅爾布萊特計畫之對象包括學士後學生與學者專家,其申請方式悉依傅爾布萊特學術交流基金會規定辦理,針對不同的計畫對象,申辦單位、補助與期程也有所差異。

(2)透過國際教育和國際參與競逐全球:美國聯邦教育部國際策略 2012-16

美國聯邦教育部基於經濟競爭力和就業、全球化挑戰衝擊全球素養人才之困窘、因應國家安全與外交意識、加強外語和專業知能之重要以及美國社會多元化之考量,於 2012 年研訂《透過國際教育和國際參與競逐全球:美國聯邦教育部國際教育政策 2012-16》(Succeeding globally through international education and engagement: the U.S. Department of Education's international strategy 2012-16），此政策有兩個目的及其延伸的三個相互關聯的具體目標（梁俐玲，2015；U.S. Department of Education, 2012），茲爰引美國聯邦教育部國際教育政策架構圖於圖 2-7，並概述於後。

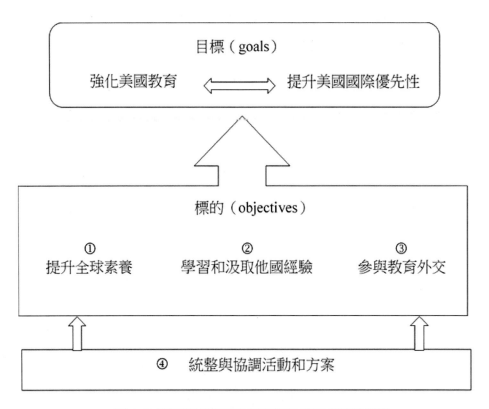

圖 2-7 美國聯邦教育部國際教育政策架構圖
（資料來源：U.S. department of Education (2012)，頁 4）

由圖 2-7 得知，美國聯邦教育部之國際教育政策係以強化美國教育和提昇美國國際優先性為目的，並以透過持續研究與督導活動及方案計畫的統整和協調，以提昇所有學生的全球素養(能力)、應用國際標準化測驗評比結果，學習和汲取他國經驗以及參與教育外交與推動國際交流為具體目標，以涵養

具備認識與理解他國之文化、語言與感知；有效的溝通；採取行動之全球能力的公民。茲將該政策揭櫫之目標分述如下：

目標①、提高所有美國學生的全球素養（能力），包括來自傳統弱勢群體的學生：

強調具備 21 世紀的技能—全球素養（能力），是所有學生必備的成功關鍵，因而在州立中小學主管委員會（Council of Chief State School Officers，CCSSO）與亞洲協會（Asia Society）倡導下，籌組全球素養（能力）工作小組團隊，定義與帶領提昇所有美國學生全球素養（能力）的相關教育事宜。關於全球素養之架構如圖 2-8 所示。

由圖 2-8 可以瞭解，美國聯邦教育部所示之全球素養和能力，係以透過學科和跨學科研究理解世界為核心；其內涵包括：探索世界、覺察觀點、溝通想法以及採取行動四個面向，諸如：學生進行跨域探索、學生覺察自己和他人的觀點、學生與他人有效溝通彼此的想法以及學生將其想法轉化為適當行動以改善現況條件等；每個面向在提出相對應的具體指標細項，據以檢視評估。

目標②、加強聯邦，州和地方教育政策與實踐，學習和汲取其他國家的經驗，以促動美國的卓越和創新：

定期參加國際評估和調查，加強借鏡其他績效良好之國家政策與實踐經驗，以改善教學和學習效能，為所有學生提供世界級(world-class)的教育。諸如，2011 到 2013 年連續三年參加高績效國家教學專業國際高峰會議，汲取學習經驗。表 2-5 則臚列美國參與國際評量測驗和調查一覽表，以供參閱。

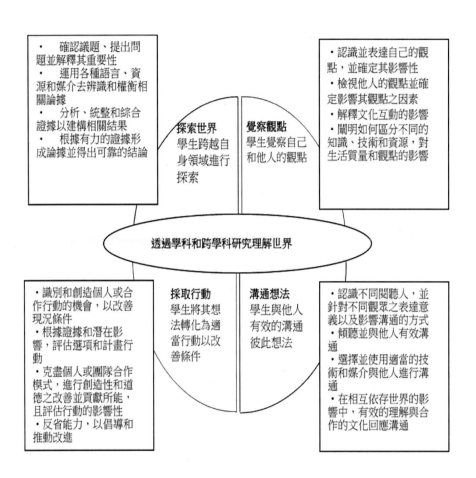

圖 2-8　全球素養：應用於 21 世紀世界的技能
資料來源：U.S. department of Education (2012)，頁 6

表 2-5

美國參與國際評估和調查一覽表

國際測驗研究	測驗對象 與內容	測驗期程	後續資料 發佈時間
國際閱讀素養計畫 (Progress in International Reading Literacy Study, PIRLS）	四年級學生的閱讀素養評量	2001 年開始，每 5 年施測一次，最近一次在 2011 年參加	2012 年 12 月
國際學生評量計畫 (Program for International Student Assessment, PISA)	15 歲學生之閱讀、數學和科學素養評量，2012 年新增問題解決和財經素養	2000 年開始，每 3 年施測一次，最近一次在 2012 年參加	2013 年 12 月
國際數學與科學研究趨勢(Trends in International Mathematics and Science Study, TIMSS)	四年級和八年級學生之數學和科學素養評量，1995 年也曾評量十二年級學生	1995 年開始，每 4 年施測一次，最近一次在 2011 年參加	2012 年 12 月
成人素養國際評量計畫 (Program for International Assessment of Adult Competencies， PIAAC)	16-65 歲成人之閱讀成份、計算和科技環境下的問題解決素養評量	2011 年開始參與	2013 年 10 月
教學和學習國際調查 (Teaching and Learning International Survey, TALIS）	七、八和九年級的教師及其所屬學校校長	2013 年開始參與	2014 年 6 月

註：美國也參加了早先的國際閱讀，數學和科學評估，1999 年國際公民教育研究（CivEd）和 2003 年國際成人識字和生活技能調查（ALL）。
資料來源：U.S. department of Education (2012)，頁 9。

　　根據表 2-5 得知，美國自 1995 年迄今參加了 PIRLS、PISA、TIMSS、PIAAC 和 TALIS 等國際測驗；測驗的對象涵蓋小學四年級以上的學生到 65 歲成人，也包括中學教師與校長；中小學生國際測驗內容包括閱讀、數學和科學領域，中學教師與校長則以教學相關議題為測驗主軸，而 16 到 65 歲成人則以閱讀、計算和問題解決素養為測驗內容；期能藉由測驗結果報告瞭解教師與學生之國際素養。

目標③、藉由積極的教育外交策略，促進美國國際優先性：

美國聯邦教育部積極藉由所有的國際活動來支持外交，並強調教育外交對於建立國家之間互惠互利的關係非常重要，也認為此種軟性外交有助於美國國家安全，提昇國家領導者的信譽，並能促進美國的繁榮。例如，美國積極參與亞太經濟與合作組織（Asia-Pacific Economic Cooperation, APEC），東亞峰會（East Asia Summit, EAS），美洲國家組織（Organization of American States, OAS），經濟合作組織和聯合國教育科學與文化組織等多邊組織，經由會議組織之最佳做法和經驗分享，也展開合作，改善國內外教育。

目標④以統整協調的方式開發、監測和持續改進教育部門的國際活動：

美國聯邦教育部透過跨部會統整與協調，例如國務院，商務部，勞工部和美國國際開發署（United States Agency for International Development, USAID）等，規劃多樣化的活動架構與具體計畫，並與全球合作夥伴國家共同推動之，以加強國內外體系，促進國際交流，提昇教育品質。

綜而言之，美國聯邦教育部之國際教育政策，旨在實現改善美國教育和促進國家國際優先性，並以探索世界、覺察觀點、溝通想法以及採取行動為全球素養四個面向，最終在強調：以教育的軟性外交，實現國家安全與競爭為鵠的。

(3)關鍵核心報告

2013 年人文社會科學委員會（The Commission of Humanities & Social Sciences）提出名為《關鍵核心報告》（The Heart of the Matter）國際教育政策建議書（周汶昊，2013；Commission of Humanities & Social Sciences, 2013）；旨在強調人文通識教育或博雅教育的重要性，期能整合科學、人文及社會科學的知識，教育人民有能力面對快速變化的社會及處理複雜的社會議題，並指出美國該如何在未來的國際社會具備更卓越的領導力，以及該如何落實在教育政策上之數項重要聲明。例如，在 K-12 的教育階段，呼籲掃盲，強調閱讀和寫作是學習的基石，口頭和書面文字是互動的基本單位，並倡議歷史與公民納入基本的掃盲課程中；強調透過各階段教育及公私協力形成教學網絡

與合作夥伴，充分提供教學資源給教育工作者，提昇教師專業地位及專業資格，並建置免費線上教學資料庫協助經濟弱勢學生應用優質線上教材。另外，在學術研究領域與經費方面，歸納 2005 年到 2011 年之資料，提醒美國人文和社會科學研究的意義與價值應受重視，並權衡其挹注研究經費之重新分配。

《關鍵核心報告》提出之目標有三，包括：

目標①教育美國人民，成為具備知識、技能及判斷力的 21 世紀民主社會公民：

甲、支持全方位素養是一切學習的基礎。

乙、公民準備教育的投入。

丙、提昇建置線上數位資源，包括教材。

丁、透過公私協力夥伴關係，讓公眾參與。

目標②孕育一個創新、富有競爭力和健全的社會：

甲、增加對研究和發現的投資。

乙、創建有凝聚力的課程，以確保學生的基本能力。

丙、加強對教師的支持。

丁、策勵所有學術研究，解決「重大挑戰」。

戊、向民眾宣傳研究的重要性。

目標③培養美國的國際社會領導力：

甲、促進語言學習，包括沉浸式第二外語課程。

乙、擴大國際事務和跨國研究的教育。

丙、支持海外留學和國際交換學生課程。

丁、發展「文化團」(Culture Corps.)，傳遞人文和社會科學知識。

此外，該建議書之第五章提案《國際的安全與競爭力》中強調：全球化勢在必行，培養關鍵的跨文化技能以及促進語言學習，回歸「跨文化教育的本質就是同理心」，才能確保國家安全、經濟競爭力與領導優勢；而美國國會亦討論將建議書中之提案 1 納入未來中小學教育法案中（周汶昊，2013；Commission of Humanities & Social Sciences, 2013）。茲分述如后。

●全球化勢在必行：強調人文和社會科學教會人民對不同觀點的認識，包括如何理解、詮釋和尊重不同族群的共同點和差異。

●培養關鍵的跨文化技能：委員會呼籲國家應致力於，在每個階段的教育系統建立關鍵的跨文化技能，在全球教育領域建立全球視野課程，同時，為所有美國人提供調查其他文化以及自己文化的機會；並以公私機構合作夥伴關係，實現與支持國際事務和跨國研究教育。

●促進語言學習：學習第二語言是讓人民看到不同文化之間，不同思考模式的好方法，也會提高後期學習第三種語言的能力。因此，州和地方學區應制定 k-12 課程，以增加語言接觸率，包括浸入式第二語言的課程；只有藉由過深入研究和沈浸式學習，才能習得其他文化的各種專業知識。

　　總之，《關鍵核心報告》建議與呼籲美國應重視人文和社會科學的博雅教育，奠基於小學的語文教學、提升教師教學專業、提供線上教材、重新權衡各領域之學術研究經費，各文化機構發揮教育功能與終身學習，方能促進跨文化理解與跨國合作，進而達成實現美國國家安全與競爭力之願景。

　　(4)美國國際交流之推動

　　美國聯邦政府之對外工作係由國務院(Department of State)負責，國務院所屬教育文化事務局(The Bureau of Educational and cultural Affairs, ECA)則負責推動中學國際教育與交流活動（蔡金田，2017； Bureau of Educational and cultural Affairs, n. d.），諸如：

①虛擬夥伴關係(Virtual Partnerships)下之全球連結交流計畫(Global Connection and Exchange)：提供中學網路聯結及課程開發、培訓教師使用電腦之能力、利用網路資源充實日常課程等，培養學生使用網路參與討論全球議題，該計畫也鼓勵師生訪問姊妹校，以增進彼此了解。

②長期學生交換計畫：提供其他國家 15-18 歲中學生前往美國就讀一學年，或兩國學生相互到對方國家就讀，通常會安排住寄宿家庭。

③短期學生交換研習計畫：提供其他國家 15-18 歲中學生到美國進行為期三至四週的研習，或兩國學生相互到對方國家研習。

　　研究者從美國在臺協會網站搜尋發現，美國推動上百項國際交流與獎學金方案計畫(美國在臺協會，無日期)，茲臚列美國推動國際教育交流與獎學金方案計畫之中，與中小學教育相關之重點方案於表 2-6。

表 2-6

美國推動國際教育交流與獎學金方案計畫一覽表

交流方案名稱	方案重點	對象
傅爾布萊特計畫--傑出教學獎	選擇美國中小學教師出國 3 到 6 個月進行研究、參與課程研討會等項目。	美國中小學教師和學生
傅爾布萊特--海斯計畫（Fulbright-Hays Program）	特別針對美國的 K-14 個人教師和行政人員、博士生和博士後教授以及美國的機構和組織提供獎學金，而該計畫重點在支持非西方外語和地區的海外研究和培訓工作。	美國高中以下教師和行政人員、博士生及博士後教授
響應和平之英語專家教育隊計畫	培訓英語教師至各國教學	英語教師
英語語言專家計畫	為期六個月的英語教學領域（TEFL）研習，旨在培訓國外英語教學專業人員。	英語教師
傅爾布萊特英語教學助理計畫	以應屆畢業的大學生和年輕專業人士在中小學或大學擔任海外英語教學助理。	英語助教
教師全球教室計畫	針對美國中等教育階段教師參加為期兩週之線上專業發展，係以專業討論和職業發展與交流為主。	中等教育階段教師
英語語言夥伴計畫 (English Language Fellow Program)	透過此計畫，提供世界各地在英語教學或其他語言教學（TESOL）或以英語作為第二外語教學（TEFL）領域的優秀美國教育工作者，參加為期 10 個月的學術機構研究津貼	美國優秀英語教師

資料來源：研究者參考相關網站整理。

　　根據表 2-6 所示，美國在國際交流計畫中，相當著力於教師英語教學之培育與專業發展，除了針對國內之英語教育師資之重視，更致力於提升教師海外移動教學之知能。事實上，研究者未彙整臚列之國高中教育階段以上之學生交流計畫亦不勝枚舉，同時也有若干項針對中東和北非之女孩就學和穆斯林等學生之教育交流計畫。由此得知，美國在弭平弱勢世界與文化理解上的落差亦多所著力。

(5)美國國際教育組織與任務

①美國國際教育協會與國際教育週

為倡導國際了解及互信互賴，並鼓勵合作交流，1919 年創立美國國際教育協會(Institute of International Education, IIE)，係以推廣國際教育及交流的非政府和非營利組織，也是世界上大型跨國國際教育合作與訓練機構之一。主要業務推展包括協助推動及規劃獎學金、訓練、交換計畫、及領導人培養方案等；從事研究、調查及統計，並加強全球國際教育資訊、政策的分享及對話；服務全球國際學人並維護其權益以及促進國際教育的發展與強化國際的合作與了解等四個方面。

2000 年起該協會與美國國務院及聯邦教育部開始合作辦理「國際教育週」(International Education Week，IEW)活動；每年均以「Open Doors」計畫中相關教育統計資料之簡報掀開「國際教育週」的序幕。2012 年首次在臺灣辦理美國教育展，擴大美國教育宣導及招生，也協助我學術交流，基金會每年並公布美國的研究獎助金消息以及傅爾布萊特美籍學人之甄選相關作業等（張佳琳，2014）。

②國際教育者協會

由美國國際教育協會協助成立之國際教育者協會(National Association of Foreign Student Advisers, NAFSA: Association of International Educators）乃致力於推動各項政策和實踐，透過校園國際化、全球學習和思想領導力探索國際教育，目前在全球擁有 10,000 多名會員(洪意雯，2014；National Association of Foreign Student Advisers, n. d.)。

③美國國際教育基金會

美國國際教育基金會（American International Education Foundation, AIEF）也是一個非營利性組織，總部位於洛杉磯，乃匯集世界上最好的學生和美國的教育體系。自 1992 年以來，美國國際教育基金會一直與世界各地的教育工作者、學校代表、商業界領袖和政府官員合作開展一系列國際學生服

務和教育交流項目。該基金會致力於媒合國際學生與美國學術機構之間的資訊橋樑,更提供多種媒介。例如:海外招聘會、網絡資源、入門研討會、學校名錄、參考指南、學生獎學金和教師/輔導員培訓計畫等。藉由學生服務網站(UScampus.com),為留學生提供學校選擇、獎學金機會、考試準備、入學申請、教育經費、學生簽證、健康保險、文化問題與生活調適等方面進行線上指導。其使命是提高美國教育在國際上的普遍性,目的在讓國際學生實際體現與瞭解美國的民主價值觀、政府結構和經濟體系(American International Education Foundation, n. d.)。

④美國亞洲協會(Asia Society)與國際教育卓越獎

美國亞洲協會(Asia Society)創立於 1956 年,初創時期是為了促進美國對亞洲的瞭解而設立,而今是一個全球性的機構,在美國和亞洲各地設有辦事處,以跨學科項目來履行其教育任務,並以「為亞洲人和美國人共享未來而準備」作為主軸。研究者搜尋其網站(https://asiasociety.org/education/our-initiatives)發現,目前該協會推動的全球教育重點計畫有:

甲、中國學習計畫(China Learning Initiatives)--讓學習中文在美國成為主流項目。

乙、全球城市教育網絡(Global Cities Education Network)--是亞洲和北美城市學校系統的國際學習社群,其成員每年聚集一堂,為期三天的學習體驗,包括學校實地考察,合作交流和專家介紹,以系統性的重點討論改善教育問題。

丙、課外的全球學習 (Global Learning Beyond School)--增加課後和暑期課程的全球學習的數量和質量,包括專業發展、方案評估與發展以及全球素養之建立。

丁、國際研究學校網絡(International Studies Schools Network)--與學校行政主管和教師合作,創造全球視野和文化,培養學生的全球能力。

　　另外，蔡金田(2017）提及，美國亞洲協會(Asia Society)與高盛基金會(Goldman Sachs Foundation)從 2003 年開始，創立高盛基金會國際教育卓越獎(The Goldman Sachs Foundation Prizes for Excellence in International Education)，每年分別表揚推動國際教育表現優異的中小學以及表現優異的學區和州。

⑤國際教育文憑組織

　　國際教育文憑組織（International Baccalaureate Organization, IBO）成立於 1968 年，總部設在瑞士的日內瓦，是屬於非營利性質的國際教育基金會，50 年來，精益求精的致力於發展創造更美好世界的國際教育。國際文憑組織包括四個課程方案，重點是教授學生批判性和獨立思考，以及如何細心和邏輯的提問。目前國際教育文憑組織的全球中心設在美國馬里蘭州，課程中心則設在英國。國際文憑組織為全世界 3 至 19 歲的兒童和青少年學生提供教育服務，其中包括 3 到 12 歲的小學課程方案（Primary Years Program, PYP）、11 到 16 歲的中學課程方案（Middle Years Program, MYP）、16 到 19 歲的大學預科課程方案（Diploma Program, DP）和職業相關方案（Career-related Program, IBCP）等。至 2017 年的統計，全世界有 4775 所學校、超過 70 萬學生採用了這些教育方案，臺灣則有義守國際學校和臺北市奎山實驗高中申請前述中小學與大學預科課程方案。(王秋萍，2015；International Baccalaureate Organization, n. d.)。

⑥美國國際文化交流協會

　　美國國際文化交流協會(Institute of International Culture & Education, IICE)是經美國加州政府正式註冊的國際文化教育交流機構，總部設在美國舊金山地區之矽谷，為全球教育、科技、創新、人才的中心，主要從事中美之間教育留學、人才就業、文化交流以及商務合作等領域的業務；係由新美洲傳媒集團（New Continental Media group）、美國國際傳播協會（International Communications Association, ICA）、美國金鷹集團（Eagle Group）等，各行業各領域機構整合設置而成(美國教育資訊中心，無日期)。

⑦國際研究學校學會

設立於丹佛大學的國際研究學校學會(International Studies Schools Association, ISSA)，為美國幼稚園及中小學(K-12)的學校網絡；該學會也致力於提升老師與學校將國際教育內容的融入課程。而亞洲和學校國際教育全國聯盟(National Coalition on Asia and International Education in the Schools)則是非正式的領導團體聯盟，旨在分享與促進國際事務、跨文化理解、經濟發展及教育改革之間的密切關係（蔡金田，2017）。

綜上，美國國際教育組織多屬非政府非營利組織，其任務以合作交流、學術互動、培育全球素養為重點，並以跨文化理解與教育服務為核心。研究者認為，臺灣有關國際教育交流之非政府非營利組織之數量與功能，相較疲弱，企盼前述組織之彙整能引發帶動國際教育與交流之能量。

2.實施特色

美國長期處於文化霸權的優勢上，國際教育政策亦旨在強調追求競爭力並實現其國際優先性；美國聯邦教育部之國際教育政策包含高等教育及國外學生，但中小學之國際教育政策由各州主導政策較無詳細規範與說明（陳意尹、蔡清華，2013），推動策略也殊異。根據陳意尹和蔡清華（2013）比較美國與臺灣之國際教育政策指出兩國同樣透過國際性評量掌握教育現況，也積極建立國際夥伴關係；然而卻對社會文化環境注重程度與願景不同，國際教育政策發展方向、實施範圍與權責也不同，教育部所扮演的角色差異，更對教育體系的期望也有差異。

綜而言之，美國擁有聯合國辦公地點設置所屬之優勢，關於國際教育之非營利組織亦有其發展的特色，並以國際交流和獎（助）學金為任務主軸，有關國際教育政策以目標取向，較缺乏細部的配套方案；然而，美國相當側重高中階段以上的學生之國際交流，特別在吸納各國學生前往美國的資訊提供部分，更是多元而豐富，另外，在教師語言教學與專業知能培訓方面也著力甚多。其次，就國際教育之政策取向而言，美國國際教育政策繫於國家安

全；冀望藉由國際教育的推動能帶給國家政治與經濟的穩定與永續，也藉此踐履全球公民之責任。對於人力與財力資源的投入與整合、全球素養之架構與內涵、科技網路平台之建置與應用、師資培育與涵養國際教育交流計畫之豐富度等，是為美國國際教育政策方案之特色，都值得臺灣借鏡學習。

（三）小結

綜觀前述，英國國際教育政策與實施相較於美國較有系統、組織分工和課程規劃脈絡較為完善，英國之優勢在於歐盟跨國教育相關計畫的就近參與，同時，非官方非營利組織資源及網站也較顧及各教育階段之學校教育，課程目標清晰且內容也較為豐富；美國則擁有聯合國辦公地點設置所屬之優勢，關於國際教育之非營利組織亦有其發展的特色，有關國際教育政策以目標取向，較缺乏細部的配套方案；然而，相當側重高中階段以上的學生之國際交流，特別在吸納各國學生前往美國的資訊提供部分更是多元而豐富，另外在教師語言教學與專業知能培訓方面也著力甚多。

其次，就兩國國際教育之政策取向而言，前者著重國家經濟的發展，後者則繫於國家安全；然而都冀望藉由國際教育的推動能帶給國家政治與經濟的穩定與永續，也藉此踐履全球公民之責任。對於人力與財力資源的投入與整合、課程規劃與教學之內涵、組織與分工之專業化、科技網路平台之建置與應用、師資培育與涵養國際教育交流計畫之豐富度等特色都值得臺灣借鏡學習。

總之，上述英美兩國實施與推動國際教育特色對本研究之啟示在於：第一，輸入面向有國際交流或夥伴學校之前置引導機制良好、校長與教師國際教育行政領導與專業知能推動計畫完善、資訊設備與網路資源應用友善而便利以及民間非營利組織與政府單位之合作互補策略；政府教育主管機構應就行政與教師應具備的國際教育素養與知能，規劃系列性的進修或認證，避免各層級和學校鬆散的進修研習課程，另外，活化進修研習，方能透過不同的形態與方式驅動行政與教師專業成長，裨益國際教育的推展。同時，英美二

國在推動國際教育中，半官方機構與非政府組織是其發展國際教育的主力之一。在推動國際教育方面，臺灣非官方組織資源較少，因此，臺灣應多方引導、獎勵多元組織投入，發展全球面向的課程及國際教育交流方案，提供各種輔導協助措施等，擴大推廣國際教育的深度與廣度，以期接軌國際。政府主管單位能主動招募，以協助推動國際教育所需經費與支援。

其二，過程面向有國際教育配套課程規劃之政策；國際教育議題廣泛，政府教育主管機關除了組成課程研發委員會，彙編相關教材外，更應積極鼓勵非官方機構，利用網站建置國際交流與課程教學平台。並應培訓學校課程發展委員會，掌握國際教育內涵的關聯性與互動性，分階段規劃課程及教學目標，設計整合外語、國際議題及文化學習等，架構學校本位、融入式國際教育課程，再依據不同教育階段的學習需求，逐步深化國際教育相關知能，研發教材與設計教學活動，使全體師生都能參與。此外，英美國際教育網路相當多元，提供教師國際教育訓練、國際面向課程教材與諮詢、國際教育研討會，以及協助與外國學校配對，透過網際網絡合作、分享和相互學習，是國際教育的全方位窗口，有效提升國際間連結之便利性，值得臺灣借鏡師法。仿效英國線上學校理念與作為，鼓勵善用資通訊科技進行視訊互動學習，免於遠距交通勞頓，即能發揮國際教育交流效能。

最後，在輸出面向方面則以英國「國際學校獎」之推展居功厥偉，對國際教育其認證與審查標準的建構，以及每三年再認證高級水準標章的作法，藉此引領學校逐級而上，可供作臺灣規劃的參考，而美國之傅爾布萊特各子計畫的評核與國際教育週統計資料彙整公告等，藉由審查認證的過程確保個人與學校執行的品質。以上均是研究者探討臺灣國民小學實施國際教育 IPO 面向之參照構面。

四、國際教育之相關研究與論述

鑒於研究者在搜尋與本研究相關之實證研究過程中發現，國內外針對國民小學階段國際教育之實證研究較為少見；是以，舉凡高等教育與中等教育階段之國際教育均列入本研究文獻探究與閱讀之範疇。此節先就所蒐集之組織機構與學者之論述予以闡明，其次，就實證研究之研究主題分類進行敘述，最後提出對本研究之啟示。

（一）國際教育理念與推動策略研究--組織機構與學者之論述

本段分別探究有關推動國際教育理念與實施策略以及其困境與問題。

1.關於推動國際教育理念與實施策略之論述

臺灣推動中小學國際教育應以學校為本位為原則(邱玉蟾，2009；黃乃熒，2009；林明地，2012）；所謂學校本位管理的推動方式，應思考學校在地脈絡進行 SWOT 分析，以計畫-實施-內在化階段螺旋式推動，並呼籲發揮團隊動力執行，同時強調應以學生學習為焦點（林明地，2012，2013)。

在國際教育推動理念方面，首先應建立國際觀的價值信念，包括認同與悅納己身文化、尊重與欣賞他族文化等（張明文、陳盛賢，2006）；而吳清山（2011）、王曉寧和浦小松（2017）呼籲，面對全球化時代，培養學生國際視野也須具有本土關懷與己身的文化自信；如前所述，陳惠邦（2013）以為，推動國際教育至少應蘊含多元寬容的理解、冒險患難的精神以及博愛互助的實踐等精神；周祝瑛和陳榮政（2012）在高等教育提升國際化的發展上呼籲：追求質量並重的教育國際化、拓展環境與媒體的國際化、精進國際教育師資的專業性以及強化對國際事件與議題的關心等方面，以確保國際教育品質、拓展教師的國際視野與掌握世界脈動與趨勢。郭峰(2015)則認為有效的國際教育應從四個方面建構：首先是明晰國際理解教育理念，應高度認同、

理性分析並自覺踐履中國主體文化，再以寬容尊重的態度與他國進行文化對話、共同行動，並且理解國際教育是一種面對差異認識差異及試圖化解差異所可能導致危險之教育。

從政府推動國際教育的角色切入，黃乃熒（2009）建議政府應該建置國際教育政策推展措施，包括充足的經費補助與合理分配機制、建置國際教育認證制度及進行國際教育政策行銷。CBIE 在 2016 年針對未來國際教育領導人之定位與趨向之調查結果提出，強化國際教育能力與革新之領導者依據角色的重要程度排序是：革新者、領航者、良師典範、經紀人、生產者、協調者、監督者和主持人(CBIE, 2016)。準此，政府主管機關、學校校長與兼任行政人員得以認識自己在國際教育應扮演的角色。

有關學校推動國際教育的向度或途徑，邱玉蟾（2009）指出學校推動國際教育包含四個向度，其一，本國學生在國內的教育國際化活動，是指體制內學校在校內實施國際面向課程；其二，本國學生在國外的教育國際化活動，係指本國學生出國留學或交流；其三，國際學生在國內的教育國際化活動，乃指本國學校招收國際學生或辦理接待交流；其四，國際學生在國外的教育國際化活動，包括海外國際夥伴、國際學校或分校提供的教育與交流活動。並且澄清國際教育不單是進行國際交流、實施外語或雙語課程。

而 Knight (1999)從高等教育切入，認為教育國際化主要的推動途徑有四：（1）活動途徑(Activity approach)，包括課程，學生或教師交流，技術援助，招收國際學生等；（2）能力途徑(competency approach)，聚焦於教育成果與目標以及國際化使學生、教職員工發展新的技能、知識、態度和價值觀；（3）氛圍途徑(ethos approach)，在校園內營造一種文化或氛圍，促進和支持國際化與跨文化活動；以及（4）過程途徑(process approach)，透過統整和廣泛的活動，將國際教育或跨文化層面融入教學、研究和結合政策而有系統的服務。Knight 並強調此四種途徑是相輔相成的，不是相互排斥的。郭峰(2015)則認為，有效的高等教育國際化應調適現代大學管理制度：包括健全學校政策、設備、經費及資源、系統規劃及策略、制定人才交流、科研合作、中外

辦學合作政策、提升質量等政策並且進行多元評價，方能提升全球化時代大學之國際教育效能。

　　林明地（2013）將國際教育之推動視為一種學校變革，並建議在學校計畫階段，需進行國際教育現況調查、資料蒐集、確認學校應加強之領域規劃可行策略、內外部資源需求之方向並明定執行國際教育之成效評估標準、更需重視學校成員士氣與組織氛圍，方能兼顧國際教育計畫階段之技術性工作與文化形塑面向；在執行與實施階段，包括橫向與縱向之工作協調，運用方案目標管理掌握推動進度、問題解決和強化團隊力之發揮，國際教育方案推動之心理壓力的支持與排解，最後在內化階段，此階段應關注學校推動國際教育之新結構、角色、規範、價值與信念等之形成情形，必須以行動支持及持續增強內化於學校日常之行政與教學生活中。

　　在實施國際教育之師資素養與推動專責方面，教師素質就是學校素質，因此應提升教師國際理解教育素養，諸如，注重培養教師國際視野、豐富教師跨國體驗及鼓勵教師進行國際間的學術合作研究等(郭峰，2015)。黃乃熒（2009）鼓勵學校建立國際教育推動專責單位且廣納各類專才，諸如形塑學校主動願意參與方案之氛圍、建置不與學校現有行政體制重疊之專責單位著重課程規劃、語言扎根、科技創新及國際研究之功能以及編制語言精熟、科技與教育人才；更鼓勵學校深耕國際教育的教師專業素養，更應側重專業力與實施意願兩大主軸。而吳翠玲（2012）梳理其實務之經驗提出教師應具備之國際教育技能有：規劃國際教育課程之專業知能、彈性運用靈活教學策略與勝任國際交流之國際事務行政能力等。黃玫玲（2012）則認為教師應具備多語素養、建立跨文化學習社群、善用網際網路及國際教育融入課程等技能。

　　學校作為推動國際教育的第一線，應善用各種非營利之民間組織資源、主動參與國際活動平台、強化英語教育、建構安全資訊網絡環境、專注於學生的學習歷程、透過單一方案或多元內涵來設計國際教育專案，發展國際學校夥伴關係，以為學生搭建邁向國際之橋樑（廖文靜，2013）。

　　另外，學校推動國際教育須透過各種學程以深耕多元化的國際教育素材，黃乃熒（2009）建議思考學校脈絡辦理跨文化的學程、特色主題的學程、課程統整的學程和網路虛擬的學程，透過國際化課程與交流，克服經費與學制的限制，以催化學生學習並促進國際教育理想的達成；而陳惠邦（2013）則提出國際教育的推動可以透過閱讀對話培養多元寬容理解的情操。郭峰(2015)認為有效的國際教育應確立國際理解教育之目標及其所規範的內容，包括國際理解知識—體認差異與依存關聯；國際理解能力—參與、互動溝通、合作與批判能力；以及國際理解態度—體驗與行為傾向等層面。其次是開設國際理解教育課程，如專門設科、新興題課程及多語言課程；融入學科課程；增強學生跨國經驗；培育校園多元文化等途徑探尋國際理解教育。

　　理想的國際教育交流計畫應以系統性的作為，以觀念、組織、策略、課程、資源等五個面向進行（陳偉泓，2006）。在國際教育統整教學與國際交流活動上，劉永順（2015）指出教育旅行(educational trip, school trip, study tour)之意涵包括：應具有教育意義、以觀光結合教育的一種教育模式以及透過體驗學習讓學生學習不同文化國際，提升國際視野與擴展國際友誼的教育方式。臺灣推動國際教育旅行旨在協助學生接納、理解、關心、尊重差異文化；培養學生自我學習、自我思考的能力；強化學生外語溝通交流能力和提升國家主體性形象。而臺灣推動國際交流活動成功的因素有：教育部支持鼓勵、臺灣國際教育旅行聯盟的輔導規劃、學校積極參與、新世代學生需求、不同於傳統課室學習模式、正面評價累積及多數家長肯定等特色（劉永順，2015）。

　　吳清山（2011）提出建立常態性和制度化國際交流機制、發展國際文化或跨文化課程、強化學校外語環境和學生外語能力，並鼓勵學生參與國際志工活動等推動國際教育之策略。另外，從學校的角度來看，更應增加國際交流的地理區域及國際知能的廣度(邱玉蟾，2009)。陳惠邦（2013）呼籲應以國際交流旅行探索鍛鍊冒險犯難的精神，以服務關懷落實博愛互助的實踐。張明文和陳盛賢（2006）則提出推動策略的建議，包括：學校提供國際文化

交流的真實經驗，鼓勵學生積極參與國際事務、組織或活動；以及培育國際溝通外語知能，包含外語與資訊能力等。

張碧娟（2013）從現階段高中國際教育推動實務呼籲，國際教育的核心在學生學習；高中推動國際交流的方式以教育旅行、姊妹校交流、境外遊學和教育專題國際論壇訪問等交流較為熱門；也建議學校應深化交流活動的內涵、提升教育人員國際素養與外語能力、研發國際學習之學校本位課程以及籌措經費與人力資源，更強調國際教育學習層面的著力才能培育具備全球關懷力與行動力的國際化人才。鄭以萱（2013）的研究進一步指出，以服務學習式的國際交流，更可達成國際化人才培育之目的。

陳偉泓（2006）論及臺北市麗山高中國際教育實務經驗時指出，計畫策略有訂定學校國際教育發展計畫、規劃專人負責國際教育交流業務、鼓勵教師參與國際教育提升參與能力、發展網路化合作教學課程等四項；而回歸學校實際之具體做法則為建立全校師生重視國際教育與交流的共同觀念、成立學生導覽團體、國際時事專題報告、教學與國際交流結合、利用遠距教學進行國際交流與友校分享國際交流資源等策略。

Howe（2008）也從高等教育的角度提出以下之推動策略，包括：利用國際規準評鑑學校教育系統、聘僱國際教育諮詢委員會、就基本知能增加國際社群互動機會、掌握國際教育高階會議讓公眾了解國際教育之重要、大學合作—大手攜小手、立法學習各國語言及認證、聯邦政府資助全州計畫和行動、與基金會和社區合作、支持學校教師在行政區內交流—參與經驗課程及教育培訓、建置全州國際教育資訊網站平台以及創造有系統的國際教育和全球學習方法等十項。

此外，應用資訊與通信科技(Information and Communication Technology, ICT)在核心素養的評量上已成為歐盟成員國的發展重點；包括數位歷程檔案(e-portfolio)、電腦化測驗 (computer-based testing) 和真實情境模擬/虛擬(simulation) (Redecker, 2013)。Elisa Bruhn (2017)進一步從高等教育國際的趨勢和走向指出，虛擬移動，合作式線上國際學習（ Cooperative online international learning, COIL）、虛擬跨國教育（Transnational education, TNE）或磨課師（Massive Open Online Courses, MOOCs）等，高等教育虛擬國際化架構已然成為全球和國際層面上跨文化學習的一種方法。透過資訊通信技術（ICT）支持措施和流程，以全球向度、跨文化向度和國際向度等三個層面推動國際教育之課程教學與交流上，將成為未來趨勢。綜上論述，研究者體認，推動國際教育之理念、策略與途徑正是學校端引以反思作為的進路，茲參考前述文獻，以 IPO 面向架構整理出學校推動國際教育策略面向比較分析表於表 2-7。

表 2-7
學校推動國際教育策略面向比較分析表

模式面向 / 策略項目 / 學者機構	輸入面向(I)				過程面向(P)				輸出面向(O)		
	國際教育理念	國際教育知能	學校環境與設備	經費與資源整合	學校文化與氛圍	行政領導與執行	課程規劃與設計	統整教學與活動	行政領導成效	課程教學成效	學生學習成效
張明文和陳盛賢（2006）	V							V			
陳偉泓（2006）	V					V		V			V
邱玉蟾（2009）	V						V	V			
黃乃熒（2009）	V	V			V	V	V				
吳清山（2011）	V						V	V			
林明地（2012）	V										
吳翠玲（2012）		V				V					V
周祝瑛和陳榮政（2012）	V	V	V	V							
黃玫玲（2012）		V						V			
林明地（2013）	V	V			V	V					
陳惠邦（2013）										V	
張碧娟（2013）	V	V		V				V			V
廖文靜（2013）		V					V	V			V
鄭以萱（2013）								V			
郭峰（2015）		V				V	V				

表 2-7

學校推動國際教育策略面向比較分析表

模式面向 / 策略項目 / 學者機構	輸入面向(I)				過程面向(P)				輸出面向(O)		
	國際教育理念	國際教育知能	學校環境與設備	經費與資源整合	學校文化與氛圍	行政領導與執行	課程規劃與設計	統整教學與活動	行政領導成效	課程教學成效	學生學習成效
王曉寧和浦小松（2017）	V										
Knight (1999)					V		V	V			
Howe（2008）	V	V	V	V		V		V			
CBIE (2016)						V					
Bruhn (2017)							V	V			
合計	11	8	3	3	3	7	7	11	1	0	4

資料來源：研究者自行整理。

　　由表 2-7 歸納發現，推動國際教育輸入面向中，以國際教育理念項目之學者論述最多；而過程面向則為統整教學與活動以及課程規劃與設計之建議策略論述居多；針對輸出面向之論述以學生學習成效較多，關於行政領導與課程教學成效較少探究。研究者依據表 2-7 之文獻歸納輸入與過程面向模式，梳理學校現場推動國際教育之面向及其涵蓋之分向度，關於輸出面向則待國際教育之成效文獻探討後再行歸納臚列。茲先將本研究問卷採納之輸入與過程面向條列如下。

　　(1)推動國際教育之輸入面向(input, I)

　　❶推動國際教育理念：「國際教育理念」是指教師的情感性素養與信念。

　　❷國際教育知能：係除了國際教育政策內涵之認知外，同時兼具能力素養。

　　❸學校環境與設備：係指學校營造教育國際化之環境規劃、佈置、軟硬體設施。

　　❹經費與資源整合：係指推動國際教育所需之人力、財力與物力資源。

　　(2)推動國際教育之過程面向(process, P)

　　❶學校文化與氛圍：係指學校推動國際教育之願景共識、心理支持與展現專業信念提高學校凝聚力等。

②**行政領導與執行**：係指學校推動國際教育之策略規劃與領導、合理人力配置與組織行政及教學團隊。

③**課程規劃與設計**：是指以學校本位課程與設計推動國際教育之作為。

④**統整教學與活動**：是指進行國際教育教學時之學科的聯結、超越教科書的資料來源、概念間的關係、國際教育融入主題單元、國際交流與旅行以及融入學校慶典之主題式活動等，以促進有意義、沉浸式的學習。

2.關於國際教育推動之成效

在國際教育推動與執行成效之評估方面，邱玉蟾（2009）表示，學校辦理國際教育主要是與自己比較，其績效評估採多元方式為之；包括 input 進步獎、output 進步獎、優良卓越獎和計畫執行品質獎。而 Keller (2011)提出，評核國際教育計畫方案可以參照 IB 標準(IB criteria)、第 8 版 CIS 標準(CIS-standards - version 8)以及 IS--國際學校--自學指南(ISA- internationalism in schools -- a self-study guide) 等三個模式。教育部則以中小學國際教育能力指標作為檢核教學成效之依據（教育部，2012c）。茲將該能力指標之「目標層面」以及與國民小學相關之基礎能力指標條列如下：

(1)目標層面一：國家認同

1-1-1瞭解臺灣與世界其他國家的文化特質。

1-1-2表現具國際視野的本土文化認同。

1-1-3向外國人介紹臺灣文化特色的能力。

(2)目標層面二：國際素養

2-1-1 認識全球重要議題。

2-1-2 體認國際文化的多樣性。

2-1-3 具備學習不同文化的意願與能力。

(3)目標層面三：全球競合力

3-1-1 認識全球競爭與合作的現象。

3-1-2 探究全球競爭與合作關係的能力並體認其重要性。

(4)目標層面四：全球責任感

4-1-1 認識世界基本人權與道德責任。

4-1-2 瞭解並體會國際弱勢者的現象與處境。

　　除了學生能力指標之檢核規劃外，教育部在管考中小學推動國際教育工作之評鑑指標有以下之指標細項（中小學國際教育資源網，無日期）。

(1)IPO-1 課程發展與教學

①IPO-1-1 高中職、國國小辦理際議題及國際教育融入課程、國際交流數位教學模式（ICT）、外語及文化課程之三類計畫數目，逐年增川。

②IPO-1-2 高中職、國中、國小研發國際教育之教材及教案數量，逐年增加數量。

③IPO-1-3 中小學外語及文化課程關連國家數目逐年增加。

(2)IPO-2 國際交流

①IPO-2-1 中小學國際交流之區域及國家逐年擴大。

②IPO-2-2 國際交流辦理項目逐年增加。

(3)IPO-3 教師專業成長

①IPO-3-1 參加教育部及主管教育行政機關主辦之國際教育專業知能研習校數逐年增加。

②IPO-3-2 取得教育部主辦之國際教育專業知能課程認證研習證書教師人數逐年增加。

③IPO-3-3 參加教育部認證之各類國際教育專業研習課程之校數與人逐年增加，全國於 105 年時達到至少 20 種。

(4)IPO-4 學校國際化

①IPO-4-1 每個面向學校國際化之中小學校數逐年增加。

②IPO-4-2 六個面向學校國際化辦理計畫逐年。

　　誠如吳清山等(2011)以 IPO 模式，在初步建構國民教育階段關鍵績效指標時指出，衡量國民教育品質與績效是不容易的教育工程，其透過訪談與文

獻分析提出以「教育背景」和「教育資源」項目為輸入面向；以「領導與管理」、「課程與教學」、「學校文化與特色」和「家長參與與支持」等項目為過程面向；並以「學生學習表現」、「教師教研表現」和「學校整體表現」等項目為輸出面向；鄭新輝（2011）也提出，行政與教學係學校兩大績效管理系統，然而關注於學生學習結果與產出之成效，才是國際教育推動的核心（林明地，2012；張善禮，2015）。準此，研究者認為，國際教育之執行績效評估基於學校本位脈絡的思考撰寫計畫，更增加標準化評核指標之建構與評鑑的困難度，本研究參採吳清山等(2011)指出之輸出面向及鄭新輝（2011）指出之績效管理系統，轉化成「學生學習成效」、「課程教學成效」和「行政領導成效」作為本研究輸出面向之分向度。研究者發現，就績效測量之指標類型觀之，上述教育部管考學校推動國際教育之指標，尚屬 Parmenter(2015)論述之表層關鍵成果指標(key result indicators, KRIs)，僅能呈現完成任務成果為何，並未深入其核心關鍵績效指標(key performance indicators, KPIs)，明顯瞭解執行工作之內容。基於學生是學習主體之理念（吳清山，2011）、優質行政管理運作與課程教學是學校經營的智慧，本研究聚焦於探討國際教育之推動對國民小學場域之行政領導、課程教學與學生學習成效，並作為本研究輸出面向(output, O)之分向度，包括：

(1)行政領導成效：係指學校推動國際教育之行政領導與執行之成效。

(2)教學課程成效：是指以學校本位推動國際教育之課程與教學之成效。

(3)學生學習成效：是指學生經過積極參與國際教育學習過程，在課程結束後所累積的相關知識、技術、態度與行為，包括：國家認同、國際素養、全球競合力與全球責任感。

3.關於國際教育推動之困境與問題

有關推動教育國際化影響之因素或推動困境與問題，根據文獻歸納分述如后。

(1)推動國際教育之迷思：

Knight(2011)提出大學國際化的五個迷思，包括：外國留學生的多寡並不一定能產生學校制度和課程更符合國際化；學校國際排名並非教育品質的保證；學校與國際協會的合作協定數量不代表教育國際化的品質；國際認證的光環並非等同於教育國際化；以及全球品牌或地位屬於附加價值並非目的，目標應在學習成效。而黃冠勳（2014）則指出僅有狹隘思考學生英語考試成績是否優異、英語教師才能勝任國際教育知推動、出國交流才能培養學生的國際觀以及國際交流看似易於達成國際教育目標卻有邊緣化弱勢者之兩面刃等迷思。其實，國際理解教育理念淡薄、校園文化單一、教師的國際理解素養匱乏等問題，更制約著高等教育國際理解教育的開展(郭峰，2015)。

(2)經濟與資源因素：

諸如經費短缺(林彥良，2015；洪雯柔、郭喬雯，2012；許西玲，2016；葉惠芬，2012)、無以為繼的交流參訪（陳惠邦，2013）、內外部資源受限、未能有效整合或分配不均等因素(林彥良，2015；許西玲，2016；黃冠勳，2014)。

(3)政治與政策因素：

包括政治意識形態（王熙、陳曉曉，2016）、臺灣在參與國際組織與活動之定位困窘（教育部，2011；葉惠芬，2012）。

(4)社會文化因素：

包括主智主義或升學壓力(林彥良，2015；洪雯柔、郭喬雯，2012)、以升學考試與檢定為目的的外語教育、社區文化刺激不足(林彥良，2015)、家庭社經因素或功能不彰（洪雯柔、郭喬雯，2012)等。

(5)行政與教師因素：

諸如抄襲移植的計畫、為國際化而國際化(林明地，2012）蜻蜓點水式的淺碟活動（陳惠邦，2013）、師資專業知能或國際素養不足、教師的國際理解素養匱乏(林明地，2012；林彥良，2015；許西玲，2016；郭峰，2015)，也缺乏專業培訓、不易於短期間大量培育專才(林明地，2012）、欠缺國際合作能力(林明地，2012）、行政與教師未能掌握教育新知動向、教師習慣舊有

教學模式(林彥良，2015)、教學進度與時數受限，教師扮演角色多元且責任重，致使投入意願較低(林彥良，2015；洪雯柔、郭喬雯，2012)。學校缺乏推動經驗(林彥良，2015)與學習楷模的空白經驗或外語能力限制缺乏信心（洪雯柔、郭喬雯，2012)、辦理活動計畫或課程多產生排擠效應、整體環境與組織氛圍不佳、實施步驟鬆散等。質量兼顧之評鑑問題、行政不擅長目標（專案）管理以及採學校自主申辦方式，使得強者越強、弱者越弱的推動落差(林明地，2013）以及主要推動策略不明確而未能轉化為執行力(葉惠芬，2012）之困窘。

在教師專業知能方面，吳宗哲（2014）認為，基於教師所具備的外語能力與國際素養、專業知能不一，教師認證機制未臻完善；學校國際化方面，關於行政國際化、人力國際化、課程國際化、建立國際夥伴關係等項目的推動仍待加強；學校辦理的國際教育活動，未能充分與學校國際化目標結合等均是實施國際教育之問題。

關於中小學國際教育的課程發展與教學主題範疇方面，林永豐（2013）從全球教育的課程主題歸納國際教育之範疇為：全球公民與相互依存、衝突解決與世界和平、文化差異與認同尊重、基本人權與社會正義以及生態環境與永續發展等五大主題。另外也從九年一貫課程綱要、國際教育指標和中小學國際教育融入課程資源手冊等文件，對照分析全球教育主題指出：整體而言，多元文化差異與認同、生態環境與永續發展兩個議題最受教師側重。因此建議學校在發展國際教育課程時應導正培育學生完整而均衡的全球教育視野。此外，課程泡沫化是國際教育困境之一（黃冠勳，2014），吳宗哲（2014）就實施內容層面指出：在融入課程部分，中小學課程仍缺乏整體課程目標與系統化的課程規劃，在學校跨領域整合教學上亦有難度。洪雯柔和郭喬雯(2012）的研究發現，因課綱規範之侷限，致使許多國際教育活動推展不易；課程內容多，選修課空間極少，原本課程與國際教育連結性又不高；國際教育議題廣泛課程選編與融入也是推動困擾；有些學校則將國際教育只限定於英語科的教學；礙於升學壓力，授課多為解題式講述，無法真正達成瞭解異

國文化內涵的目標；加上教育部等相關單位，並未明確教導各學校應如何搭配課程教國際教育，使得成效不佳。

　　在國際交流活動方面：劉永順(2015)在檢討與展望高中階段國際教育旅行時指出：參訪國家過度集中於日本，應擴大其他國家；規劃鬆散倉促成行，流於觀光旅行模式；實施計畫未完全符應教育目標；臺灣國際教育旅行聯盟體制未臻完善；觀光客倍增計畫缺乏整合（例如：交通部與教育部跨部會整合，中央與地方整合等）都是推動國際教育應改善之問題。依據教育部統計，學校推動國際教育，多集中在國際交流面向，至於融入課程、教師專業成長及學校國際化三個面向則相對不足（教育部，2011）。再者，洪雯柔和郭喬雯（2012）指出，屬於偏鄉地區的學校，在與其他學校聯繫未來合作交流事宜時，可能會因時間或語言等因素干擾，欠缺專業指導員從中導引，讓學校徬徨無措，而流失跨境交流機會；或是學校本身已有多項計畫正在執行，已無多餘人力投入國際教育(洪雯柔、郭喬雯，2012)。吳宗哲（2014）也認為在國際交流部分，無法與國際教育課程目標緊密結合；未建立國際交流的學習目標，缺乏發展國際交流的評估機制以及國際交流成果發表闕如，使國際交流活動陷入泡沫化（許西玲，2016），而導致效益不彰。

　　(6)學生因素：

　　包括學生外語能力受限(洪雯柔、郭喬雯，2012)、學生不熟悉世界地理等認知限制而跳躍式學習、國際新聞缺乏與生活連結致使學生學習無感以及限於文字想像，對學生而言抽象不切實際等（謝孟恬，2015），學生的國際理解能力薄弱(郭峰，2015)，檢核指標不清晰(葉惠芬，2012)，均是推動國際教育存在之困境。

　　(7)其他因素：

　　包括政府推動國際教育機制尚未健全、執行檢核指標不明確(葉惠芬，2012)、中央地方與學校端對政策解讀欠缺共識、外加式推動方式增加議題負擔（林明地，2012）、點綴陪襯式的外籍人士安排（陳惠邦，2013）、視

訊化國際交流之時差或設備因素(洪雯柔、郭喬雯，2012）等以及目前中小學運用網路科技於國際交流的方法略嫌不足（黃冠勳，2014）等問題。

　　承上，茲將學校推動國際教育 IPO 面向問題與困境彙整列於表 2-8。

表 2-8

學校推動國際教育 IPO 面向問題與困境彙整表

模式面向	輸入面向					過程面向			輸出面向		
策略項目 ＼ 學者機構	國際教育理念	國際教育知能	學校環境與設備	經費與資源整合	學校文化與氛圍	行政領導與執行	課程規劃與教案	統整教學與活動	行政領導成效	課程教學成效	學生學習成效
教育部(2011)		V	V			V					
葉蕙芬(2012)			V	V		V					
林明地(2012)		V				V					
洪雯柔 和 郭喬雯(2012)	V	V	V	V		V	V	V			V
林永豐(2013)							V	V			
林明地(2013)						V					V
陳惠邦(2013)				V		V		V			
黃冠勳(2014)	V		V	V			V	V			
吳宗哲(2014)		V				V	V	V			
謝孟恬(2015)								V			V
林彥良(2015)		V		V		V	V				
劉永順(2015)		V		V		V					
郭峰(2015)	V	V						V			V
王熙和陳曉曉(2015)	V										
許西玲(2016)		V		V		V		V			V
Knight(2011)	V										
總計	5	8	4	7	0	10	5	8	0	0	5

資料來源：研究者自行整理。

　　由表 2-8 歸納發現，有關學校推動國際教育之困境論述最多者為行政領導與執行，其次是教師國際教育知能與統整教學與活動，再其次是經費與資源整合項目之困難；而推動國際教育出出面向中，以探討學生學習成效者較多，針對學校文化氛圍、行政領導成效與課程教學成效則乏人問津，循此，本研究納入上述之學校文化氛圍、行政領導成效與課程教學成效等分向度，期能平衡實施國際教育過程面向與輸出面向之思考維度。

　　本研究依照前述 IPO 模式作為框架，根據表 2-7 彙整之學校推動國際教育策略面向比較分析表以及表 2-8 臚列之問題與困境分向度與項目作為問卷編制基準，並以文獻內文所論述之細項作為問卷之參考內容。準此，實施國際教育輸入面向之分向度囊括：有關國際教育推動理念之問題，將包含：認知、信心與共識層面，以及重視國際教育之情形以及政治與社會文化因素等；關於教師國際教育知能之困境有：教師國際教育專業知能與國際素養，並包含外語和溝通能力以及國際合作能力等。在學校環境與設備方面，諸如學校設備因素與國際教育網路平台建置之影響等均於納入題項規劃中。此外，經費與資源整合機制因素，則包括資源分配、政策配套、經費投入、資源統整與諮詢輔導機制等，也納入研究工具編製考量。

　　再者，學校文化與氛圍涉及校長的支持與重視面向；而行政領導與執行項目則選取計畫是否符應教育目標、專案目標管理與相關推動配套或獎勵機制等；關於課程教學方面，參採課程設計轉化、國際教育議題過多篩選機制、教學模式、教材教法融入情形與學習成效評量等內容、推動國際交流機制、夥伴學校評估與學生交流效益評量等內容，作為實施國際教育輸入與過程面向困境分向度之複選選項參考。

（二）國際教育實際成果之研究－相關實證研究

本段先將國際教育相關之實證研究，以 IPO 架構逐一概述其研究內容摘要，其次分別彙整成表格，以窺不同研究面向之梗概，最後依據彙整表所示，闡明對本研究之啟示。

1.關於國際教育輸入面向之相關實證研究

茲分別就國際教育理念與知能以及學校設備與資源兩個方面概述之。

(1)有關國際教育理念與知能之研究

Guo 和 Liao（2013）以臺北市及新北市 59 位公私立小學擔任英語教學 2 年以上之教師進行問卷調查發現：英語教師對於國際教育的知識普遍不了解，不知自身在國際教育應扮演之角色為何，且多數教師認為文化就是國際知識。另外，多數的國小教師不知道學校之國際教育計畫，對教育部之國際教育政策與方案也無感。而學生只習得有哪些英語系國家地理名稱，缺乏國際知識，僅有狹隘認知的師生，將導致國際教育推行成效不彰。因此，建議教育主管機關應評估國際教育之內容與品質，以克服臺灣對國際教育無共識的困境並確保其執行力。

Lin 和 Chen (2014) 則以自編問卷比較臺灣和日本各 150 位國小校長，在推動國際教育的側重面向，其研究發現：臺灣校長們關注政策對學生的影響;日本校長們反而重視國際教育政策的實施應確保學校機構的利益。在實施教育國際化的過程中，臺灣校長們側重提高學生的國際知識、提昇學生的外語交流能力和激發學生對國際問題的興趣;而日本校長們則聚焦在構建多元文化的學習環境、獲得政府的資助或私人贊助以及激發學生對國際問題的興趣。

教師的專業、熱情及問題解決能力，決定國際教育實施的品質（陳美如、郭昭佑，2014）。洪雯柔和郭喬雯（2012）以教育優先區所屬的三所偏鄉小型學校為研究對象，建構國際教育融入課程的教師社群模式，研究發現：參

加此社群之校長與教師們雖然面對不少壓力與挑戰，然而藉由編纂屬於學校特色之國際教育教材，經歷深刻的體認與實作過程，也獲得更高層次的專業成長。

廖玉枝、陳正為、施馨貴和王婉如(2014)研究指出，國際教育校本課程實施成功因素在於「共識」，思考學校在地脈絡，規劃嘉惠所有學生之課程，方能發展學校本位的特色與亮點；同時，教師國際視角的建立是課程融入的成功關鍵，而課程長遠推動與落實更有賴校內教師群策群力執行，因此開拓教師國際教育視野亦相形重要；再者，教師間的專業對話是國際教育校本課程推動的助力，以理解能力為導向、以系統思維為方法、以建立國際行動能力為目標，從對話中研發與產出課程，是深化國際教育課程成功之關鍵。另外，建議成立跨領域國際教育社群，並長期調配與規劃專業人力資源，也呼籲課程需要「減重」，過多的課程與活動會增強課程實施的困難，故應精準實施以解決教學時間不足的顧慮與問題。

陳劍涵和陳麗華（2015）則從臺灣與巴勒斯坦之國高中及小學師生交流為例，探究以數位協作平台建構國際交流之多模態學習教材之可能；研究發現，以網路平台進行國際交流會隨著雙方參與師生的興趣、需求和外在社會情勢，不斷投入新課題，產生多元豐富的學習經驗，是參與交流之學生延展或建構超越紙本教科書知識之契機；從中更可涵養參與教師的博雅通識素養。

趙文德（2015）以苗栗縣的個案國小進行行動研究發現，推動學校本位國際教育時，除了分析學校脈絡逐步凝聚共識外，亦須發揮志願者先行之雁行效應，帶動參與、增加認同，同時，行政與老師應建立文化自我探索能力，積極的自我悅納自身文化，主動參與國際教育相關研習提升專業知能能發揮國際教育之效益。

教師是問題導向學習方案實施歷程的關鍵（林雅芳，2016），根據研究結果林雅芳建議，以實務經驗豐富者作為領頭羊，鼓勵教師共同合作，傳承推動國際教育之相關經驗，方能裨益全球脈絡下的學校本位問題導向學習方案之順利推動。

而蔡宜紋和黃文定（2016）也歸納，教師雖具備國際教育融入課程教學能力、跨文化溝通能力、運用資訊科技能力、問題解決能力及團隊合作能力，但是，學校仍應建立國際交流辦理經驗分享與傳承的機制，強化教師製作多媒體教材、運用資訊科技進行評量、跨文化溝通的「自我表露」與「互動經營」以及「反思與回饋」等技能；同時，在選擇交流國家時應考慮學校所具備之外語人才。

王曉寧和浦小松（2017）以中國國際交流協會之評價指標和 ICCS 為架構編制了基礎教育國際化的教師國際素養測評指標；研究結果歸結有四個面向：包括「知識性素養」、「工具性素養」、「能力性素養」以及「情感性素養」；其指標分向度如后：文化思想和歷史地理、國際政治、經濟和社會、國際規則和國際禮儀等為知識性素養；外語溝通與國際信息辨識力為工具性素養；互動合作能力與思考與批判能力為能力性素養；理解文化多樣性、良好的溝通意願、全球責任感與本土認同為情感性素養。其中，每個向度均含3 個素養，其下再分出若干題項；除了「知識性素養」向度包含 9 個題項，其餘均含 6 個題項，同時在「工具性素養」題項下之「讀」、「寫」、「聽」、「說」加附整體自評細項。

(2)有關國際教育學校環境與資源之研究

陳美如和郭昭佑（2014）以桃園縣國小六年級進行研究發現：運用網路科技進行雙邊課程的國際交流教育較深入且具體可行，但是學校視訊設備品質不佳則會成為國際視訊交流學習的障礙。

整合內外部資源能強化國際教育之效能（趙文德，2015）。而黃碧智(2012)則以兩所個案國小進行學校本位與融入課程之研究，發現學校本位管理包括：經費預算運用、學校人事決定、課程與教學與以及學校行政運作等，並指出校長的支持和社會資源的引入，與大學的合作等有助於小學國際教育的推動，也更能發揮國際教育方案的特色。陳嬋娟和陳斐娟（2016）之研究則建議個案學校與鄰近學校策略聯盟，積極爭取國際交流志工，以加乘放大推動國際教育能量。

趙文德、劉火欽、陳佳宜和徐千惠（2016）更以苗栗縣後龍國小之校長、主任、老師、家長和學生為訪談對象，研究發現：在學校本位管理方面：結合學校特色活動，發展日本姐妹校接待模式，並透過與他校的策略聯盟，增加文化交流的深度與廣度。另外，運用「參與即是資源、參與增加認同」的概念，成立家長後援會，並結合政府與民間資源、建立穩健支援模式，經費、人員與器材到位，才能發揮國際交流最大效益。

2.關於國際教育過程面向之相關實證研究

茲分別就學校文化與行政領導以及課程規劃設計與教學活動兩個方面概述之。

(1)有關學校文化與行政領導之研究

黃碧智(2012)以兩所個案國小進行學校本位與融入課程之研究發現：校長的支持能發揮國際教育的特色。如前所述，Lin 和 Chen (2014）之研究也提及，臺灣校長們關注國際教育政策對學生的影響、聚焦於提高學生的國際知識、外語交流能力以及期望激發學生對國際問題的興趣之領導。而趙文德（2015）以及趙文德等（2016）以苗栗縣的個案國小進行行動研究與訪談結果發現：秉持「參與增加認同」的信念，發揮行政領導的雁行效應，能帶動全員參與及投入、增加認同，對於學校本位國際教育的推動更能逐步凝聚共識，同時，能形塑團隊分工合作與社區及友校共享的國際教育文化氛圍。

其次，在趙文德等（2016）行動研究文本中發現，個案學校發展出「姊妹校來訪分工盤點表」，作為學校進行國際交流準備工作檢核表，檢核項目包含：「前置學習活動」、「行程表規劃」、「寄宿配對與見面會」、「學校歡迎會」、「家庭歡迎晚會」、「入班體驗課程」、「學校活動與競賽」、「班級歡迎會」、「文化參訪活動」、「寄宿家庭活動」、「寄宿家庭檢討會」以及「學校接待活動檢討」等12項，再依照「行政統籌」、「社群教師」、「教務處」、「學務處」、「總務處」、「輔導室」、「導師與班級」、「寄宿家庭」、「社區」與「跨校聯盟」等10個主責或協辦合作單位，交叉對照檢視，讓國際交流之脈絡更有系統，是為國際教育行政端能實際運用的貢獻。

(2)有關課程規劃設計與教學活動之研究

　　洪雯柔和郭喬雯（2012）先透過專業對話與反省，提升教師在國際教育之專業素養，再以學生能力本位為基礎，對應國際交流活動之能力指標，規劃高年級跨領域之國際教育相關課程社群研究發現：參加此社群之校長與教師們，經由參與之實作心路歷程，產出屬於各校特色之國際教育自編教材，除了精進專業知能，更重拾課程規劃設計之信心與對話共備機制。

　　涵蓋學生經驗的課程調整、教師教學的改變與活化及師生互動對話激盪的知識正是國際教育融入課程的典範。周玉秀（2012）針對國小四年級學生，設計「以臺灣與德國的人口、面積簡易估算開啟數與量的主題」、「理解臺灣與德國的時差及其計算方法」以及「比一比：各國假期長度進行時間估算」等三項國際教育融入數學之臨床實驗教學活動，並藉由網路通訊帶入時間差概念進行學習，而使國際素養的要素與能力，透過師生教學互動中被詮釋與產出。

　　黃碧智(2012)的研究發現：國際教育融入課程即統整課程，其類型可分為單一學科的統整、跨學科的統整、科際融合的統整、超學科的統整。課程融入方式可依學習時間分成排課時間與非排課時間兩大類。校本課程模式的推動，可分為無法複製相同經驗的課程及營造情境進行類似的課程兩類，而融入國際教育課程時間則可分為正式排課時間與非排課時間。

　　林心怡等（2013）則以麥寮高中為例，分享經由正式課程的融入、非正式課程的整合以及潛在課程之營造等實踐策略，結合原有學校本位課程導入國際教育之教學實踐與省思，達成學校行政、教師與社區家長國際教育知能之增長、營造國際化氛圍並激勵教育合作、發展校本國際課程以及增進學生國家認同、國際素養、全球公民意識等效益之歷程。研究結果提出：（一）融合在地文化素材與學科教學內容，建構學生國際素養；（二）整合學校本位國際教育課程活動有「國際教育議題融入學科教學」、「跨國文化的分享與交流」、「跨校性國際教育體驗課程」及「外語與文化整合課程」等四個向度。

　　廖玉枝等(2014）以順天國中之國際教育融入學校本位課程實踐策略進行行動研究指出，就鄉土教育之媽祖文化主題教育為基礎，以跨文化溝通為目標，統整學校重大活動課程，並於教學與活動實施歷程中融入國際教育目標；學校歷經兩年多的時間，從理念建立、團隊形成、完成課程架構、撰寫課程內容與實施教學到修正研議與再行動的歷程。最後提出：掌握學生學習動機創造學習動能，課程設計著重能力養成與體驗學習，導入真實學習、角色扮演與專題學習（project based learning）等建議策略，引領學生討論思辯，豐富其多元學習經驗與強化動力，方能幫助學生面對未來多變的世界。

　　陳美如和郭昭佑（2014）的研究發現：在國際教育課程方由可採班級為主，社團為輔之運作模式；課程議題之設定需與正式課程關聯，以提升其可行性，以課程統整的方式規劃實施文化課程議題較容易引發關注與討論。

　　陳劍涵和陳麗華（2015）則從臺灣與巴勒斯坦之國高中及小學師生交流為例，探究以數位協作平台建構國際交流之多模態學習教材之可能；研究發現，以網路平台進行國際交流會隨著雙方參與師生的興趣、需求和外在社會情勢，不斷投入新課題，產生多元豐富的學習經驗，是參與交流之學生延展或建構超越紙本教科書知識之契機。是故，指出學習者以學習經驗建構學習媒材之必要，雖僅初步交流而未達雙方重構與共構教材之階段，然而卻在國際合作專案中逐步涵育跨文化溝通的素養。在突破教科書圖像與知識方面，網路國際交流能弭補教科書資訊之不足；在多樣化教學媒材資源方面，網路多媒體與超媒體的性質提供真實世界的學習素材；再以學習者為主體的學習方面觀之，教科書或教材不再是專家及文本權威的呈現，而是由學習者的學習經驗與詮釋來建構。

　　趙文德（2015）研究發現，推動學校本位國際教育時，應以文化均富的概念發展國際教育課程教學，廣惠多數學生，才能確保國際教育校本課程永續發展。

　　羅雪瑞和林詩敏（2015）以竹北國小六年級學童為研究對象，進行人權議題實踐國際教育課程之行動研究結果發現：運用人權議題實踐國際教育課

程應結合生活經驗，並循序漸進的課程設計進行實踐，以培養公民素養；課程實施後學生的學習與成長，讓教師與協同者感動。同時也建議：國際教育課程教學應統整跨領域背景知識進行協同教學；其次，應排除教師的知識威權，解放師生覺知的盲點，透過溝通對話式的學習激發多元觀點；再者，適度教導批判性思考以提升其探究與覺知能力；最後提出國際教育相關議題課程之推動，可以跳脫課室教學，結合學校之校慶、班親會等其他活動進行，以解決時間、經費及參與度之困窘。

林雅芳（2016）透過準實驗設計研究方法，以任職國小兩班六年級學生共 44 名為研究對象，經由問題導向學習之架構進行課程實踐與行動之研究，旨在建構與對照學生全球公民素養之養成情形。從研究發現：學生參與能培養學生創意思考能力與全球公民行動力，但對提升批判思考能力之影響有限；而教師是問題導向學習方案實施歷程的關鍵，須先建構全球公民素養與問題導向學習教學策略，才能掌握教學核心聚焦討論。根據研究結果之建議為：學校行政推動國際教育計畫應扮演支援角色的重要性，也鼓勵教師共同合作，以實務經驗豐富者作為領頭羊傳承推動國際教育課程教學之相關經驗，方能裨益全球脈絡下的學校本位問題導向學習方案之順利推動。

陳嬋娟和陳斐娟（2016）藉由文獻蒐集、參與觀察以及文件分析法，以雲林縣一所國際教育任務學校為個案研究，發現個案學校推動國際教育之困境在於未能善用課程管理策略，以及應加強第二外語能力深耕計畫，並建議個案學校應適度結合 iEARN 專案計畫發展學校本位特色課程以擴大發展效益，另外也建議結合閱讀教學、讀報教育，設立國際教育相關學生社團、規劃「世界頻道」午餐饗宴廣播活動分享國際教育資源。

趙文德等（2016）更指出：在國際教育方面，利用台日學校不同的學期安排，發展適合兩校長期交流的模式；並結合文化外交，深化交流的效益。另外，學生利用跨越國界的學習，帶動語言能力、生活適應、文化理解。同時，藉由姐妹校的來訪，發展「日本文化週」及「臺灣文化體驗課程」，帶

動文化的相互理解與尊重。透過實際的參訪，培育國際交流的能力，看見學生的成長與交流的價值。

Guo 和 Liao（2013）以臺北市及新北市 59 位公私立小學擔任英語教學 2 年以上之教師進行問卷調查發現：英語教科書側重語言技能與節慶教學，應著重不同的環保或社會議題之知識領域，而英語課程也受限於課室教學，促進國際教育有賴小學教材之研發。

3.關於國際教育輸出面向之相關實證研究

有關國際教育輸出面向之相關研究大多聚焦於學生學習向度，茲概述於后。

葉興華等（2013）以參與國語日報讀報實驗班之中小學為對象進行問卷調查，探究透過讀報教育在國家認同、國際素養、全球競合力和全球責任感等四項國際教育目標之達成情形；該調查結果顯示，國小部分依得分高低排序為全球責任感、國際素養、全球競合力及國家認同。對於國家認同得分最低，該研究指出可能是教學過程中教師較強調關懷弱勢所致。而本土文化的國家認同方面，誠如鄭以萱（2013）所述，全球化(含區域化)趨勢對臺灣的挑戰造成政治經濟有邊緣化危機，另外反映臺灣獨特政治脈絡因素而影響國人國家認同之混淆，導致忽略悅納自身文化的引導有關，此議題非本研究之焦點暫不贅述。

以資訊科技為媒介實施國際交流課程導向之研究結果方面，陳美如和郭昭佑（2014）發現，課程導向之國際交流教育能廣開國際視野與心胸；而學生為主體的交流歷程仍有待學習，且語言能力仍為國際交流的障礙。

羅雪瑞和林詩敏（2015）以國小六年級學童人權議題實踐國際教育課程之研究發現：運用人權議題實踐國際教育課程應結合生活經驗，並循序漸進的課程設計進行實踐，以培養學生的公民素養；課程實施後教師與協同者對於學生的學習成效很感動，鑑於學習成效之缺口，也建議老師應適度教導學生批判性思考以提升其探究與覺知能力。

　　綜合上述之相關實證研究得知，學校場域實施國際教育之輸入面向中，經驗傳承與願者先行的領頭羊角色與示範，能形塑國際教育的共識與理念，在參與推動中精進國際教育知能、在教學相長中，也提升國際教育實務知識。此外，學校環境設備的國際化、整合引入之內外部資源，發揮公私協力的合作機制，更能加乘與放大國際教育實施成效，進而促動學校親師生的國際理解與全球視野。

　　而在國際教育過程面向之相關研究成果可知，透過學校本位的管理機制，校長與行政主管的支持和身先士卒，以參與增加認同的推動信念，聚焦學生學習的課程設計與教學活動主軸，擘劃產出型學習組織與社群，精進國際教育相關課程研發的專業成長，落實課室教學，最後藉由輸出面向的檢核機制，再評估行政、教學與學生學習之效能，並據以滾動修正，以達成國際教育之願景與目標。

　　總之，研究者搜尋閱覽之國際教育相關實證研究，在主題方面以課程教學與活動類別之研究涉略居冠，教師專業發展與知能次之，學校環境與設備之探討最少；若以 IPO 面向整體觀之，過程面向的探究最多，其次是輸入面向，而嚴格來看，有關國際教育輸出面向之探討，只有一篇葉興華等（2013）的研究係針對學生學習後對應能力指標之成效；關於研究方法方面也以質性研究法之使用居多，其中兩篇外文文獻雖以問卷調查法進行研究，其樣本數均低於 300 份，另一篇大陸文獻則未載明樣本數量。此外，對照 IPO 模式架構下之所屬項目發現，統整教學與活動之項目的研究最受青睞，研究者認為可能與進行研究之學校現場教學工作有關。

　　茲分別就 IPO 面向模式，臚列上述相關實證研究成果於表 2-9、表 2-10 以及表 2-11 如后：

表 2-9

關於國際教育輸入面向之相關實證研究分析表

作者 (年代)	研究主題	研究 對象	研究 方法	輸入面向			
				國際 教育 理念	國際 教育 知能	學校 環境 與 設備	經費 與 資源 整合
洪雯柔和郭喬雯(2012)	建構國際教育融入課程的教師專業成長團體規劃模式：三所偏鄉學校策略聯盟的經驗	三所偏鄉小學	質性研究		V		
黃碧智(2012)	臺灣《中小學國際教育白皮書》之推動與反思－國民小學學校本位融入課程規劃之個案研究	兩所個案國小	個案研究				V
廖玉枝、陳正為、施馨貴、王婉如（2014）	國際教育融入學校本位課程之實踐策略與建議-以「深耕大甲 國際順中」課程推動為例	順天國中	行動研究	V			
陳美如和郭昭佑(2014)	課程導向之國際交流教育個案研究--以資訊科技為媒介	一所個案小學	質性研究		V		
陳劍涵和陳麗華 （2015）	以網路國際交流重構學習者教材知識的契機與實例	台灣與巴勒斯坦交流師生	質性研究		V	V	
趙文德(2015)	臺灣小學推動學校本位國際教育之行動研究 -苗栗縣後龍國民小學反省性實踐歷程分析	一所個案小學	質性研究		V		V
林雅芳（2016）	全球公民素養下的課程實踐與行動：以國民小學推動問題導向學習為例	國小六年級學生共44名	準實驗設計研究		V		
蔡宜紋和黃文定(2016)	台灣國民小學國際教育交流之帶隊教師國際教育技能研究	4位國小教師	質性研究		V		
陳嬋娟和陳斐娟（2016）	國民小學推動國際教育之實施困境與契機分析	雲林縣一所個案小學	質性研究				V
趙文德、劉火欽、陳佳宜和徐千惠（2016）	臺灣小學推動國際教育姐妹校交流模式之行動研究—以苗栗縣後龍國民小學為例	苗栗後龍國小	行動研究				V

表 2-9

關於國際教育輸入面向之相關實證研究分析表

作者 (年代)	研究主題	研究對象	研究方法	輸入面向			
				國際教育理念	國際教育知能	學校環境與設備	經費與資源整合
王曉寧和浦小松(2017)	基礎教育國際化視野中的教師國際素養測評研究	大陸教師	問卷調查		V		
Guo, S. C. & Liao, W. T.（2014）	An exploration on the perceptions and implementation of international education at the primary school level	59 位小學英語教師	問卷調查	V			
Lin, M.H. & Chen, S.H.(2014）	A Comparison of the internationalization of education in Taiwan and Japan: The Perspective of Elementary School Principals.	台日各150位國小校長	問卷調查	V			
合計				3	7	1	4

資料來源：研究者自行整理

表 2-10

關於國際教育過程面向之相關實證研究分析表

作者 (年代)	研究主題	研究對象	研究方法	過程面向			
				學校文化與氛圍	行政領導與執行	課程規劃與設計	統整教學與活動
洪雯柔和郭喬雯(2012)	建構國際教育融入課程的教師專業成長團體規劃模式：三所偏鄉學校策略聯盟的經驗	三所偏鄉小學	質性研究			V	V
周玉秀（2012）	一個行動課程--國際教育融入數學之臨床實驗	國小三年級之班級	教學臨床實驗			V	V
林心怡等（2013）	國際教育導入學校本位課程之思維與實踐策略	麥寮高中學生	教學臨床實驗	V		V	V
黃碧智（2012）	臺灣《中小學國際教育白皮書》之推動與反思－國民小學學校本位融入課程規劃之個案研究	兩所個案國小	個案研究		V	V	V
廖玉枝、陳正為、施馨貴、王婉如（2014）	國際教育融入學校本位課程之實踐策略與建議-以「深耕大甲國際順中」課程推動為例	順天國中	行動研究			V	V
陳美如和郭昭佑(2014)	課程導向之國際交流教育個案研究--以資訊科技為媒介	一所個案小學	質性研究			V	V
陳劍涵和陳麗華（2015）	以網路國際交流重構學習者教材知識的契機與實例	台灣與巴勒斯坦交流師生	質性研究			V	V
趙文德（2015）	臺灣小學推動學校本位國際教育之行動研究 -苗栗縣後龍國民小學反省性實踐歷程分析	一所個案小學	質性研究	V	V	V	V
羅雪瑞和林詩敏(2015)	運用人權議題實踐國際教育課程之行動研究：以竹北國小六年級學童實踐公民行動方案為例	一所個案小學	質性研究			V	V
林雅芳（2016）	全球公民素養下的課程實踐與行動：以國民小學推動問題導向學習為例	國小六年級學生共44名	準實驗設計研究				V
陳嬋娟和陳斐娟（2016）	國民小學推動國際教育之實施困境與契機分析	雲林縣一小學	質性研究				V

表 2-10

關於國際教育過程面向之相關實證研究分析表

作者 (年代)	研究主題	研究對象	研究方法	過程面向			
				學校文化與氛圍	行政領導與執行	課程規劃與設計	統整教學與活動
趙文德、劉火欽、陳佳宜、徐千惠（2016）	臺灣小學推動國際教育姐妹校交流模式之行動研究—以苗栗縣後龍國民小學為例	苗栗後龍國小	行動研究	v	v		v
Guo, S. C. & Liao, W. T.（2014）	An exploration on the perceptions and implementation of international education at the primary school level	59位小學英語教師	問卷調查				v
Lin, M.H. & Chen, S.H.(2014)	A Comparison of the internationalization of education in Taiwan and Japan: The Perspective of Elementary School Principals.	台日國小各150位校長	問卷調查		v		
合計				3	4	9	13

資料來源：研究者自行整理。

表 2-11

關於國際教育輸出面向之相關實證研究分析表

作者 (年代)	研究主題	研究對象	研究方法	輸出面向		
				行政領導成效	課程教學成效	學生學習成效
葉興華、郭玉慧、吳奇美、劉春陽、吳卿華、林雅雯(2013)	以讀報推動國際教育之調查研究	讀報教育實驗學校	問卷調查			v
陳美如和郭昭佑(2014)	課程導向之國際交流教育個案研究--以資訊科技為媒介	一所個案小學	質性研究			v
羅雪瑞和林詩敏(2015)	運用人權議題實踐國際教育課程之行動研究：以竹北國小六年級學童實踐公民行動方案為例	一所個案小學	質性研究			v
合計				0	0	3

資料來源：研究者自行整理。

　　根據表 2-9、表 2-10 與表 2-11 所示，關於國際教育輸入面向之研究有：
（1）探究國際教育理念與知能方面：洪雯柔和郭喬雯（2012）、廖玉枝等
(2014)、陳美如和郭昭佑（2014）、陳劍涵和陳麗華（2015）、趙文德（2015）、
林雅芳（2016）、蔡宜紋和黃文定（2016）、王曉寧和浦小松（2017）、Guo
和 Liao（2013）以及 Lin 和 Chen (2014)；（2）探究國際教育學校設備與
資源方面：黃碧智（2012）、陳美如和郭昭佑（2014）、趙文德（2015）、
陳嬋娟和陳斐娟（2016）以及趙文德等（2016）。

　　關於國際教育過程面向之研究則有：（1）研究國際教育學校文化與行政
領導方面：林心怡等（2013）、黃碧智（2012）、趙文德（2015）、趙义德
等（2016）以及 Lin 和 Chen (2014)；（2）研究國際教育課程與教學方面：
包括洪雯柔和郭喬雯（2012）、周玉秀（2012）、林心怡等（2013）、黃碧
智（2012）、廖玉枝等（2014）、陳美如和郭昭佑（2014）、陳劍涵和陳麗
華（2015）、趙文德（2015）、羅雪瑞和林詩敏（2015）、林雅芳（2016）、
陳嬋娟和陳斐娟（2016）以及趙文德等（2016）。

　　而關於國際教育輸出面向之研究則包括：有關國際教育實施成效評估之
研究者為葉興華等（2013），而研究結果順帶論述學生學習成效之研究則為
陳美如和郭昭佑（2014）以及羅雪瑞和林詩敏（2015）。

　　綜觀前述關於國內外國際教育之研究與論述，歸納其對本研究進行之啟
示如后。

　　在研究與論述主題方面，從研究者所蒐集之實證研究與論述文獻中發
現，與國際教育相關之探究主題包括相關推動策略及其面向；課程與教學實
作分享及研究；國際交流或國際教育旅行；其中，絕大多數在共通性的概念
論述與理念澄清。僅有極少數的教師國際素養與技能之研究以及校長國際教
育領導之研究；對於國際教育未來趨勢與發展之研究與論述亦相對闕如。而
這也正突顯本研究主題之重要意義。上述歸納對於本研究之啟示在於：就國
際教育之推動現況而言，國內之研究與論述仍以《中小學國際教育白皮書》
所揭示之四軌面向中之「課程發展與教學」、「國際交流」、「教師專業成

長」等三項為主要焦點，較為忽略「學校國際化」之面向；而對於校長、行政主管和教師之國際素養之研究；校長與行政主管推動國際教育領導作為與支持度；學校國際教育氛圍之形塑；社區家長對國際教育之認知與認同；學生學習成效之評估；因應國際教育困境之模式等均是值得探究之議題。因此，本研究將跳脫白皮書之四軌面向的框架，以 IPO 面向模式為架構，並納入文獻統計中，IPO 面向之分向度缺口，包括：過程面向之學校文化與氛圍、輸出面向之行政領導成效以及課程教學成效等分向度，期能別於教育部國際教育成果報告之面向，發現不同的推動視角。

在研究方法方面，從實證研究資料發現，近年來關於國際教育之研究側重質性研究，以個案研究和行動研究居眾，尤其以「課程發展與教學」與「國際交流」之訪談為最多；量化研究則屈指可數。準此，本研究採自編問卷調查研究方法，以 IPO 模式探究國際教育在國民小學階段之實施情形，希冀能根據研究結果，提出可供各校學習與可茲依循之推動脈絡，以回應前述文獻指出之「知識無法累積、經驗無法傳承」、「經驗不足缺乏信心」、「無學習楷模之空白經驗」等之困境，也藉由研究結果與發現，提升整體國際教育之推動效能。

關於研究變項方面，根據前述之相關實證研究得知，除了洪雯柔和郭喬雯（2012）、陳嬋娟和陳斐娟（2016）以及 Gue 和 Liao（2014）係以偏鄉學校、任務學校與公私立學校等學校類型為研究變項，其餘文獻之背景變項則依序集中在教師、學生與行政；其中僅有 Gue 和 Liao（2014）論及服務年資與性別變項。基於本研究之目的與待答問題，除了參採行政、教師等職務變項與服務年資變項外，也增列最高學歷、學校所在位置、學校規模大小等背景變項，以了解不同職務、服務年資、最高學歷、學校所在位置以及學校規模大小之受試者，在推動國際教育輸入、過程與輸出（IPO）面向之差異與相關情形，並從研究結果中，形成建議實施之策略，提供不同區域位置與規模之學校現場工作者參酌反思與執行，以期推動國際教育之效能，並裨益回應研究目的與待答問題。

　　在研究結果與發現方面，綜合以上國際教育的相關研究與論述歸納發現，學校推動國際教育及其 IPO 面向之實施策略與問題困境之向度與項目已於前段敘明，資不贅言；至於克服與因應之作為，在相關文獻之研究與論述中也有所建議。準此，本研究期能透過調查研究，找出國民小學實施國際教育之 IPO 模式，包括不同學校位置、不同學校規模大小、不同職務、學歷與服務年資等變項，在 IPO 模式之現況、差異與相關分析，以及遭遇困境之分向度為何，並希望對於相關研究不足之向度，諸如：輸入面向之學校環境與設備、過程面向之學校文化與氛圍，以及輸出面向之行政領導、課程教學與學生學習成效，亦能有所探究與發現，以充實在地化之量化研究。

第二部份　實證分析

第三章　研究設計與實施

　　本研究旨在探討國民小學實施國際教育之情況，基於研究主題的特性及研究目的等種種考量，主要採用問卷調查研究法進行資料蒐集方法，期與文獻探討的相關立論對照評析與詮釋，並冀求透過調查研究達成研究目的，形成結論與建議，以提供臺灣國際教育決策與推動之參考。本章依序說明研究流程與架構、研究對象與實施、研究方法與工具、研究樣本背景特性以及資料處理與統計分析等五節。

一、研究流程與架構

　　本段依據研究目的與待答問題，分成研究流程與研究架構兩部分敘述之，並配合研究者自行繪製之研究流程圖及架構圖，進行圖說。

（一）研究流程

　　本研究進行之主要步驟為：首先瀏覽與略讀文獻以選擇擬訂研究問題，其次針對相關文獻予以蒐集、閱讀與評析，接續進行研究設計與實施，最後根據研究發現和結果闡述得出結論與建議，茲繪製本研究之流程圖於圖 3-1。

　　由圖 3-1 得知，本研究在確認研究主題之前，先就廣泛的基本文獻予以瀏覽與略讀，經過研究者之反思與澄清再選擇初探主題；其後經由進階文獻探討的步驟，包括搜尋、檢閱、評析與組織統整等歷程後，確認研究主題、研究目的與待答問題，並據此研究目的，決定研究設計與實施。再者，藉由研究資料的蒐集、統計與分析再提出研究結果，與文獻檢閱所獲之啟示與研究結果交互討論，最後回應研究目的與待答問題，將形成之研究論點撰寫論文報告。此外，單向實線箭頭符號代表研究流程之進程，雙向實線箭頭符號代表彼此之互相回饋與修改，而單向虛線箭頭符號代表文獻探討可能的延伸檢閱。

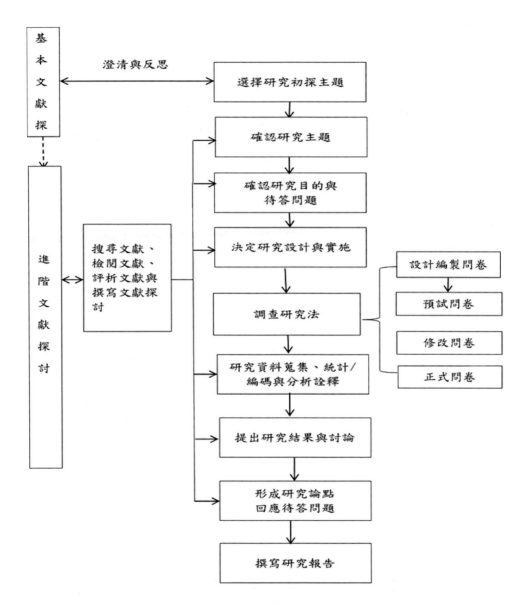

圖 3-1　研究流程圖

（二）研究架構

本研究根據研究目的、待答問題與研究方法建立研究架構；茲以圖示呈現研究之架構於圖 3-2。

依照圖 3-2 所示，本研究之主題為「國民小學實施國際教育之研究」，研究方法採問卷調查法蒐集相關研究資料，藉由文獻探討與啟示、歸納與評析、思考研究變項，包括「學校位置」、「學校規模」、「最高學歷」、「服務年資」和「擔任職務」等背景變項；「國際教育之輸入面向」、「國際教育之過程面向」與「國際教育之輸出面向」為本研究國際教育之依變項。茲將研究架構之圖說簡述如下：

圖說：

1. ⟶ 實線單向箭號係指差異分析(one way test)，即分析不同的背景變項對實施國際教育之差異情形。

2. 實線雙向箭號係指相關分析(Pearson's)，即分析國際教育之輸入面向與過程面向、過程面向與輸出面向以及輸入面向與輸出面向彼此之相關程度。

3. ⇢ 單向鏤空箭號代表結構方程式(structural equation modeling, SEM)之驗證性因素分析與徑路分析，亦即國際教育之輸入面向與過程面向之影響（直接效果），過程面向與輸出面向之影響（直接效果），以及輸入面向經由過程面向對輸出面向之影響路徑（間接效果）。

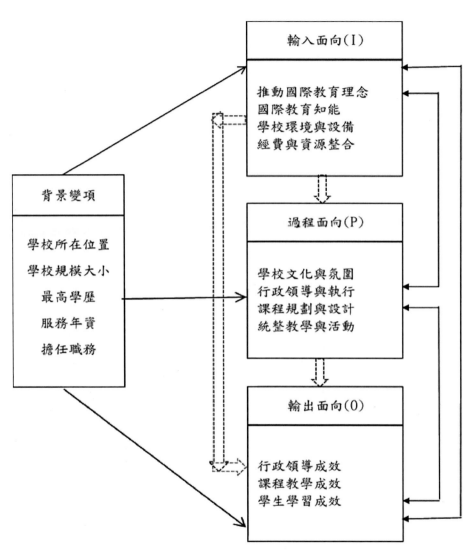

圖 3-2　研究架構圖

二、研究對象與實施

基於前述研究目的，本研究以問卷調查法為主，並以 2012 年至 2018 年申辦學校本位國際教育計畫(SIEP)之公立國民小學為研究對象。Fowler 指出調查研究的最終目的，是將受訪者樣本的答案推論至目標母群體（引自邱皓政、林碧芳，2014，頁 17）；為了提升樣本的代表性，茲以圖示說明研究樣本架構（sample frame），再就樣本決定、選取與特性敘述如后：

（一）樣本架構

王國川（2015）認為基於確保抽樣過程中每一學校都有同樣的機會被抽取成為樣本，可設定不同群體之比例準則以提高抽樣效率；因此，本研究以公立國民小學為研究母群（study population），基於考量研究資料的豐富性，研究者將核准補助 SIEP 之公立國民小學全數納入立意取樣（參閱附錄三）；同時，參考 Wiersma 和 Jurs（2009）樣本架構之論述，繪製圖 3-3；並採取立意、叢集（cluster）、分層隨機抽樣（stratified random sampling）的設計方式，進行樣本之選取，期能收集趨近於母群特性之資料與數據，裨益研究結果推論之精確度。

抽樣依據

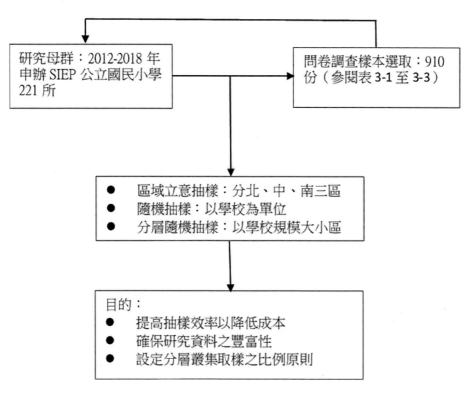

圖 3-3　研究樣本架構圖
資料來源：修改自 Wiersma 和 Jurs（2009）

　　根據圖 3-3 可知，本研究之母群為申辦 SIEP 之公立國民小學，分北、中、南三區，採立意隨機分層取樣方式選取 910 個樣本，期能提高抽樣代表性，以確保研究資料之豐富度。

（二）樣本選取

研究者彙整歷年申辦 SIEP 之學校共有 221 所，根據研究架構，本研究參考前述之教育部「建構中央與地方教學輔導網絡實施方案」之各分區參與縣市分類方式，公立國民小學分為北、中、南三區，分區之縣市列舉如表 3-1。

表 3-1

研究樣本之分區縣市一覽表

區　域	縣　　　市
北區	基隆市、宜蘭縣 、新北市、臺北市、桃園市、新竹市、新竹縣、花蓮縣、金門縣、連江縣
中區	苗栗縣、臺中市、彰化縣、南投縣、雲林縣
南區	嘉義市、嘉義縣、臺南市、高雄市、屏東縣、臺東縣、澎湖縣

資料來源：建構中央與地方教學輔導網絡實施方案（2013）。

從表 3-1 得知，本研究樣本之分區方式為：基隆市、宜蘭縣 、新北市、臺北市、桃園市、新竹市、新竹縣、花蓮縣、金門縣、連江縣等 10 縣市為北區；苗栗縣、臺中市、彰化縣、南投縣、雲林縣等 5 縣市為中區；而南區則為嘉義市、嘉義縣、臺南市、高雄市、屏東縣、臺東縣、澎湖縣等 7 縣市。為了增加研究資料豐富性，本研究採分層立意叢集取樣方式，按照各分區學校規模大小之數量比例配額進行問卷調查。其樣本學校數量臚列於表 3-2。

表 3-2

2012-2018 年度申辦 SIEP 公立國民小學統計表

申辦年度	北區	中區	南區	年度總計校數
2012	30	14	31	75
2013	26	16	34	76
2014	23	15	33	71
2015	12	14	27	53
2016	29	21	39	89
2017	16	12	27	55
2018	14	11	41	66
分區累計申辦校次	150	103	232	485
歷年申辦平均比例	30.93%	21.24%	47.83%	100%
扣除重複或廢校之申辦校數	85	51	85	221

資料來源：研究者整理自中小學國際教育資源網。

　　由表 3-2 知悉，歷年來申辦 SIEP 之國民小學數量，計有 485 校次；根據統計與核對申辦學校名冊發現北、中、南區申辦 SIEP 之學校各有 150 校次、103 校次以及 232 校次，其中以南區申辦校次最多，而申辦學校校次比例各為北區 30.93%、中區 21.24%以及南區之 47.83%；扣除當年度多次申辦重複學校名單及廢校名單後，得出北、中、南區申辦 SIEP 之學校各有 85 校次、51 校次以及 85 校次。

　　其次，決定樣本大小要考慮統計準確性與誤差容忍度之概念（林清山，2014；邱皓政、林碧芳，2014），研究者針對歷年申辦 SIEP 學校之不同規模，分配問卷數量，以配額填答問卷的原則予以抽樣。其問卷配額列於表 3-3 供參。

表 3-3

調查問卷樣本計算表

學校規模	25 班（含）以上	13-24 班	12 班（含）以下	總計
北區	56	12	17	85
北區申辦比例	49%	34%	24%	38.5%
問卷配額	231	49	70	350
中區	19	9	23	51
中區申辦比例	17%	26%	32%	23%
問卷配額	78	37	95	210
南區	39	14	32	85
南區申辦比例	34%	40%	44%	38.5%
問卷配額	161	58	132	350
總計	114	35	72	221
最低班級數之學校規模員額編制數	41 (25 班*1.65)	21 (13 班*1.65)	10 (6 班*1.65)	*
估計母群體數	4703 (41*114)	751 (21*35)	713 (10*72)	6166
比例	51.6%	15.8%	32.6%	100%
問卷配額	469	144	296	910

表格說明：(1)以信心水準 95%，抽樣誤差正負 3%，經

https://www.surveysystem.com/sscalc.htm 網站線上估算之樣本數量為 910；

(2) 最低班級數之學校規模員額編制數計算為各乘以 1.65。

　　由表 3-3 所示，考量不同學校規模大小之員額編制差異（教育部，2016），母群體之計算基準為學校規模最小班級數量乘以 1.65 求得員額編制數，25 班（含）以上、13-24 班與 12 班（含）以下規模員額數分別為 41、21 和 10；再據此乘以申辦學校數之總和，分別得出 4,703、751 和 713，其估算母群體數量合計為 6,166。其次，以信心水準 95%，抽樣誤差正負 3% 之考量，經由

https://www.surveysystem.com/sscalc.htm 網站線上估算得到之樣本數量 910 份為最適樣本數。

再者，以各區學校規模占該規模總校數之比例而言，25 班（含）以上、13-24 班與 12 班（含）以下分別約 51.6%、15.8% 和 32.6%；其問卷總配額各為 469、144 和 296 份，分別由承辦行政主任或組長及教師協助填答；合計問卷數為 910 份。

最後，以學校所在位置對照學校規模之問卷數量進行統計，北、中、南各區之問卷分配數分別為 350 份、210 份及 350 份，分別佔有 38.5%、23% 和38.5%。

承上，關於預試樣本抽樣之分配情形則以本研究分量表中預估最多題項之數量 3 至 5 倍為基準（吳明隆和涂金堂，2017），循此，依隨機取樣方式選取 125 份預試問卷，以供項目分析之用；同時，各個學校依照學校規模估算編制數之二分之一抽樣，各校 25 班（含）以上者抽樣 20 份、13-24 班者抽樣 10 份以及 12 班（含）以下者抽樣 5 份。

三、研究方法與工具

本研究採用文獻探討與問卷調查研究法。在研究方法上，首先依據文獻與理論自行編製「國民小學實施國際教育之研究」問卷，其次於資料採集後進行 SPSS 統計分析，藉此探究臺灣國民小學國際教育之實施情形。

（一）編製預試問卷

研究者依前述研究目的及相關文獻之探討歸納，自行編製「國民小學實施國際教育之研究」問卷進行資料蒐集，問卷內容包括之變項分為兩大部分，第一部分為「基本資料」，包括填答者學校所屬區域位置、學校規模大小、最高學歷、服務年資與擔任職務；第二部分為「國際教育之實施」，依前述

IPO 模組架構之「輸入面向」、「過程面向」、「輸出面向」與「推動國際教育的困境」設計問卷，各面向再根據文獻探討之歸納發現，分成若干分向度，茲說明如后：

1.背景變項

背景變項包括學校環境變項與受試者背景變項，茲分述之。

(1)學校環境變項

❶學校位置：分「北區（基隆市、宜蘭縣 、新北市、臺北市、桃園市、新竹市、新竹縣、花蓮縣、金門縣及連江縣）」、「中區（苗栗縣、臺中市、彰化縣、南投縣與雲林縣）」、「南區（嘉義市、嘉義縣、臺南市、高雄市、屏東縣、臺東縣及澎湖縣）」等三組。

❷學校規模：分「12 班（含）以下」、「13-24 班」及「25 班（含）以上」等三組。

(2)受試者背景變項

❶最高學歷：分為「師院、師大或一般大學教育院系畢業」、「一般大學（學院）修畢師資職前教育課程」、「碩士」與「博士」等四組。

❷服務年資：分為「10 年(含)以下」、「11~15 年」、「16~20 年」及「21 年(含)以上」等四組。

❸擔任職務：分為「兼任行政人員」、「級任教師（導師）」及「科任教師（專任教師）」等三組。

2.推動國際教育輸入面向量表

根據文獻探討發現，推動國際教育輸入面向涵蓋國際教育的理念、國際教育知能、學校環境與設備、經費與資源整合等分向度。茲分述如后：

(1)推動國際教育理念

「國際教育理念」是指行政與教師的情感性素養，包含：能理解文化多樣性、有良好的溝通意願、本土認同與全球責任感等內涵；其信念為多元包容、跨文化的理解、勇於接受挑戰與和平博愛互助的精神。

(2)國際教育知能

「國際教育知能」係除了國際教育政策內涵之認知外，同時兼具：世界文化史地與國際禮儀等知識性素養；資訊科技、外語與溝通能力等工具性素養；互動合作、批判與思考等能力性素養。

(3)學校環境與設備

「學校環境與設備」係指學校營造教育國際化之環境規劃、佈置、軟硬體設施，例如資訊科技、視訊設備之充實等。

(4)經費與資源整合

「經費與資源整合」係指推動國際教育所需之資源，包含；財力資源，即經費；人力資源，指專責負責推動國際教育之專業人員及外部資源，諸如，家長、社區、志工、與大專院校合作、民間組織與企業資源、外交機構(含駐外單位)、國際組織等。

3.推動國際教育過程面向量表

「過程面向」，分為學校文化與氛圍、行政領導與執行、課程規劃與設計、統整教學與活動等分向度。

(1)學校文化與氛圍

「學校文化與氛圍」係指學校推動國際教育之願景共識、心理支持以及展現專業信念提高學校凝聚力等。

(2)行政領導與執行

「行政領導與執行」係指學校推動國際教育之策略規劃與領導、校本情境分析與建構願景、合理人力配置以及組織行政與教學團隊等學習社群。

(3)課程規劃與設計

「課程規劃與設計」是指以學校本位課程與設計推動國際教育之作為，包括：課程研究、發展國際化 ICT 課程方案、規劃學校課程目標與計畫架構、教材分析與選編設計以及發展課程評鑑之規準等。

(4)統整教學與活動

「統整教學與活動」是指進行國際教育教學時之學科的聯結、超越教科書的資料來源、概念間的關係、國際教育融入主題單元等；即考慮學生學習、教師教學、學科知識等因素，作有機的整合及彈性調整教學內容，以促進有意義的學習。而「活動」是指學校進行有關國際教育議題的學習活動，更包含學校推動國際教育交流與旅行之策進作為，例如：成立國際教育推動小組、交流夥伴學校之規劃、應用資訊科技與視訊交流與善用線上學習平台以及以課程取向的國際交流等。

4.推動國際教育輸出面向量表

前述 IPO 模式之「輸出面向」即為「學校推動國際教育之成效」，包括行政領導成效、課程教學成效以及學生學習成效等三個分向度等。

(1)行政領導成效：係指學校推動國際教育之行政領導與執行之成效。

(2)課程教學成效：是指以學校本位推動國際教育之課程與教學之成效。

(3)學生學習成效：是指學生經過積極參與國際教育學習過程，在課程結束後所累積的相關知識、技術、態度與行為，包括：國家認同、國際素養、全球競合力與全球責任感。

5.推動國際教育的困境複選題項

有關推動國際教育之困境，係針對實施國際教育之輸入面向與過程面向，以複選方式勾選作答。前者，包括國際教育之理念、國際教育知能、學校環境與設備、經費與資源整合等四個分向度；後者則包含學校文化與氛圍、行政領導與執行、課程規劃與設計、統整教學與活動等四個分向度。

茲將問卷編制之架構圖繪製如圖 3-4。

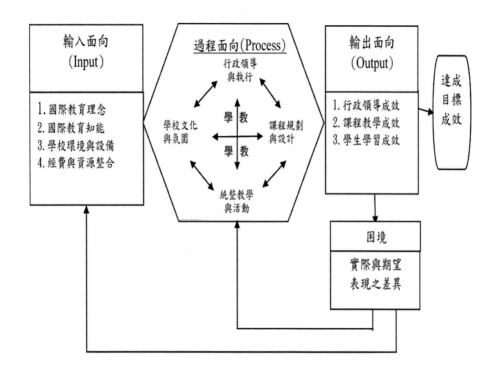

圖 3-4　問卷編製架構圖

　　由圖 3-4 所示，實施國際教育之輸入面向包含推動國際教育理念、國際教育知能、學校環與境設備以及經費與資源整合四個分向度；過程面向係教與學互動的歷程，也與學校文化氛圍與行政領導產生交互作用，共包含學校文化與氛圍、行政領導與執行、課程規劃與設計以及統整教學與活動等四個分向度；而輸出面向主要考量行政領導、課程教學與學生學習三方面的成效，倘若實際與期望表現產生差異，則出現執行困境，反之，則達成目標的成效。而本研究除了探究國民小學實施國際教育之 IPO 面向，更欲了解執行之困境，並循此架構進行問卷調查研究。

6.問卷計分填答方式

本研究問卷第一部分為背景變項，由受試者依個人實際情形予以填答，第二部分則應用 Likert 五點量表，採單一勾選方式填答，在五點量表中，「完全符合」、「大部分符合」、「部分符合」、「大部分不符合」與「完全不符合」依序給予五分、四分、三分、二分與一分，得分越高代表受試者在該題的符合度越高；本量表得分情形以 3 分為平均值，分數在 2 分以下者為低程度；分數在 2~3 分之間者為中下程度；分數在 3~4 分之間者為中上程度；分數超過 4 分以上者為高程度。另外在問卷末端設計兩題複選題，用以了解輸入及過程面向推動之困難向度。

（二）預試問卷考驗與結果分析

本研究之預試問卷（詳如附錄四）以郵件方式寄送問卷，共寄出 125 份問卷，回收 100 份問卷，回收率為 80%，經研究者逐一檢核皆為有效問卷。本研究根據預試問卷所得資料統計，並一一進行項目分析、因素分析與信度分析，據以刪除不合適之問卷題項，期能建立正式問卷之效度與信度。

本研究之預試問卷共分為「推動國際教育之輸入面向」、「推動國際教育之過程面向」、「推動國際教育之輸出面向」與「推動國際教育的困境」等四部分，茲將各分量表考驗結果分析如下：

1.推動國際教育之輸入面向量表

(1)項目分析

①極端組檢驗法-臨界比（critical ration）

依照吳明隆和涂金堂（2017）所述，極端組檢驗法-臨界比主要利用 t 檢定來找出題目之間的鑑別度，以前 27% 和後 27% 的樣本進行差異比對，在每一題中找出極端的兩組，並從受試者回答的平均數高低差異，找出該問卷題項是否具有鑑別度；倘若 CR 絕對值小於 3，則該題目予以刪除。茲將推動國際教育之輸入面向量表獨立樣本檢定之相關統計數據詳列如表 3-4。

表 3-4

推動國際教育之輸入面向量表獨立樣本檢定

	變異數相等的 Levene 檢定		平均數相等的 t 檢定		
	F 檢定	顯著性	t	自由度	顯著性(雙尾)
A1	.403	.528	3.103	54	.003
A2	.053	.819	7.097	54	.000
A3	5.178	.027	3.693	51.582	.001
A4	.002	.968	5.167	54	.000
A5	.711	.403	6.040	54	.000
A6	.812	.371	6.614	54	.000
A7	.565	.456	4.489	54	.000
A8	1.064	.307	4.018	54	.000
A9	.389	.535	9.487	54	.000
A10	.053	.820	6.826	54	.000
A11	1.258	.267	5.681	54	.000
A12	.082	.776	4.864	54	.000
A13	.001	.971	6.231	54	.000
A14	.417	.521	5.536	54	.000
A15	2.974	.090	6.000	54	.000
A16	10.402	.002	7.063	45.478	.000
A17	.496	.484	7.548	54	.000
A18	.001	.979	9.173	54	.000
A19	.425	.517	8.345	54	.000
A20	4.053	.049	7.633	54	.000
A21	3.762	.058	8.128	54	.000
A22	.399	.530	8.190	54	.000
A23	1.196	.279	9.010	54	.000
A24	.036	.850	8.953	54	.000
A25	.529	.470	5.584	54	.000

　　由表 3-4 得知，本量表差異性檢定的結果所有題目均達顯著水準，表示題目之鑑別力很好，所有預試題目(25 題)全數保留。

②同質性考驗法

　　同一題本的試題都是在測同一種屬性，因此試題彼此間應該要有高相關，每個題目與量表總分也應該要有高相關，亦即，題目與總量表相關須達到.30 以上，且要達到統計的顯著水準（吳明隆、涂金堂，2017）。本量表題目與總量表相關均達到.30 以上，顯著水準達.001 以上。總體而言，各個題項與總分的相關應該達到中、高度的相關，題項間所要測量之理念、知能、行為與態度特質同質性高，故所有預試題目(25 題)全數保留，詳如表 3-5 所示。

表 3-5

推動國際教育之輸入面向量表題項與總分的積差相關矩陣

		總分			總分
A1	Pearson 相關	.357***	A14	Pearson 相關	.561***
A2	Pearson 相關	.567***	A15	Pearson 相關	.585***
A3	Pearson 相關	.393***	A16	Pearson 相關	.620***
A4	Pearson 相關	.428***	A17	Pearson 相關	.763***
A5	Pearson 相關	.443***	A18	Pearson 相關	.779***
A6	Pearson 相關	.593***	A19	Pearson 相關	.762***
A7	Pearson 相關	.443***	A20	Pearson 相關	.708***
A8	Pearson 相關	.526***	A21	Pearson 相關	.706***
A9	Pearson 相關	.758**	A22	Pearson 相關	.742***
A10	Pearson 相關	.694***	A23	Pearson 相關	.782***
A11	Pearson 相關	.624***	A24	Pearson 相關	.739***
A12	Pearson 相關	.564***	A25	Pearson 相關	.742***
A13	Pearson 相關	.617***			

*** $p < .001$

　　由表 3-5 得知，輸入面向量表題項與總分的積差相關，介於.357 到.782 之間，均達到.30 以上，顯著水準達.001 以上。故 25 個題項均予以保留。

③一致性考驗法

　　運用一致性考驗方法，求出校正項目總分的相關係數（corrected item-total correlation），校正項目總分的相關係數，表示一個題項與其他題項總分的相關係數，可以得知此題項與其他題項的一致性如何（吳明隆、涂金堂，2017）。茲將一致性考驗列於表 3-6。

表 3-6

推動國際教育之輸入面向量表項目整體統計量

	項目刪除時的 尺度平均數	項目刪除時的 尺度變異數	修正的項目總相關	項目刪除時的 Cronbache's α 值
A1	91.72	139.901	.309	.931
A2	91.68	136.745	.540	.929
A3	91.66	140.045	.352	.931
A4	91.89	138.725	.382	.931
A5	91.60	139.273	.403	.931
A6	91.84	135.994	.555	.929
A7	92.06	138.542	.398	.931
A8	92.69	134.681	.470	.930
A9	92.11	131.412	.728	.926
A10	92.23	133.755	.662	.927
A11	92.51	133.384	.580	.928
A12	92.58	132.731	.505	.930
A13	92.46	132.938	.569	.928
A14	92.37	134.538	.512	.929
A15	92.08	136.539	.548	.929
A16	92.02	134.060	.577	.928
A17	92.36	130.152	.731	.926
A18	92.40	130.525	.750	.926
A19	92.47	130.292	.730	.926
A20	92.59	131.012	.669	.927
A21	92.13	131.286	.667	.927
A22	92.15	130.775	.708	.926
A23	92.27	130.179	.753	.925
A24	92.39	129.634	.701	.926
A25	92.70	134.879	.429	.931

總量表 Cronbache's α 係數＝.931

　　如表 3-6 所示，推動國際教育輸入面向量表 25 題總量表的 Cronbache's α 值等於.931，如果刪除某一題後，α 係數值改變大都變小，表示個別題項與總量表的一致性頗高。但第 1、3、4、5、7、25 題的題項刪除後，α 係數值並沒有改變，這些題項是否刪除，將依因素分析後而定。

　④量表項目分析結果

　　茲將上述量表項目分析結果整理如表 3-7。

表 3-7

推動國際教育之輸入面向量表項目分析結果

題項	極端組比較		同質性檢驗		備註
	決斷值（CR 值）	題目與總分相關	校正題項題目與總分相關	刪除後的 α 係數	
A1	3.103***	.357***	.309	.931	保留
A2	7.097***	.567***	.540	.929	保留
A3	3.693***	.393***	.352	.931	保留
A4	5.167***	.428***	.382	.931	保留
A5	6.040***	.443***	.403	.931	保留
A6	6.614***	.593***	.555	.929	保留
A7	4.489***	.443***	.398	.931	保留
A8	4.018***	.526***	.470	.930	保留
A9	9.487***	.758**	.728	.926	保留
A10	6.826***	.694***	.662	.927	保留
A11	5.681***	.624***	.580	.928	保留
A12	4.864***	.564***	.505	.930	保留
A13	6.231***	.617***	.569	.928	保留
A14	5.536***	.561***	.512	.929	保留
A15	6.000***	.585***	.548	.929	保留
A16	7.063***	.620***	.577	.928	保留
A17	7.548***	.763***	.731	.926	保留
A18	9.173***	.779***	.750	.926	保留
A19	8.345***	.762***	.730	.926	保留
A20	7.633***	.708***	.669	.927	保留
A21	8.128***	.706***	.667	.927	保留
A22	8.190***	.742***	.708	.926	保留
A23	9.010***	.782***	.753	.925	保留
A24	8.953***	.739***	.701	.926	保留
A25	5.584***	.742***	.429	.931	保留

總量表的 α 係數＝.931

　　根據表 3-7 所列之推動國際教育輸入面向量表項目分析結果得知：極端組比較結果，25 個題項的 CR 值介於 3.103 至 9.487 之間，均大於 3。同時，

25 個題項均達統計上的顯著水準(p =.000＜.001)。同質性檢驗中 25 個題項與總量表的相關在.357 至.782 之間，呈現中、高度相關(p =.000＜.001)，25 個題項刪除後的量表 α 係數與總量表的 α 係數相差不大，沒有突增的題項，因而 25 個題項均可保留採用。

(2)因素分析

首先進行 KMO 取樣適當性檢定及巴特利球形檢定(Bartltett's Sphericity Test)，判斷變項是否適合進行因素分析，依 1974 年 Kaiser 的觀點，可從 KMO 值來判別各個題項間是否適合進行因素分析，當 KMO 值小於.500 時「非常不適合」，KMO 值大於.700 時「尚可」，KMO 值大於.900 時「極適合」（吳明隆、涂金堂，2017）。檢定結果 KMO 值為.882 是屬於良好的，表示變項間有共同因素存在，且 Bartltett's 球形考驗達顯著水準.000，代表母群體的相關矩陣間有共同因素存在，適合進行因素分析。

考驗推動國際教育輸入面向預試問卷的因素分析是為了探討本問卷各因素之因素解釋量及各題之因素負荷量大小，以作為選題之參考及了解其建構效度是否良好。準此，本研究採用直交轉軸法和主成份分析（Principal Component Analysis）因素，採特徵值(eigen value)大於 1 者為入選因素參考標準，並刪除因素負荷量.40 以下的題目作為正式問卷選題考量的基準，同時，將因素分向度不符合之題目予以刪除，共抽取四個因素，與文獻分析的結果相符，總共解釋變異量為 65.17%，各因素解釋量如表 3-8 與表 3-9 所示；修正後刪除第 7、8 和 17 題，正式問卷題目內容則臚列於表 3-10。

表 3-8
推動國際教育之輸入面向量表解說總變異量

元件	初始特徵值			平方和負荷量萃取			轉軸平方和負荷量		
	總數	變異數之	累積%	總數	變異數之	累積%	總數	變異數之	累積%
1	8.754	39.790	39.790	8.754	39.790	39.790	5.132	23.328	23.328
2	2.724	12.381	52.171	2.724	12.381	52.171	3.536	16.074	39.402
3	1.593	7.239	59.409	1.593	7.239	59.409	3.447	15.668	55.070
4	1.267	5.757	65.166	1.267	5.757	65.166	2.221	10.096	65.166
5	1.077	4.894	70.060						
6	.808	3.671	73.732						
7	.728	3.308	77.039						
8	.641	2.913	79.953						
9	.590	2.682	82.635						
10	.530	2.411	85.046						
11	.448	2.037	87.083						
12	.401	1.824	88.907						
13	.376	1.710	90.617						
14	.337	1.531	92.148						
15	.318	1.448	93.595						
16	.270	1.225	94.820						
17	.259	1.179	95.999						
18	.244	1.109	97.108						
19	.217	.987	98.095						
20	.197	.894	98.989						
21	.112	.511	99.500						
22	.110	.500	100.000						

萃取法：主成份分析。

表 3-9

推動國際教育之輸入面向量表轉軸後的成份矩陣

題項	元件			
	1	2	3	4
A21	.890			
A23	.865			
A22	.860			
A24	.811			
A20	.726			
A25	.567			
A13		.821		
A12		.744		
A11		.707		
A10		.628		
A9		.609		
A5			.782	
A4			.754	
A1			.724	
A3			.695	
A2			.680	
A6			.541	
A15				.818
A16				.700
A19				.618
A18				.558
A14				.483

萃取方法：主成份分析。

　　根據表 3-8 與表 3-9 得知如后：

①**因素一**：包括第 20、21、22、23、24、25 題共計 6 題，因素負荷量從.57
　～.89，分析題目內容命名為「經費與資源整合」，其 eigen value 值為 5.13，
　可解釋國際教育實施之「輸入面向」達 23.33%。

②**因素二**：包括第 9、10、11、12、13 題，共計 5 題，因素負荷量從.61～.82，分析題目內容命名為「國際教育知能」，其 eigen value 值為 3.54，可解釋國際教育實施之「輸入面向」達 16.07%。

③**因素三**：包括第 1、2、3、4、5、6 題，共計 6 題，因素負荷量從.54～.78，分析題目內容命名為「推動國際教育之理念」，其 eigen value 值為 3.45，可解釋國際教育實施之「輸入面向」達 15.67%。

④**因素四**：包括第 14、15、16、18、19 題，共計 5 題，因素負荷量從.48～.82，分析題目內容命名為「學校環境與設備」，其 eigen value 值為 2.22，可解釋國際教育實施之「輸入面向」達 10.10%。

　　準此，推動國際教育之輸入面向預試問卷經過項目描述統計分析、因素分析，總計刪除第 7、8 和 17 題等 3 題，剩餘題目共 22 題，刪題後題目內容如表 3-10。

表 3-10

推動國際教育之輸入面向量表正式問卷題目內容

分向度	題目內容
推動國際教育理念	1.我理解不同國家族群文化的差異。 2.我喜歡我的國家族群文化。 3.我體認地球村各國的關聯性。 4.我會主動關心國際議題。 5.我能接納不同種族文化的族群。 6.我樂意推動學校本位國際教育計畫。
國際教育知能	7.我會向外國人介紹台灣文化特色。 8.我能具體瞭解國際教育的意義與內涵。 9.我會主動參加與國際教育相關議題的研習。 10.除了本國語言，我至少具備一種外語能力。 11.我願意參與國際教育專業社群。
學校環境與設備	12.我能製作多媒體教材進行國際議題教學。 13.學校環境佈置能幫助國際教育的推動。 14.我認為學校的資訊設備對進行國際交流很有幫助。 15.我會佈置學校或教室情境以營造國際教育學習氣氛。 16.配合國際教育推動，學校會定期汰舊換新相關教學設施。
經費與資源整合	17.社區家長都能參與學校的國際教育活動。 18.學校會爭取經費推動國際教育。 19.學校會充實環境設備推動國際教育教學或活動。 20.學校會整合學校內外部資源推動國際教育。 21.學校會爭取民間社會資源推動國際教育。

表 3-10

推動國際教育之輸入面向量表正式問卷題目內容

分向度	題目內容
	22.學校會與各大專院校合作推動國際教育。

　　根據表 3-10 所列，即為本研究輸入面向量表定稿正式問卷題目內容，共
22 題。

　　(3)信度分析

　　以最後定稿之 22 題正式問卷，依各分量表及總量表進行 Cronbache's α
信度考驗，吳明隆和涂金堂（2017）認為一份信度係數較佳的問卷，其總量
表的信度係數最好在.800 以上;倘為分量表，其信度係數最好在.700 以上；量
表的信度越高，表示量表的穩定性越高。茲將推動國際教育之輸入面向量表
信度分析摘要表臚列於表 3-11。

表 3-11

推動國際教育之輸入面向量表信度分析摘要表

分量表	題目數量	Cronbache's α 值
推動國際教育理念	6	.831
國際教育知能	5	.848
學校環境與設備	5	.824
經費與資源整合	6	.910
推動國際教育之輸入面向總量表	22	.924

　　承如表 3-11 顯示，本量表的信度採內部一致性予以考驗，各分量表之
Cronbache's α 係數介於.824～.910 間，總量表之 Cronbache's α 值為 .924，
顯示本研究之輸入面向分量表穩定性高，信度良好。

2.推動國際教育之過程面向量表

(1)項目分析

①極端組檢驗法-臨界比（critical ration）

　　如前所述，吳明隆和涂金堂（2017）指出，極端組檢驗法-臨界比主要利用 t 檢定來找出題目之間的鑑別度，以前後各 27%的樣本進行差異比對，在每一題中找出極端的兩組，並從受試者回答的平均數高低差異，找出該問卷題項是否具有鑑別度；並以 CR 絕對值是否小於 3 考驗其具有顯著差異情形，未具顯著差異者則該題目予以刪除。茲將推動國際教育之過程面向量表獨立樣本檢定列於表 3-12。

表 3-12

推動國際教育之過程面向量表獨立樣本檢定

題項	變異數相等的 Levene 檢定		平均數相等的 t 檢定		
	F 檢定	顯著性	t	自由度	顯著性(雙尾)
B26	.204	.654	6.342	52	.000
B27	1.731	.194	8.101	52	.000
B28	.030	.863	7.011	52	.000
B29	.334	.566	7.745	52	.000
B30	.855	.359	6.154	52	.000
B31	2.066	.157	7.434	52	.000
B32	1.944	.169	9.228	52	.000
B33	3.098	.084	8.684	52	.000
B34	1.583	.214	7.845	52	.000
B35	4.174	.046	8.152	43.640	.000
B36	.364	.549	9.532	52	.000
B37	.310	.580	9.795	52	.000
B38	1.944	.169	9.727	52	.000
B39	1.000	.322	11.107	52	.000
B40	.014	.906	7.981	52	.000
B41	6.350	.015	6.821	47.613	.000
B42	.282	.598	7.334	52	.000

表 3-12

推動國際教育之過程面向量表獨立樣本檢定

題項	變異數相等的 Levene 檢定		平均數相等的 t 檢定		
	F 檢定	顯著性	t	自由度	顯著性(雙尾)
B43	1.063	.307	5.927	52	.000
B44	.098	.755	7.366	52	.000
B45	.118	.733	7.474	52	.000
B46	.928	.340	7.230	52	.000
B47	1.115	.296	7.574	52	.000
B48	.039	.845	7.542	52	.000
B49	2.272	.138	7.255	52	.000
B50	.000	.983	6.784	52	.000
B51	3.521	.066	6.001	52	.000

　　由表 3-12 得知，本量表差異性檢定的結果所有題目均達顯著水準，表示題目之鑑別力很好，所有預試題目(25 題)全數保留。

②同質性考驗法

　　同一題本的試題都是在測同一種屬性，因此試題彼此間應該要有中、高相關，每個題目與量表總分也應該要有高相關，題目與總量表相關須達到.30以上，且要達到統計的顯著水準（吳明隆、涂金堂，2017）。本量表題目與總量表相關均達到.30 以上，顯著水準達.001 以上。綜而言之，各個題項與總分的相關應達中、高度的相關，題項間所要測量計畫、領導執行、課程規劃與教學活動等行為特質同質性高，故所有預試題目(29 題)全數保留，詳如表 3-13所示。

表 3-13

推動國際教育之過程面向表題項與總分的積差相關矩陣

	總分			總分	
B26	Pearson 相關	.564***	B39	Pearson 相關	.779***
B27	Pearson 相關	.664***	B40	Pearson 相關	.605***
B28	Pearson 相關	.621***	B41	Pearson 相關	.663***
B29	Pearson 相關	.662***	B42	Pearson 相關	.748***
B30	Pearson 相關	.635***	B43	Pearson 相關	.636***
B31	Pearson 相關	.671***	B44	Pearson 相關	.750***
B32	Pearson 相關	.749***	B45	Pearson 相關	.734***
B33	Pearson 相關	.751***	B46	Pearson 相關	.691***
B34	Pearson 相關	.745***	B47	Pearson 相關	.701***
B35	Pearson 相關	.758***	B48	Pearson 相關	.711***
B36	Pearson 相關	.815***	B49	Pearson 相關	.749***
B38	Pearson 相關	.735***	B50	Pearson 相關	.693***
B38	Pearson 相關	.727***	B51	Pearson 相關	.601***

*** $p < .001$

由表 3-13 得知，過程面向量表題項與總分的積差相關，介於.564 到.815 之間，均達到.30 以上，顯著水準達.001 以上。故所有題項均予以保留。

③一致性考驗法

吳明隆和涂金堂（2017）指出，運用一致性考驗方法，求出校正項目總分的相關係數（corrected item-total correlation），此係數代表一個題項與其他題項總分的相關係數，並可得知該題項與其他題項的一致性。

表 3-14

推動國際教育之過程面向量表項目整體統計量

	項目刪除時的 尺度平均數	項目刪除時的 尺度變異數	修正的項目總相 關	項目刪除時的 Cronbache's α 值
B26	92.81	197.650	.533	.956
B27	93.12	193.622	.633	.955
B28	93.03	194.474	.587	.955
B29	93.22	192.537	.628	.955
B30	93.48	190.171	.590	.956
B31	93.29	191.945	.637	.955
B32	93.09	192.810	.727	.954
B33	93.11	192.341	.728	.954
B34	93.00	191.010	.718	.954
B35	92.98	190.383	.733	.954
B36	93.06	188.825	.795	.953
B37	92.86	194.000	.713	.954
B38	93.12	192.248	.700	.954
B39	93.30	187.646	.752	.954
B40	93.21	194.511	.569	.956
B41	93.53	190.555	.624	.955
B42	93.17	190.728	.721	.954
B43	93.35	190.533	.593	.956
B44	93.10	190.576	.724	.954
B45	93.01	193.000	.710	.954
B46	93.03	194.494	.665	.955
B47	92.98	193.979	.675	.955
B48	93.23	192.563	.683	.954
B49	92.95	193.078	.727	.954
B50	93.22	192.497	.663	.955
B51	93.50	191.202	.553	.956

總量表 Cronbache's α 係數＝.956

　　如表 3-14 所示，推動國際教育過程面向量表 26 題總量表的 Cronbache's α 值等於.956，如果刪除某一題後，α 係數值改變大都會變小，表示個題與總量表的一致性頗高。但第 31、37、38、50、51 題的題項刪除後，α 係數值並沒有改變，這些題項是否刪除，將依因素分析後而定。

④量表項目分析結果

　　茲將上述量表項目分析結果整理如表 3-15。

表 3-15

推動國際教育之過程面向量表項目分析結果表

題項	極端組比較		同質性檢驗		備註
	決斷值（CR 值）	題目與總分相關	校正題項題目與總分相關	刪除後α 係數	
B26	6.342^{***}	$.564^{***}$	.533	.956	保留
B27	8.101^{***}	$.664^{***}$	.633	.955	保留
B28	7.011^{***}	$.621^{***}$	.587	.955	保留
B29	7.745^{***}	$.662^{***}$	.628	.955	保留
B30	6.154^{***}	$.635^{***}$	.590	.956	保留
B31	7.434^{***}	$.671^{***}$	.637	.955	保留
B32	9.228^{***}	$.749^{***}$	.727	.954	保留
B33	8.684^{***}	$.751^{***}$	.728	.954	保留
B34	7.845^{***}	$.745^{***}$	.718	.954	保留
B35	8.152^{***}	$.758^{***}$	.733	.954	保留
B36	9.532^{***}	$.815^{***}$	.795	.953	保留
B37	9.795^{***}	$.735^{***}$	.713	.954	保留
B38	9.727^{***}	$.727^{***}$	.700	.954	保留
B39	11.107^{***}	$.779^{***}$	.752	.954	保留
B40	7.981^{***}	$.605^{***}$	.569	.956	保留
B41	6.821^{***}	$.663^{***}$	.624	.955	保留
B42	7.334^{***}	$.748^{***}$	.721	.954	保留
B43	5.927^{***}	$.636^{***}$	.593	.956	保留
B44	7.366^{***}	$.750^{***}$	.724	.954	保留
B45	7.474^{***}	$.734^{***}$	.710	.954	保留
B46	7.230^{***}	$.691^{***}$	.665	.955	保留

表 3-15

推動國際教育之過程面向量表項目分析結果表

題項	極端組比較		同質性檢驗		備註
	決斷值 （CR 值）	題目與 總分相關	校正題項 題目與 總分相關	刪除後 α 係數	
B47	7.574***	.701***	.675	.955	保留
B48	7.542***	.711***	.683	.954	保留
B49	7.255***	.749***	.727	.954	保留
B50	6.784***	.693***	.663	.955	保留
B51	6.001	.601***	.553	.956	保留

總量表的 α 係數＝ .956

*** $p < .001$

　　根據表 3-15 所列之推動國際教育輸入面向量表項目分析結果得知：極端組比較結果，26 個題項的 CR 值介於 5.927 至 11.107 之間，同時，26 個題項均達統計上的顯著水準(p =.000＜.001)。同質性檢驗中 26 個題項與總量表的相關係數在.533 至.728 之間，呈現中、高度相關(p =.000＜.001)，26 個題項刪除後的量表 α 係數與總量表的 α 係數相差不大，沒有突增的題項，因此 26 個題項均可保留採用。

　　(1)因素分析

　　吳明隆和涂金堂（2017）指出，進行 KMO 取樣適當性檢定及巴特利球形檢定(Bartltett's Sphericity Test)，判斷變項是否適合進行因素分析時，可從 KMO 值來判別各題項間是否適合進行因素分析，若 KMO 值小於.500 時「非常不適合」進行因素分析，KMO 值大於.700 時「尚可」，KMO 值大於.900 時則「極適合」因素分析。檢定結果 KMO 值為.902 是屬於良好的，表示變項間有共同因素存在，且 Bartltett's 球形考驗達顯著水準.000，代表母群體的相關矩陣間有共同因素存在，適合進行因素分析。

　　考驗推動國際教育過程面向預試問卷的因素分析是為了探討本問卷的各因素之因素解釋量及各題之因素負荷量大小，以作為選題之參考及了解其建構效度是否良好。準此，本研究採用直交轉軸法和主成份分析（Principal

Component Analysis）因素，採特徵值(eigen value)大於 1 者為入選因素參考標準，並刪除因素負荷量.40 以下的題目作為正式問卷選題考量的基準，同時，將因素分向度不符合之題目予以刪除，共抽取四個因素，與文獻分析後的結果相符，總共解釋變異量為 71.595%，各因素解釋量如表 3-16、3-17 所示；表 3-18 則列舉推動國際教育之過程面向量表正式問卷題目內容。

表 3-16

推動國際教育之過程面向量表解說總變異量

元件	初始特徵值			平方和負荷量萃取			轉軸平方和負荷量		
	總數	變異數之%	累積%	總數	變異數之%	累積%	總數	變異數之%	累積%
1	10.561	50.291	50.291	10.561	50.291	50.291	4.744	22.589	22.589
2	1.893	9.012	59.303	1.893	9.012	59.303	4.572	21.770	44.359
3	1.424	6.780	66.083	1.424	6.780	66.083	2.929	13.946	58.305
4	1.158	5.512	71.595	1.158	5.512	71.595	2.791	13.290	71.595
5	.904	4.306	75.902						
6	.690	3.287	79.188						
7	.575	2.736	81.925						
8	.553	2.633	84.558						
9	.446	2.126	86.684						
10	.399	1.900	88.584						
11	.368	1.751	90.335						
12	.341	1.626	91.961						
13	.298	1.419	93.380						
14	.280	1.333	94.713						
15	.249	1.187	95.900						
16	.180	.858	96.758						
17	.173	.823	97.581						
18	.142	.675	98.256						
19	.135	.645	98.901						
20	.127	.605	99.506						
21	.104	.494	100.000						

萃取法：主成份分析。

表 3-17

推動國際教育之過程面向量表轉軸後的成份矩陣

	元件			
	1	2	3	4
B46	.818			
B47	.797			
B45	.789			
B48	.740			
B49	.560			
B32		.739		
B35		.699		
B33		.695		
B34		.643		
B36		.642		
B28			.817	
B30			.744	
B27			.732	
B29			.667	
B26			.584	
B41				.762
B40				.728
B42				.710
B39				.659
B43				.519
B44				.413

萃取法：主成份分析。

根據表 3-16 與表 3-17 得知如后：

①**因素一**：包括第 45、46、47、48、49 題共計 5 題，因素負荷量從.56～.82，
分析題目內容命名為「統整教學與活動」，其 eigen value 值為 4.74，可解釋
國際教育之「過程面向」達 22.59%。

②**因素二**：包括第 32、33、34、35、36 題，共計 5 題，因素負荷量從.64～.74，
分析題目內容命名為「行政領導與執行」，其 eigen value 值為 4.57，可解釋
國際教育實施之「過程面向」達 21.77%。

③**因素三**：包括第 26、27、28、29、30 題，共計 5 題，因素負荷量從.58～.82，
分析題目內容命名為「學校文化與氛圍」，其 eigen value 值為 2.93，可解釋
國際教育實施之「過程面向」達 13.95%。

④**因素四**：包括第 39、40、41、42、43、44 題，共計 6 題，因素負荷量從.41
～.76，分析題目內容命名為「課程規劃與設計」，其 eigen value 值為 2.79，
可解釋國際教育實施之「過程面向」達 13.29%。

　　準此，推動國際教育之輸入面向預試量表經過項目描述統計分析、因素
分析，總計刪除第 31、37、38、50 和 51 題等五個題項，剩餘題目共 21 題，
刪題後題目內容如表 3-18。

表 3-18

推動國際教育之過程面向量表正式問卷題目內容

分向度	題目內容
學校文化與氛圍	23.學校行政主管非常支持國際教育之推動。 24.推動國際教育能凝聚全體教師對學校發展之共識。 25.推動國際教育能彰顯學校特色。 26.學校同仁都願意額外付出心力推動國際教育工作。 27.學校已成立國際教育教師專業社群。
行政領導與執行	28.我認為推動國際教育啟動學校團隊合作的機制。 29.學校推動國際教育會適時追蹤實施進程。 30.學校規劃國際教育能考量在地脈絡。 31.學校會向全體教職員說明國際教育計畫執行之內容。 32.學校行政人員與教師能互相討論或分享推動國際教育實務。
課程規劃與設計	33.我會參照國際教育能力指標研訂國際教育課程計畫。 34.我會依據學生能力選編適合之國際教育教材。 35.我會應用國際教育資源手冊設計課程。 36.學校規劃國際教育課程目標會與願景互相配合。 37.學校研發的國際教育課程會分享在網站上。 38.學校會將校本課程融入國際教育活動中。
統整教學與活動	39.我能連結學生生活經驗，引發學生學習國際教育之動機。 40.我會清晰呈現國際教育教材內容引導學生學習。 41.我會彈性靈活運用教學方法擴展學生國際視野。 42.我會根據評量結果調整國際教育課程教學。 43.學校會結合各項活動推動國際教育。

根據表 3-18 所列，即為本研究過程面向量表定稿正式問卷題目內容，共 21 題。

(2)信度分析

以最後定稿之 21 題正式問卷，依各分量表及總量表進行 Cronbache's α 信度考驗，吳明隆和涂金堂（2017）認為一份信度係數較佳的問卷，其總量表的信度係數最好在.800 以上；分量表之信度係數最好在.700 以上；量表

的信度越高，表示量表的穩定性越高。茲將推動國際教育之過程面向量表信度分析摘要表臚列於表 3-19。

表 3-19

推動國際教育之過程面向量表信度分析摘要表

分量表	題目數量	Cronbache's α 值
學校文化與氛圍	5	.814
行政領導與執行	5	.895
課程規劃與設計	6	.885
統整教學與活動	5	.901
推動國際教育之過程面向總量表	21	.948

承如表 3-19 顯示，本量表的信度採內部一致性予以考驗，各分量之 Cronbache's α 係數介於.81～.90 間，總量表之 Cronbache's α 值為 .95，二者均大於.800 以上，顯示本研究之過程面向分量表信度良好。

3.推動國際教育之輸出面向量表

(1)項目分析

①極端組檢驗法-臨界比（critical ration）

依照吳明隆和涂金堂（2017）所述，極端組檢驗法-臨界比主要利用 t 檢定來找出題目之間的鑑別度，以前後各 27%的樣本進行差異比對，在每一題中找出極端的兩組，並從受試者回答的平均數高低差異，找出該問卷題項是否具有鑑別度；倘若 CR 絕對值小於 3 即表示未具有顯著差異，則該題目應予以刪除。茲臚列推動國際教育之輸出面向量表獨立樣本檢定數據於表 3-20。

表 3-20

推動國際教育之輸出面向量表獨立樣本檢定

	變異數相等的 Levene 檢定		平均數相等的 t 檢定		
	F 檢定	顯著性	t	自由度	顯著性 (雙尾)
C52	.473	.495	6.342	54	.000
C53	.137	.713	9.553	54	.000
C54	1.037	.313	6.669	54	.000
C55	.338	.563	8.763	54	.000
C56	.210	.649	6.979	54	.000
C57	.004	.949	7.674	53	.000
C58	.489	.487	8.174	54	.000
C59	.306	.583	8.633	54	.000
C60	5.624	.021	9.351	53.986	.000
C61	.018	.895	8.321	54	.000
C62	1.839	.181	10.215	54	.000
C63	.043	.837	7.519	54	.000
C64	1.077	.304	8.220	54	.000
C65	2.343	.132	7.190	54	.000
C66	.003	.955	6.518	54	.000
C67	.668	.417	6.797	54	.000
C68	.002	.968	6.990	54	.000
C69	5.960	.018	5.637	47.928	.000
C70	.755	.389	6.267	54	.000
C71	.007	.935	6.231	54	.000
C72	.135	.715	7.096	54	.000
C73	1.189	.280	6.291	54	.000
C74	1.271	.265	7.292	54	.000
C75	.044	.834	6.462	54	.000
C76	4.043	.049	5.550	54	.000
C77	6.880	.011	5.026	46.521	.000
C78	2.694	.107	4.916	54	.000
C79	3.840	.055	5.550	54	.000
C80	.258	.614	4.114	54	.000

　　由表 3-20 得知，本量表差異性檢定的結果所有題目均達顯著水準，表示題目之鑑別力很好，所有 29 題預試題目全數保留。

②同質性考驗法

　　同一題本的試題都是在測同一種屬性，因此試題彼此間應該要有高相關，每個題目與量表總分也應該要有高相關，題目與總量表相關須達到.30以上，且要達到統計的顯著水準（吳明隆、涂金堂，2017）。本量表題目與總量表相關均達到.30 以上，顯著水準達.001 以上。總體而言，各個題項與總分的相關應達中、高度的相關，題項間所要測量行政領導、課程教學與學生學習成效同質性高，故所有 29 題預試題目全數保留，詳如表 3-21 所示。

表 3-21

推動國際教育之輸出面向表題項與總分的積差相關矩陣

		總分			總分
C52	Pearson 相關	.672***	C67	Pearson 相關	.683***
C53	Pearson 相關	.764***	C68	Pearson 相關	.672***
C54	Pearson 相關	.683***	C69	Pearson 相關	.650***
C55	Pearson 相關	.771***	C70	Pearson 相關	.722***
C56	Pearson 相關	.762***	C71	Pearson 相關	.557***
C57	Pearson 相關	.714***	C72	Pearson 相關	.695***
C58	Pearson 相關	.731***	C73	Pearson 相關	.669***
C59	Pearson 相關	.776***	C74	Pearson 相關	.757***
C60	Pearson 相關	.734***	C75	Pearson 相關	.608***
C61	Pearson 相關	.727***	C76	Pearson 相關	.670***
C62	Pearson 相關	.801***	C77	Pearson 相關	.579***
C63	Pearson 相關	.713***	C78	Pearson 相關	.591***
C64	Pearson 相關	.734***	C79	Pearson 相關	.641***
C65	Pearson 相關	.734***	C80	Pearson 相關	.532***
C66	Pearson 相關	.598***			

*** $p < .001$

③一致性考驗法

本研究根據吳明隆和涂金堂（2017）之觀點，運用一致性考驗方法，求出校正項目總分的相關係數，以了解各個題項與其他題項總分的相關係數，並據以得知該題項與其他題項的一致性為何。

表 3-22

推動國際教育之輸出面向量表項目整體統計量

	項目刪除時的尺度平均數	項目刪除時的尺度變異數	修正的項目總相關	項目刪除時的 Cronbache's α 值
C52	104.27	198.874	.640	.959
C53	104.26	196.930	.738	.958
C54	104.05	198.865	.651	.959
C55	104.24	197.349	.747	.958
C56	104.28	197.429	.737	.958
C57	104.12	198.557	.685	.959
C58	104.23	199.956	.706	.959
C59	104.01	198.643	.756	.958
C60	104.15	199.150	.711	.958
C61	104.13	198.401	.701	.959
C62	104.02	198.000	.782	.958
C63	104.19	201.095	.689	.959
C64	104.28	199.429	.708	.959
C65	104.28	198.103	.706	.959
C66	104.67	202.122	.567	.960
C67	104.20	201.918	.657	.959
C68	103.96	201.937	.646	.959
C69	104.00	203.633	.625	.959
C70	104.17	199.082	.695	.959
C71	104.29	202.658	.517	.960
C72	104.20	201.755	.683	.959
C73	103.88	202.169	.663	.959
C74	103.96	200.917	.738	.958

表 3-22

推動國際教育之輸出面向量表項目整體統計量

	項目刪除時的尺度平均數	項目刪除時的尺度變異數	修正的項目總相關	項目刪除時的 Cronbache's α 值
C75	104.22	202.379	.585	.959
C76	104.25	201.762	.653	.959
C77	104.34	202.085	.540	.960
C78	103.99	203.990	.561	.960
C79	104.30	201.887	.610	.959
C80	103.91	205.451	.501	.960
總量表的 α 係數＝.960				

　　如表 3-22 所示，推動國際教育輸出面向量表 29 題總量表的 Cronbache's α 值等於.96，如果刪除某一題後，α 係數值改變大都變小，表示各個題項與總量表的一致性頗高。但第 62、77、78、79 題的題項刪除後，α 係數值並沒有改變，這些題項是否刪除，將依因素分析後而定。

④量表項目分析結果

　　茲將上述量表項目分析結果整理如表 3-23。

表 3-23

推動國際教育之輸出面向量表項目分析結果表

題項	極端組比較		同質性檢驗		備註
	決斷值（CR 值）	題目與總分相關	校正題項題目與總分相關	刪除後的 α 係數	
C52	6.342***	.672***	.640	.959	保留
C53	9.553***	.764***	.738	.958	保留
C54	6.669***	.683***	.651	.959	保留
C55	8.763***	.771***	.747	.958	保留
C56	6.979***	.762***	.737	.958	保留
C57	7.674***	.714***	.685	.959	保留
C58	8.174***	.731***	.706	.959	保留
C59	8.633***	.776***	.756	.958	保留

表 3-23

推動國際教育之輸出面向量表項目分析結果表

| 題項 | 極端組比較 | | 同質性檢驗 | | 備註 |
	決斷值 （CR 值）	題目與總 分相關	校正題項題目 與總分相關	刪除後的 α 係數	
C60	9.351***	.734***	.711	.958	保留
C61	8.321***	.727***	.701	.959	保留
C62	10.215***	.801***	.782	.958	保留
C63	7.519***	.713***	.689	.959	保留
C64	8.220***	.734***	.708	.959	保留
C65	7.190***	.734***	.706	.959	保留
C66	6.518***	.598***	.567	.960	保留
C67	6.797***	.683***	.657	.959	保留
C68	6.990***	.672***	.646	.959	保留
C69	5.637***	.650***	.625	.959	保留
C70	6.267***	.722***	.695	.959	保留
C71	6.231***	.557***	.517	.960	保留
C72	7.096***	.695***	.683	.959	保留
C73	6.291***	.669***	.663	.959	保留
C74	7.292***	.757***	.738	.958	保留
C75	6.462***	.608***	.585	.959	保留
C76	5.550***	.670***	.653	.959	保留
C77	5.026***	.579***	.540	.960	保留
C78	4.916***	.591***	.561	.960	保留
C79	5.550***	.641***	.610	.959	保留
C80	4.114***	.532***	.501	.960	保留

總量表的 α 係數＝.960

*** $p < .001$

(2)因素分析

本研究首先進行 KMO 取樣適當性檢定及巴特利球形檢定(Bartltett's Sphericity Test)，判斷變項是否適合進行因素分析，並依據 1974 年 Kaiser 的觀點，從 KMO 值來判斷各個題項間適合進行因素分析與否（吳明隆、涂金堂，2017）。如前所述，KMO 值大於.900 時極適合進行因素分析，檢定結果

KMO 值為.913 是屬於良好的，表示變項間有共同因素存在，且 Bartltett's 球形考驗達顯著水準.000，代表母群體的相關矩陣間有共同因素存在，適合進行因素分析。

考驗本研究推動國際教育之輸出面向預試問卷的因素分析是為了探討本問卷的各因素的因素解釋量及各題之因素負荷量大小，以作為選題之參考及了解其建構效度是否良好。

本研究採用直交轉軸法和主成份分析（Principal Component Analysis）因素，採特徵值(eigen value)大於 1 者為入選因素參考標準，並刪除因素負荷量.40 以下的題目作為正式問卷選題考量的基準，同時，將因素分向度不符合之題目予以刪除，共抽取三個因素，與文獻分析後的結果相符，總共解釋變異量為 64.819%，各因素解釋量如表 3-24 與表 3-25 所述：

表 3-24

推動國際教育之輸出面向量表解說總變異量

元件	初始特徵值			平方和負荷量萃取			轉軸平方和負荷量		
	總數	變異數之%	累積%	總數	變異數之%	累積%	總數	變異數之%	累積%
1	12.578	48.378	48.378	12.578	48.378	48.378	6.558	25.222	25.222
2	2.395	9.210	57.588	2.395	9.210	57.588	5.560	21.384	46.606
3	1.880	7.231	64.819	1.880	7.231	64.819	4.735	18.213	64.819
4	1.122	4.317	69.136						
5	.912	3.506	72.642						
6	.828	3.185	75.827						
7	.765	2.944	78.771						
8	.615	2.365	81.137						
9	.552	2.124	83.260						
10	.484	1.862	85.123						
11	.462	1.777	86.900						
12	.453	1.740	88.640						
13	.403	1.549	90.189						
14	.334	1.285	91.474						
15	.311	1.195	92.669						
16	.297	1.143	93.812						

表 3-24

推動國際教育之輸出面向量表解說總變異量

元件	初始特徵值			平方和負荷量萃取			轉軸平方和負荷量		
	總數	變異數之%	累積%	總數	變異數之%	累積%	總數	變異數之%	累積%
17	.276	1.061	94.874						
18	.232	.891	95.764						
19	.202	.777	96.541						
20	.188	.722	97.264						
21	.153	.589	97.852						
22	.149	.573	98.425						
23	.126	.486	98.910						
24	.109	.419	99.330						
25	.079	.304	100.000						

萃取法：主成份分析。

表 3-25

推動國際教育之輸出面向量表轉軸後的成份矩陣

	元件		
	1	2	3
C73	.798		
C69	.792		
C68	.760		
C74	.723		
C67	.719		
C72	.701		
C75	.665		
C76	.638		
C71	.628		
C70	.618		
C66	.519		
C80	.463		
C61		.838	

表 3-25

推動國際教育之輸出面向量表轉軸後的成份矩陣

	元件		
	1	2	3
C60		.819	
C64		.812	
C63		.797	
C59		.791	
C65		.739	
C58		.691	
C54			.878
C53			.816
C52			.813
C56			.774
C55			.693
C57			.685

萃取方法：主成分分析。

根據表 3-24 與表 3-25 得知如后：

①**因素一**：包括第 66、67、68、69、70、71、72、73、74、75、76、80 題共計 12 題，因素負荷量從.46～.79，分析題目內容命名為「學生學習成效」，其 eigen value 值為 6.56，可解釋國際教育實施之「輸出面向」達 25.22%。

②**因素二**：包括第 58、59、60、61、62、63、64、65 題，共計 7 題，因素負荷量從.69～.84，分析題目內容命名為「課程教學成效」，其 eigen value 值為 5.56，可解釋國際教育實施之「輸出面向」達 21.38%。

③**因素三**：包括第 52、53、54、55、56、57 題，共計 6 題，因素負荷量從.68～.88，分析題目內容命名為「行政領導成效」，其 eigen value 值為 4.74，可解釋國際教育實施之「輸出面向」達 18.21%。

準此，推動國際教育之輸入面向預試量表經過項目描述統計分析、因素分析，總計刪除第 62、77、78 和 79 題等四個題項，剩餘題目共 25 題，刪題後題目內容如表 3-26。

表 3-26

推動國際教育之輸出面向量表正式問卷題目內容

分向度	題目內容
行政領導成效	44.學校執行國際教育工作團隊已具成效。 45.學校會針對實施國際教育之困境提出解決策略。 46.學校針對補助經費能合理有效規劃與執行運用。 47.學校規劃國際教育能連結在地脈絡。 48.行政與教師能分享推動實務，提升國際教育成效。 49.學校能依據教師專長做好任務分工。
課程教學成效	50.我能應用國際教育相關研習知能在行政或教學上。 51.我會適時將國際教育議題融入課室教學中。 52.我能激發學生投入國際教育議題學習興趣。 53.我能將國際教育議題連結各學科內容教學。 54.我能以學生為中心設計國際教育議題教學策略。 55.我能將國際教育抽象概念的教材具體化。 56.我會運用多元評量評估學生國際教育學習成效。
學生學習成效	57.學生具備向外國人介紹學校在地特色的基本能力。 58.學生能瞭解台灣與世界其他國家文化特質的差異。 59.學生能喜歡自己的在地文化。 60.學生參與國際教育教學與活動能尊重其他族群。 61.學生能簡扼說明全球重要議題，如：環境生態保護。 62.遇到不同語言或種族的人，學生願意與他們互動溝通。 63.學生能舉例說出國際文化的多樣性。 64.學生喜歡學習世界各地不同的文化。 65.學生能體認地球村是生命共同體的概念。 66.學生能從時事中體認全球的競爭情形。 67.學生能從日常用品中了解全球合作分工的情形。 68.學生能主動幫助遭遇困難的同學。

根據表 3-26 所列，即為本研究輸出面向量表定稿正式問卷題目內容，共 25 題。

(3)信度分析

以最後定稿之 25 題正式問卷，依各分量表及總量表進行 Cronbache's α 信度考驗，茲將推動國際教育之輸出面向量表信度分析摘要表臚列於表 3-27。

表 3-27

推動國際教育之輸出面向量表信度分析摘要表

分量表	題目數量	Cronbache's α值
行政領導成效	6	.936
課程教學成效	7	.941
學生學習成效	12	.920
推動國際教育之輸出面向總量表	25	.956

　　承如表 3-27 顯示，本量表的信度採內部一致性予以考驗，各分量之 Cronbache's α 係數介於.92～.94 間，總量表之 Cronbache's α 值為 .96，顯示本研究之輸出面向分量表信度良好。

（三）驗證性因素分析

　　本研究根據文獻探討與實務工作之經驗，由研究者自行設計預試問卷，並於預試問卷施測完成後，先進行探索性因素分析，其後編製為正式問卷（詳如附錄五），接著於正式問卷回收後，進行驗證性因素分析。再者，為了刪除題項並確認問卷之信度與效度，亦進行一階及二階驗證性因素分析。

　　Bagozzi 與 Yi（1998）認為理論模式與實際資料是否契合，必須同時考慮到基本配適度指標（perliminary fit criteria）、整體模式配適度指標（overall model fit）及模式內在結構配適度指標（fit of internal structural model）等三方面。整體模式配適度指標是模式外在品質的考驗，旨在檢核整個模式與觀察資料的配適程度；而模式內在結構配適度指標則屬於模式的內在品質評估，旨在深入探討每一個參數的顯著程度以及各指標及潛在變項的信度等。循此，本研究於資料分析前先就模式配適度指標之評估標準說明如后：

　　首先，說明配適度各項檢核指標，以作為評估時的依據；其次，針對每個分向度進行一階驗證性因素分析，讓每個分向度的項目得以確立；最後則就每個面向進行二階驗證性因素分析，確保每個面向與各該分向度之合理性與必要性，以作為整體模型路徑分析之依據。茲參採張偉豪（2011）、吳明隆

和涂金堂（2017）之梳理建議，將驗證性因素分析模式配適度檢核指標彙整如表 3-28 所示。

表 3-28

驗證性因素分析模式配適度檢核指標評估標準彙整表

	檢核項目	判斷值
基本配適度指標	誤差變異	不能為負值
	誤差變異	達顯著水準
	因素負荷量	介於 .5~.95 之間
整體模式配適度指標	χ^2 自由度比值（chi-square/df)	$1 < \chi^2/df < 5$
	配適度指標（GFI）	> .90
	調整之配適度指標（AGFI）	> .90
	近似均方根誤差（RMSEA）	< .08
	比較性配適度指標（CFI）	> .90
模式內在結構配適度指標	個別項目信度	≧ .5
	組合信度（CR）	≧ .7
	平均變異數萃取量（AVE）	≧ .5

1.推動國際教育輸入面向之驗證性因素分析

(1)推動國際教育之理念分向度之驗證性因素分析

推動國際教育之理念向度共有六個項目，自由度為 $6×7/2=21df$，共估計 6 個殘差加上 1 個變異數及 5 個因素負荷量，自由度大於估計參數，模型屬於過度辨識，符合理論上模型正定的要求。執行 CFA 分析後，由於 A1 與 A6 的因素負荷量為 0.48 和 0.4，低於 0.5，顯示該觀察變數缺乏指標信度，為求模型精簡，予以刪除。刪除後重新進行 CFA 分析，依據資料數值，最後保留其餘觀察變數。茲將推動國際教育之理念向度一階驗證性因素修正前分析圖及修正後分析圖，繪製如圖 3-5 及圖 3-6 所示。同時，將此向度之驗證性分析表臚列於表 3-29。

chi-square=56.671 df=9
chi-square/df=6.297
GFI=.973 AGFI=.937
CFI=.969 RMSEA=.090

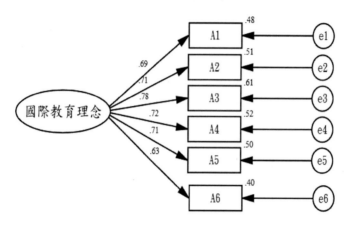

圖 3-5　推動國際教育之理念一階驗證性因素修正前分析圖

由圖 3-5 可知，雖然 GFI=.973＞.9、AGFI=.917＞.9、CFI=.937＞.9，但 χ^2/df =6.297>5、RMSEA= .090＞.08，未符判斷值，必須進行刪題修正並重新執行 CFA 分析。

chi-square=5.789 df=2
chi-square/df=2.895
GFI=.996 AGFI=.978
CFI=.996 RMSEA=.054

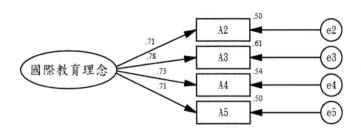

圖 3-6　推動國際教育之理念一階驗證性因素修正後分析圖

根據圖 3-6 得知，推動國際教育之理念一階驗證性因素修正後，χ^2/df =2.895＜5、GFI=.996＞.9、AGFI=.978＞.9、CFI=.996＞.9、RMSEA= .054＜.08，均符合判斷值，因此保留其餘觀察變數作為後續分析。

表 3-29

推動國際教育理念向度驗證性分析表

向度	題目	參數顯著性估計				因素負荷量	個別題目信度	組成信度	平均變異數萃取量
		Unstd.	S.E.	t-value.	P	Std.	SMC	CR	AVE
國際教育理念	A2	1.000				.708	.501	.823	.538
	A3	1.130	.068	16.648	***	.783	.613		
	A4	1.190	.075	15.973	***	.733	.537		
	A5	.943	.061	15.521	***	.707	.500		

*** $p < .001$

　　從表 3-29 可知，推動國際教育之理念分向度之各題項因素負荷量介於.707 到.783 之間，介於.5～.95 之間；個別題目信度(SMC)介於.500 到.613 之間，均大於.5；組成信度(CR)為.823，大於.7；平均變異數萃取量(AVE)為.538，大於.5；均具有良好配適度，因此保留觀察變數作為後續分析，其驗證性因素分析後保留之題目內容詳如表 3-30。

表 3-30

推動國際教育理念向度驗證性因素分析後題目內容

向度	新題號	題目內容
推動國際教育理念	A1	我喜歡我的國家族群文化。
	A2	我體認地球村各國的關聯性。
	A3	我會主動關心國際議題。
	A4	我能接納不同種族文化的族群。

(2)國際教育知能向度之驗證性因素分析

　　國際教育知能向度共有五個項目，自由度為 5×6/2=15df，共估計 5 個殘差加上 1 個變異數及 4 個因素負荷量，自由度大於估計參數，模型屬於過度辨識，符合理論上模型正定的要求。執行 CFA 分析後，由於 A10 的因素負荷

量為 0.44，低於 0.5，顯示該觀察變數缺乏指標信度，為求模型精簡，予以刪除。刪除後重新進行 CFA 分析，依據資料數值，最後保留其餘觀察變數。茲將國際教育知能向度一階驗證性因素修正前分析圖及修正後分析圖，繪製如圖 3-7 及圖 3-8 所示。同時，將此向度之驗證性分析表臚列於表 3-31。

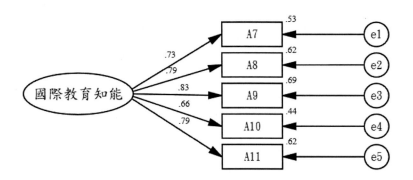

chi-square=94.438 df=5
chi-square/df=18.888
GFI=.949 AGFI=.846
CFI=.944 RMSEA=.165

圖 3-7　國際教育知能一階驗證性因素修正前分析圖

由圖 3-7 可知，雖然 GFI=.949> .9、CFI=.944> .9，但 χ^2/df =18.888>5、RMSEA= .165> .08 、AGFI=.846 > .9，未符判斷值，必須進行刪題修正並重新執行 CFA 分析。

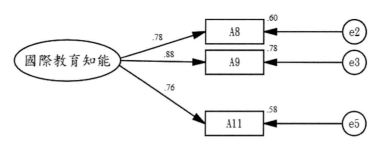

chi-square=.000 df=0
chi-square/df=\cmindf
GFI=1.000 AGFI=\agfi
CFI=\cfi RMSEA=\rmsea

圖 3-8　國際教育知能一階驗證性因素修正後分析圖

　　根據 Kline（2011）研究指出，二階 CFA 模型正定的條件為每個向度至少要有三個變數。因本研究修正刪題後每個向度有三個變數，符合恰好辨識原則。根據圖 3-8 得知，國際教育知能一階驗證性因素修正後，即符應前述研究，因此將刪除後的三個題項予以保留。

表 3-31

國際教育知能向度驗證性分析表

向度	題目	參數顯著性估計				因素負荷量	個別題目信度	組成信度	平均變異數萃取量
		Unstd.	S.E.	t-value.	P	Std.	SMC	CR	AVE
國際教育知能	A8	1.000				.776	.602	.849	.654
	A9	1.309	.065	20.095	***	.882	.778		
	A11	1.134	.059	19.234	***	.762	.581		

*** *p*＜.001

　　從表 3-31 可知，國際教育知能分向度之各題項因素負荷量介於.762到.882 之間，均介於.5～.95 之間；個別題目信度(SMC)介於.581 到.778 之間，

均大於.5；組成信度(CR)為.849，大於.7；平均變異數萃取量(AVE)為.654，大於.5；均具有良好配適度，因此保留其餘觀察變數作為後續分析，其驗證性因素分析後保留之題目內容詳如表 3-32。

表 3-32
國際教育知能向度驗證性因素分析後題目內容

向度	新題號	題目內容
國際教育知能	A5	我能具體瞭解國際教育的意義與內涵。
	A6	我會主動參加與國際教育相關議題的研習。
	A7	我願意參與國際教育專業社群。

(3)學校環境與設備向度之驗證性因素分析

　　學校環境與設備向度共有五個項目，自由度為 $5 \times 6/2 = 15df$，共估計 5 個殘差加上 1 個變異數及 4 個因素負荷量，自由度大於估計參數，模型屬於過度辨識，符合理論上模型正定的要求。執行 CFA 分析後，由於 A12 的因素負荷量為 0.38，低於 0.5，顯示該觀察變數缺乏指標信度，為求模型精簡，予以刪除。刪除後重新進行 CFA 分析，依據資料數值，最後保留其餘觀察變數。茲將學校環境與設備向度一階驗證性因素修正前分析圖及修正後分析圖，繪製如圖 3-9 及圖 3-10 所示。同時，將此向度之驗證性分析表臚列於表 3-33。

chi-square=62.139 df=5
chi-square/df=12.428
GFI=.964 AGFI=.891
CFI=.958 RMSEA=.132

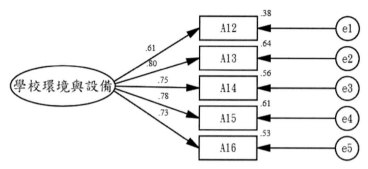

圖 3-9　學校環境與設備一階驗證性因素修正前分析圖

　　由圖 3-9 可知，雖然 GFI=.964＞ .9、CFI=.958＞ .9，但 χ^2/df =12.428＞5、AGFI=.891 ＜ .9、RMSEA= .132＞ .08，未符判斷值，必須進行刪題修正並重新執行 CFA 分析。

chi-square=.000 df=0
chi-square/df=\cmindf
GFI=1.000 AGFI=\agfi
CFI=\cfi RMSEA=\rmsea

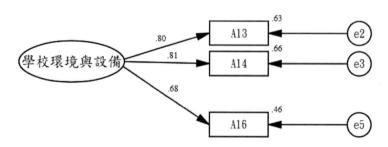

圖 3-10　學校環境與設備一階驗證性因素修正後分析圖

　　根據 Kline（2011）研究指出，二階 CFA 模型正定的條件為每個向度至少要有三個變數。因本研究修正刪題後每個向度有三個變數，符合恰好辨識原則。根據圖 3-10 得知，學校環境與設備一階驗證性因素修正後，即符應前述研究，因此將刪除後的三個題項予以保留。

表 3-33

學校環境與設備向度驗證性分析表

向度	題目	參數顯著性估計				因素負荷量	個別題目信度	組成信度	平均變異數萃取量
		Unstd.	S.E.	*t*-value.	*P*	Std.	SMC	CR	AVE
學校環	A13	1.000				.796	.634	.806	.583
境與設	A14	1.020	.062	16.538	***	.811	.658		
備	A16	.966	.062	15.647	***	.676	.457		

*** $p < .001$

　　從表 3-33 參數顯著性估計數值可知，均為正數且顯著，顯見無違犯估計(offending estimates)之情形。此外，學校環境與設備向度之各題因素負荷量介於.676 到.811 之間，介於.5～.95 之間；個別題目信度(SMC)介於.457 到.658 之間，接近或大於.5；組成信度(CR)為.806，大於.7；平均變異數萃取量(AVE)為.583，大於.5；配適度仍在可接受範圍，因此保留此三題作為後續分析，其驗證性因素分析後保留之題目內容詳如表 3-34。

表 3-34

學校環境與設備向度驗證性因素分析後題目內容

向度	新題號	題目內容
學校環	A8	學校環境佈置能幫助國際教育的推動。
境與設	A9	我認為學校的資訊設備對進行國際交流很有幫助。
備	A10	配合國際教育推動，學校會定期汰舊換新相關教學設施。

(4)經費與資源整合向度之驗證性因素分析

　　經費與資源整合向度共有六個項目，自由度為 6×7/2=21*df*，共估計 6 個殘差加上 1 個變異數及 5 個因素負荷量，自由度大於估計參數，模型屬於過度辨識，符合理論上模型正定的要求。執行 CFA 分析後，由於 A17 與 A22 的因素負荷量為 0.43 與 0.40，均低於 0.5，顯示該觀察變數缺乏指標信度，為求模型精簡，予以刪除。刪除後重新進行 CFA 分析，依據資料數值，最後保留其餘觀察變數。茲將經費與資源整合向度一階驗證性因素修正前分析圖及修正後分析圖，繪製如圖 3-11 及圖 3-12 所示。

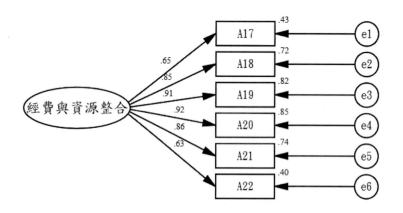

chi-square=160.732 df=9
chi-square/df=17.859
GFI=.919 AGFI=.810
CFI=.950 RMSEA=.160

圖 3-11　經費與資源整合一階驗證性因素修正前分析圖

　　由圖 3-11 可知，雖然 GFI=.919＞.9、CFI=.950＞.9，但 χ^2/df =17.859＞3、RMSEA= .160＞.08 、AGFI=.810 ＜ .9，未符判斷值，必須進行刪題修正並重新執行 CFA 分析。

chi-square=.000 df=0
chi-square/df=\cmindf
GFI=1.000 AGFI=\agfi
CFI=\cfi RMSEA=\rmsea

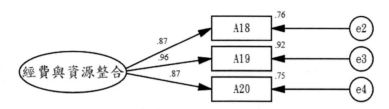

圖 3-12　經費與資源整合一階驗證性因素修正後分析圖

　　根據圖 3-12 得知，經費與資源整合一階驗證性因素修正後，每個向度有三個變數，即符應前述 Kline（2011）之「符合恰好辨識原則」，因此將刪除後的三個題項予以保留作為後續分析，茲將經費與資源整合向度驗證性分析列於表 3-35。

表 3-35

經費與資源整合向度驗證性分析表

向度	題目	參數顯著性估計				因素負荷量	個別題目信度	組成信度	平均變異數萃取量
		Unstd.	S.E.	t-value.	P	Std.	SMC	CR	AVE
經費與資源整合	A18	1.000				.873	.762	.928	.811
	A19	1.076	.031	35.100	***	.958	.918		
	A20	.999	.033	30.690	***	.868	.753		

*** *p*＜.001

　　從表 3-35 參數顯著性估計數值可知，均為正數且顯著，顯見無違犯估計情形。此外，經費與資源整合向度之各題因素負荷量介於.868 到.958 之間，介於.5～.95 之間；個別題目信度(SMC)介於.753 到.918 之間，均大於.5；組

163

成信度(CR)為.928，大於.7；平均變異數萃取量(AVE)為.811，大於.5；均具有良好配適度，因此保留三個題項，經費與資源整合向度驗證性因素分析後題目內容如表 3-36 所示。

表 3-36

經費與資源整合向度驗證性因素分析後題目內容

向度	新題號	題目內容
經費與資源整合	A11	學校會爭取經費推動國際教育。
	A12	學校會充實環境設備推動國際教育教學或活動。
	A13	學校會整合學校內外部資源推動國際教育。

(5)推動國際教育輸入面向之二階驗證性因素分析

推動國際教育輸入面向包括「推動國際教育之理念」、「國際教育知能」、「學校環境與設備」以及「經費與資源整合」四個分向度，進行二階驗證性因素分析後，其結果如圖 3-13 推動國際教育輸入面向二階驗證性因素分析圖所示。

以下分別就基本配適度指標、模式內在結構配適度指標、整體模式配適度指標及區別效度加以分析。

chi-square=212.656 df=61
chi-square/df=3.486
GFI=.954 AGFI=.932
CFI=.969 RMSEA=.062

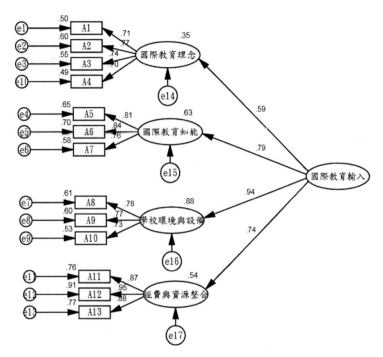

圖 3-13　推動國際教育輸入面向二階驗證性因素分析圖

　　就整體模式配適度指標而言，由圖 3-13 可知，卡方自由度比值為 3.486，小於 5、GFI 為 .954、AGFI 為 .932、CFI 為 .969，三者均達大於 .90 的判斷值；RMSEA 為 .062，小於 .08 的判斷值，均在可接受的範圍內。因此，就整體模式配適度而言，本模式具有良好的配適度。而有關推動國際教育輸入面向二階驗證性分析，則如表 3-37 所示。

165

表 3-37

推動國際教育輸入面向二階驗證性分析表

面向	向度	Unstd	S.E.	*t*-value.	*P*	Std.	SMC	CR	AVE
國際教育輸入面向	國際教育理念	1.000				.591	.349	.854	.601
	國際教育知能	1.918	.180	10.666	***	.792	.627		
	學校環境與設備	2.238	.204	10.970	***	.940	.884		
	經費與資源整合	2.108	.196	10.777	***	.737	.543		

*** *p*＜.001

　　根據 3-37 得知，先就基本配適度指標而言，誤差變異並沒有出現負值；且因素負荷量介於 .591~.940 之間，剛好介於 .5~.95 之間，均符合判斷值，誤差變異亦都達顯著水準。因此就基本適配指數而言，模式並未發生違犯估計情形。

　　此外，就模式內在結構配適度指標而言，平均變異數萃取量（AVE）為.60大於.5；組合信度（CR）為.85 大於.7；多元相關平方（SMC）除了「國際教育理念」為.35，尚屬可接受範圍內，其餘三個分向度之 SMC 介於.54 到.88之間，均大於.5。因此，就模式內在結構配適度指數而言，模式內在結構配適度尚可。

　　最後，關於推動國際教育輸入面向之區別效度分析如表 3-38 所示。

表 3-38

推動國際教育輸入面向區別效度分析表

分向度	AVE	經費與資源整合	學校環境與設備	國際教育知能	國際教育理念
經費與資源整合	.811	.901*			
學校環境與設備	.583	.720	.764*		
國際教育知能	.654	.544	.747	.809*	
國際教育理念	.538	.424	.510	.567	.733*

註：* 表示 AVE 平方根大於各向度間的相關係數。

　　從表 3-38 得知，推動國際教育輸入面向各向度之 AVE 介於.538~.811 之間，且其平方根均大於各向度間的相關係數，顯示本量表具有良好的區別效度。

　　綜觀前述之模型評鑑過程後，藉由模型的配適度、各題項的標準化迴歸係數、收斂效度以及區別效度之驗證，整體而言，本模型的外在品質與內在品質頗佳；換言之，模式之徑路圖與實際觀察資料之配適度良好，研究者所提的推動國際教育輸入面向建構效度之驗證性因素分析之模式圖，獲得統計上的支持，適合進行下一步驟的結構模型分析。

2.推動國際教育過程面向之驗證性因素分析

(1)學校文化與氛圍向度之驗證性因素分析

　　學校文化與氛圍向度共有五個項目，自由度為 $5\times6/2=15df$，共估計 5 個殘差加上 1 個變異數及 4 個因素負荷量，自由度大於估計參數，模型屬於過度辨識，符合理論上模型正定的要求。執行 CFA 分析後，由於 B5 的因素負荷量為 0.34，低於 0.5，顯示該觀察變數缺乏指標信度，為求模型精簡，予以刪除。刪除後重新進行 CFA 分析，依據資料數值，最後保留其餘觀察變數。茲將學校文化與氛圍向度一階驗證性因素修正前分析圖及修正後分析圖，繪製如圖 3-14 及圖 3-15 所示。同時，將此向度之驗證性分析表臚列於表 3-39。

167

chi-square=48.331 df=5
chi-square/df=9.666
GFI=.971 AGFI=.914
CFI=.971 RMSEA=.115

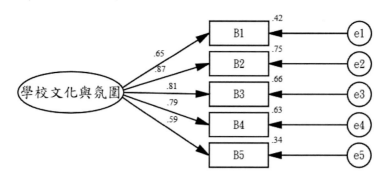

圖 3-14　學校文化與氛圍一階驗證性因素修正前分析圖

　　由圖 3-14 可知，雖然 GFI=.971> .9、AGFI=.914 > .9、CFI=.971> .9，但 χ^2/df =9.666>5、RMSEA= .115> .08，未符判斷值，必須進行刪題修正並重新執行 CFA 分析。

chi-square=6.103 df=2
chi-square/df=3.051
GFI=.995 AGFI=.977
CFI=.997 RMSEA=.056

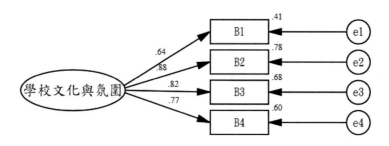

圖 3-15　學校文化與氛圍一階驗證性因素修正後分析圖

　　根據圖 3-15 得知，學校文化與氛圍一階驗證性因素修正後，χ^2/df =3.051 ＜5、GFI=.995＞.9、AGFI=.977＞.9、CFI=.997＞.9、RMSEA= .056＜.08，均符合判斷值，因此保留觀察變數作為後續分析。

表 3-39

學校文化與氛圍向度驗證性分析表

分向度	題目	參數顯著性估計				因素負荷量	個別題目信度	組成信度	平均變異數萃取量
		Unstd.	S.E.	t-value.	P	Std.	SMC	CR	AVE
學校文化與氛圍	B1	1.000				.641	.411	.863	.616
	B2	1.542	.088	17.613	***	.882	.778		
	B3	1.388	.082	17.025	***	.823	.677		
	B4	1.416	.087	16.276	***	.772	.596		

*** p＜.001

　　從表 3-39 參數顯著性估計數值可知，均為正數且達顯著，顯見無違犯估計情形。此外，學校文化與氛圍向度之各題因素負荷量介於.641 到.882 之間，剛好介於.5～.95 之間；個別題目信度(SMC)介於.411 到.778 之間，接近或大於.5；組成信度(CR)為.863，大於.7；平均變異數萃取量(AVE)為.616，大於.5；配適度尚可，因此保留觀察變數作為後續分析，茲將學校文化與氛圍向度驗證性因素分析後題目內容臚列如表 3-40 所示。

表 3-40

學校文化與氛圍向度驗證性因素分析後題目內容

向度	新題號	題目內容
學校文化與氛圍	B1	學校行政主管非常支持國際教育之推動。
	B2	推動國際教育能凝聚全體教師對學校發展之共識。
	B3	推動國際教育能彰顯學校特色。
	B4	學校同仁都願意額外付出心力推動國際教育工作。

(2)行政領導與執行向度之驗證性因素分析

行政領導與執行向度共有五個項目，自由度為 5×6/2=15*df*，共估計 5 個殘差加上 1 個變異數及 4 個因素負荷量，自由度大於估計參數，模型屬於過度辨識，符合理論上模型正定的要求。執行 CFA 分析後，茲將行政領導與執行向度一階驗證性因素修正前分析圖詳如圖 3-16。

chi-square=115.814 df=5
chi-square/df=23.163
GFI=.932 AGFI=.796
CFI=.952 RMSEA=.184

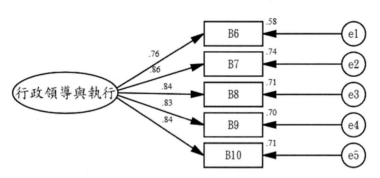

圖 3-16　行政領導與執行一階驗證性因素修正前分析圖

由圖 3-16 可知，雖然 GFI=.932＞ .9、CFI=.952＞ .9，但 χ^2/df =23.163＞5、RMSEA= .184＞ .08 、AGFI=.796＜ .9，未符判斷值，必須進行刪題修正並重新執行 CFA 分析。其修正後分析圖，繪製如圖 3-17 所示。

chi-square=.000 df=0
chi-square/df=\cmindf
GFI=1.000 AGFI=\agfi
CFI=\cfi RMSEA=\rmsea

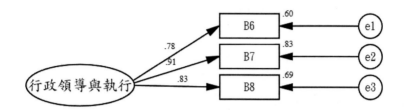

圖 3-17　行政領導與執行一階驗證性因素修正後分析圖

　　根據 Kline（2011）研究指出，二階 CFA 模型正定的條件為每個向度至少要有三個變數。因本研究修正刪題後此向度有三個變數，符合恰好辨識原則。根據圖 3-17 得知，行政領導與執行一階驗證性因素修正後，即符應前述研究，因此將刪除後的三個題項予以保留。同時，將行政領導與執行向度驗證性分析表臚列於表 3-41。

表 3-41

行政領導與執行向度驗證性分析表

向度	題目	參數顯著性估計				因素負荷量	個別題目信度	組成信度	平均變異數萃取量
		Unstd.	S.E.	t-value.	P	Std.	SMC	CR	AVE
行政領導與執行	B6	1.000				.777	.604	.878	.706
	B7	1.162	.051	22.848	***	.910	.828		
	B8	1.034	.047	22.103	***	.828	.686		

　　從表 3-41 參數顯著性估計數值可知，均為正數且達顯著，顯見無違犯估計情形。此外，行政領導與執行向度之各題項因素負荷量介於.777 到.910 之間，介於.5～.95 之間；個別題目信度(SMC)介於.604 到.828 之間，均大於.5；

組成信度(CR)為.878，大於.7；平均變異數萃取量(AVE)為.706，大於.5；均具有良好配適度，因此保留其餘觀察變數作為後續分析，行政領導與執行向度驗證性因素分析後題目內容詳如表 3-42。

表 3-42

行政領導與執行向度驗證性因素分析後題目內容

向度	新題號	題目內容
行政領	B5	我認為推動國際教育能啟動學校團隊合作機制。
導與執	B6	學校推動國際教育會適時追蹤實施進程。
行	B7	學校規劃國際教育能考量在地脈絡。

(3)課程規劃與設計向度之驗證性因素分析

課程規劃與設計向度共有六個項目，自由度為 6x7/2=21*df*，共估計 6 個殘差加上 1 個變異數及 5 個因素負荷量，自由度大於估計參數，模型屬於過度辨識，符合理論上模型正定的要求。執行 CFA 分析後，茲將課程規劃與設計向度一階驗證性因素修正前分析圖詳如圖 3-18。

chi-square=275.459 df=9
chi-square/df=30.607
GFI=.854 AGFI=.659
CFI=.903 RMSEA=.212

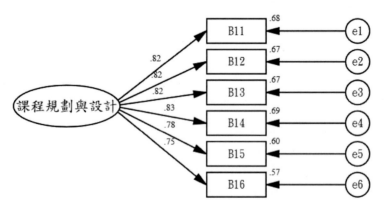

圖 3-18　課程規劃與設計一階驗證性因素修正前分析圖

　　由圖 3-18 可知，除了 CFI=.903＞ .9 外，χ^2/df =30.607＞5、GFI=.854＜ .9、AGFI=.659 ＜ .9、RMSEA= .212＞ .08，均未符判斷值，必須進行刪題修正並重新執行 CFA 分析。其修正後分析圖，繪製如圖 3-19 所示。同時，將此向度之驗證性分析表臚列於表 3-43。

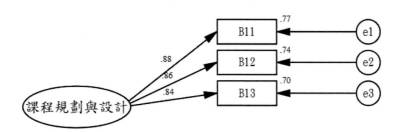

圖 3-19　課程規劃與設計一階驗證性因素修正後分析圖

　　根據圖 3-19 得知，課程規劃與設計一階驗證性因素修正刪題後，每個向度有三個變數，恰好符合 Kline（2011）研究所示之辨識原則，亦即，二階 CFA 模型正定的條件為每個向度至少要有三個變數，據此保留觀察變數作為後續分析。同時，將課程規劃與設計向度驗證性分析臚列於表 3-43。

表 3-43

課程規劃與設計向度驗證性分析表

向度	題目	參數顯著性估計				因素負荷量	個別題目信度	組成信度	平均變異數萃取量
		Unstd.	S.E.	t-value.	P	Std.	SMC	CR	AVE
課程規劃與設計	B11	1.000				.877	.769	.893	.736
	B12	.926	.035	26.545	***	.860	.740		
	B13	1.008	.039	25.796	***	.836	.699		

*** $p < .001$

　　從表 3-43 參數顯著性估計數值可知，均為正數且達顯著，並無違犯估計情形。此外，課程規劃與設計向度之各題項因素負荷量介於.836 到.877 之間，介於.5～.95 之間；個別題目信度(SMC)介於.699 到.769 之間，均大於.5；組成信度(CR)為.893，大於.7；平均變異數萃取量(AVE)為.736，大於.5；均具有良好配適度，其課程規劃與設計向度驗證性因素分析後題目內容詳如表 3-44。

表 3-44

課程規劃與設計向度驗證性因素分析後題目內容

向度	新題號	題目內容
課程規劃與設計	B8	我會參照國際教育能力指標研訂國際教育課程計畫。
	B9	我會依據學生能力選編適合之國際教育教材。
	B10	我會應用國際教育資源手冊設計課程。

(4)統整教學與活動向度之驗證性因素分析

　　統整教學與活動向度共有五個項目，自由度為 $5 \times 6/2 = 15df$，共估計 5 個殘差加上 1 個變異數及 4 個因素負荷量，自由度大於估計參數，模型屬於過度辨識，符合理論上模型正定的要求。執行 CFA 分析後，茲將統整教學與活動向度一階驗證性因素修正前分析圖詳如圖 3-20。

chi-square=21.148 df=5
chi-square/df=4.230
GFI=.987 AGFI=.962
CFI=.993 RMSEA=.070

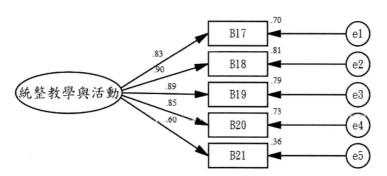

圖 3-20　統整教學與活動一階驗證性因素修正前分析圖

由圖 3-20 可知，χ^2/df =4.230＜5、GFI=.987＞ .9、AGFI=.962 ＞ .9、CFI=.993＞ .9、RMSEA= .070＜ .08，均符合判斷值，仍必須進行修正並重新執行 CFA 分析。有關統整教學與活動一階驗證性因素修正後分析圖，繪製如圖 3-21 所示。

chi-square=.000 df=0
chi-square/df=\cmindf
GFI=1.000 AGFI=\agfi
CFI=\cfi RMSEA=\rmsea

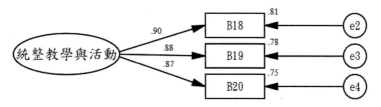

圖 3-21　統整教學與活動一階驗證性因素修正後分析圖

　　根據圖 3-21 得知，統整教學與活動一階驗證性因素修正刪題後每個向度有三個變數，符合恰好辨識原則，因此將刪除後的三個題項予以保留。同時，將統整教學與活動向度驗證性分析表臚列於表 3-45。

表 3-45

統整教學與活動向度驗證性分析表

向度	題目	參數顯著性估計				因素負荷量	題目信度	組成信度	平均變異數萃取量
		Unstd.	S.E.	t-value.	P	Std.	SMC	CR	AVE
統整教學與活動	B18	1.000				.900	.810	.914	.781
	B19	.973	.031	30.899	***	.883	.780		
	B20	1.024	.034	30.106	***	.867	.752		

*** $p < .001$

　　從表 3-45 參數顯著性估計數值可知，均為正數且達顯著，顯見無違犯估計情形。此外，統整教學與活動向度之各題因素負荷量介於.867 到.900 之間，介於.5～.95 之間；個別題目信度(SMC)介於.752 到.810 之間，均大於.5；組成信度(CR)為.914，大於.7；平均變異數萃取量(AVE)為.781，大於.5；均具有良好配適度，因此保留觀察變數作為後續分析，而統整教學與活動向度驗證性因素分析後題目內容詳如表 3-46。

表 3-46

統整教學與活動向度驗證性因素分析後題目內容

向度	新題號	題目內容
統整教學與活動	B11	我會清晰呈現國際教育教材內容引導學生學習。
	B12	我會彈性靈活運用教學方法擴展學生國際視野。
	B13	我會根據評量結果調整國際教育課程教學。

(5)國際教育過程面向二階驗證性因素分析

推動國際教育過程面向包括「學校文化與氛圍」、「行政領導與執行」、「課程規劃與設計」以及「統整教學與活動」四個分向度，進行二階驗證性因素分析後，其推動國際教育過程面向二階驗證性分析結果如表 3-47 所示。

以下分別就基本配適度指標、模式內在結構配適度指標、整體模式配適度指標及區別效度加以分析。

表 3-47

推動國際教育過程面向二階驗證性分析表

面向	向度	Unstd	S.E.	*t*-value.	*P*	Std.	SMC	CR	AVE
國際教育過程面向	學校文化與氛圍	1.000				.828	.686	.916	.731
	行政領導與執行	1.380	.099	13.912	***	.856	.733		
	課程規劃與設計	1.698	.116	14.654	***	.868	.753		
	統整教學與活動	1.497	.101	14.834	***	.868	.753		

*** *p* < .001

如表 3-47 所示，先就基本配適度指標而言，誤差變異並沒有出現負值；且因素負荷量介於 .828~ .868 之間，剛好介於 .5~.95 之間，均符合判斷值，誤差變異亦都達顯著水準。因此就基本適配指數而言，模式並未發生違犯估計情形。

其次，就模式內在結構配適度指標而言，由表 3-47 推動國際教育過程面向二階驗證性因素分析可知，個別項目的信度介於.686~ .753 之間，SMC 均大於 .5；組合信度為 .916 符合判斷值≥ .7；平均變異數萃取量為.731 符合判斷值≥ .5。因此，就模式內在結構配適度來看，均符合配適程度，代表模式內在結構配適度良好。

有關國際教育過程面向二階驗證性因素分析圖，繪製如圖 3-22 所示。

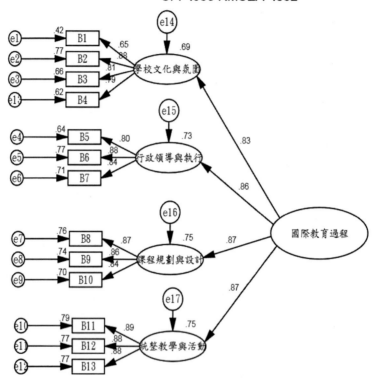

chi-square=331.675 df=61
chi-square/df=5.437
GFI=.925 AGFI=.889
CFI=.958 RMSEA=.082

圖 3-22　國際教育過程面向二階驗證性因素分析圖

　　就整體模式配適度指標而言，由圖 3-22 可知，GFI 為 .925、CFI 為 .958，二者均達大於 .90，符合判斷值；雖然，卡方自由度比值為 5.437，大於 5、AGFI 為 .889，小於.90、RMSEA 為 .082，大於 .08 的判斷值，但仍在可接受的範圍內。因此，就整體模式配適度而言，本模式具有可接受的配適度。

　　最後，關於推動國際教育過程面向之區別效度分析，則詳如表 3-48 所示。

表 3-48

推動國際教育過程區別效度分析表

	AVE	統整教學 與活動	課程規劃 與設計	行政領導 與執行	學校文化 與氛圍
統整教學 與活動	.781	.884*			
課程規劃 與設計	.736	.830	.858*		
行政領導 與執行	.706	.696	.705	.840*	
學校文化 與氛圍	.616	.680	.658	.828	.785*

註：* 表示 AVE 平方根大於各向度間的相關係數。

　　根據表 3-48 所示，推動國際教育過程面向各向度之 AVE 介於.616~.781 之間，符合判斷值≧ .5，且其平方根均大於各向度間的相關係數，顯示本量表具有良好的區別效度。

3.推動國際教育輸出面向之驗證性因素分析

　　(1)行政領導成效向度之驗證性因素分析

　　行政領導成效向度共有六個項目，自由度為 6×7/2=21 df，共估計 6 個殘差加上 1 個變異數及 5 個因素負荷量，自由度大於估計參數，模型屬於過度辨識，符合理論上模型正定的要求。執行 CFA 分析後，茲將行政領導成效向度一階驗證性因素修正前分析圖詳如圖 3-23。

chi-square=108.591 df=9
chi-square/df=12.066
GFI=.946 AGFI=.874
CFI=.974 RMSEA=.130

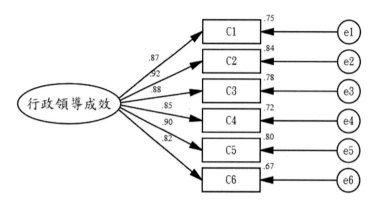

圖 3-23　行政領導成效一階驗證性因素修正前分析圖

由圖 3-23 可知，雖然 GFI=.946>.9、CFI=.974>.9，但 χ^2/df =12.066>5、AGFI=.874＜.9、RMSEA=.130>.08，未符判斷值，必須進行刪題修正並重新執行 CFA 分析。其修正後分析圖，繪製如圖 3-24 所示。

chi-square=.000 df=0
chi-square/df=\cmindf
GFI=1.000 AGFI=\agfi
CFI=\cfi RMSEA=\rmsea

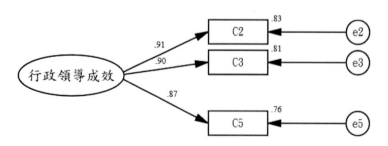

圖 3-24　行政領導成效一階驗證性因素修正後分析圖

　　根據圖 3-24 得知，行政領導成效一階驗證性因素修正刪題後，此向度有三個變數，符合恰好辨識原則。因此將刪除後的三個題項予以保留。茲將行政領導成效向度驗證性分析表臚列於表 3-49。

表 3-49

行政領導成效向度驗證性分析表

向度	題目	參數顯著性估計				因素負荷量	個別題目信度	組成信度	平均變異數萃取量
		Unstd.	S.E.	*t*-value.	*P*	Std.	SMC	CR	AVE
行政領導成效	C2	1.000				.913	.834	.924	.801
	C3	.967	.028	33.984	***	.900	.810		
	C5	.944	.029	32.208	***	.872	.760		

*** $p < .001$

　　從表 3-49 參數顯著性估計數值可知，均為正數且達顯著，顯見無違犯估計情形。此外，行政領導成效向度之各題項因素負荷量介於.872 到.913 之間，介於.5～.95 之間；個別題目信度(SMC)介於.760 到.834 之間，均大於.5；組成信度(CR)為.924，大於.7；平均變異數萃取量(AVE)為.801，大於.5；均具有良好配適度，因此保留觀察變數作為後續分析，行政領導成效向度驗證性因素分析後題目內容詳如表 3-50。

表 3-50

行政領導成效向度驗證性因素分析後題目內容

向度	新題號	題目內容
行政領導成效	C1	學校會針對實施國際教育之困境提出解決策略。
	C2	學校針對補助經費能合理有效規劃與執行運用。
	C3	行政與教師能分享推動實務，提升國際教育成效。

(2)課程教學成效向度之驗證性因素分析

課程教學成效向度共有七個項目，自由度為 7×8/2=28 *df*，共估計 7 個殘差加上 1 個變異數及 6 個因素負荷量，自由度大於估計參數，模型屬於過度辨識，符合理論上模型正定的要求。執行 CFA 分析後，茲將行政領導成效向度一階驗證性因素修正前分析圖詳如圖 3-25。

chi-square=187.154 df=14
chi-square/df=13.368
GFI=.912 AGFI=.824
CFI=.963 RMSEA=.137

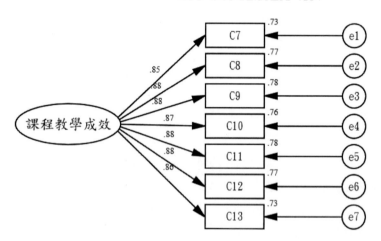

圖 3-25　課程教學成效一階驗證性因素修正前分析圖

由圖 3-25 可知，雖然 GFI=.912> .9、CFI=.963> .9，但 χ^2/df =13.368>5、AGFI=.824< .9、RMSEA= .137> .08，未符判斷值，必須進行刪題修正並重新執行 CFA 分析。課程教學成效一階驗證性因素修正後分析圖，繪製如圖 3-26 所示。

chi-square=9.913 df=5
chi-square/df=1.983
GFI=.994 AGFI=.982
CFI=.998 RMSEA=.039

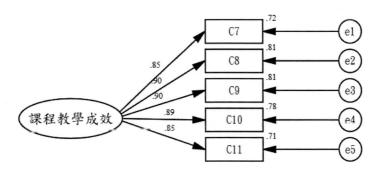

圖 3-26　課程教學成效一階驗證性因素修正後分析圖

　　根據圖 3-26 得知，課程教學成效一階驗證性因素修正後，χ^2/df =1.983
＜5、GFI=.994＞.9、AGFI=.982＞.9、CFI=.998＞.9、RMSEA= .039＜.08，均
符合判斷值，因此保留觀察變數作為後續分析；並將課程教學成效向度驗證
性分析表臚列於表 3-51。

表 3-51

課程教學成效向度驗證性分析表

向度	題目	參數顯著性估計				因素負荷量	個別題目信度	組成信度	平均變異數萃取量
		Unstd.	S.E.	*t*-value.	*P*	Std.	SMC	CR	AVE
課程教學成效	C7	1.000				.850	.723	.943	.768
	C8	1.043	.033	31.165	***	.900	.810		
	C9	1.084	.035	31.182	***	.900	.810		
	C10	1.064	.035	30.258	***	.885	.783		
	C11	1.014	.036	27.863	***	.845	.714		

*** $p<.001$

　　從表 3-51 參數顯著性估計數值可知，均為正數且達顯著，顯見無違犯估計。此外，課程教學成效向度之各題因素負荷量介於.845 到.900 之間，介於.5～.95 之間；個別題目信度(SMC)介於.714 到.810 之間，均大於.5；組成信度(CR)為.943，大於.7；平均變異數萃取量(AVE)為.768，大於.5；均具有良好配適度，因此保留觀察變數作為後續分析，課程教學成效向度驗證性因素分析後題目內容詳如表 3-52。

表 3-52

課程教學成效向度驗證性因素分析後題目內容

向度	新題號	題目內容
課程教學成效	C4	我能應用國際教育相關研習知能在行政或教學上。
	C5	我會適時將國際教育議題融入課室教學中。
	C6	我能激發學生投入國際教育議題學習興趣。
	C7	我能將國際教育議題連結各學科內容教學。
	C8	我能以學生為中心設計國際教育議題教學策略。

(3)學生學習成效向度之驗證性因素分析

　　學生學習成效向度共有 12 個項目，自由度為 $12 \times 13/2 = 78$ *df*，共估計 12 個殘差加上 1 個變異數及 11 個因素負荷量，自由度大於估計參數，模型屬於過度辨識，符合理論上模型正定的要求。執行 CFA 分析後，茲將學生學習成效一階驗證性因素修正前分析圖詳如圖 3-27。

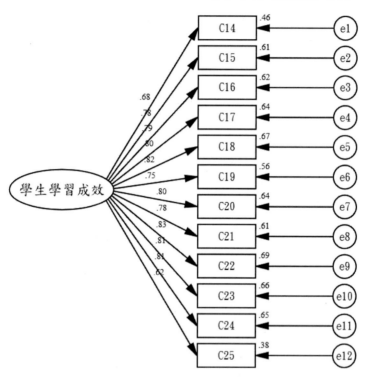

chi-square=380.156 df=54
chi-square/df=7.040
GFI=.901 AGFI=.857
CFI=.943 RMSEA=.096

圖 3-27　學生學習成效一階驗證性因素修正前分析圖

　　由圖 3-27 可知，雖然 GFI=.901> .9、CFI=.943> .9，但 χ²/ df =7.040>5、AGFI=.857< .9、RMSEA= .096> .08，未符判斷值，必須進行刪題修正並重新執行 CFA 分析。學生學習成效一階驗證性因素修正後分析圖，繪製如圖 3-28 所示。

chi-square=25.730 df=9
chi-square/df=2.859
GFI=.988 AGFI=.971
CFI=.993 RMSEA=.053

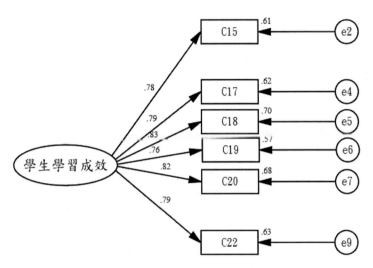

圖 3-28　學生學習成效一階驗證性因素修正後分析圖

　　根據圖 3-28 得知，學生學習成效一階驗證性因素修正後，$\chi^2/\ df$ =2.859
＜5、GFI=.988＞.9、AGFI=.971＞.9、CFI=.993＞.9、RMSEA= .053＜.08，均
符合判斷值，因此保留觀察變數作為後續分析。同時，將學生學習成效向度
驗證性分析表臚列於表 3-53。

表 3-53

學生學習成效向度驗證性分析表

向度	題目	參數顯著性估計				因素負荷量	個別題目信度	組成信度	平均變異數萃取量
		Unstd.	S.E.	t-value.	P	Std.	SMC	CR	AVE
學生學習成效	C15	1.000				.784	.615	.913	.636
	C17	.947	.044	21.622	***	.788	.621		
	C18	1.103	.048	23.200	***	.834	.696		
	C20	1.059	.046	22.868	***	.825	.681		
	C19	1.001	.049	20.612	***	.758	.575		
	C22	.933	.043	21.718	***	.791	.626		

*** $p < .001$

　　從表 3-53 參數顯著性估計數值可知，均為正數且達顯著，顯見無違犯估計。此外，學生學習成效向度之各題因素負荷量介於.784 到.834 之間，介於.5～.95 之間；個別題目信度(SMC)介於.575 到.696 之間，均大於.5；組成信度(CR)為.913，大於.7；平均變異數萃取量(AVE)為.636，大於.5；均具有良好配適度，因此保留觀察變數作為後續分析，學生學習成效向度驗證性因素分析後題目內容詳如表 3-54。

表 3-54

學生學習成效向度驗證性因素分析後題目內容

向度	新題號	題目內容
學生學習成效	C9	學生能瞭解台灣與世界其他國家文化特質的差異。
	C10	學生參與國際教育教學與活動能尊重其他族群。
	C11	學生能簡扼說明全球重要議題，如：環境生態保護。
	C12	遇到不同語言或種族的人，學生願意與他們互動溝通。
	C13	學生能舉例說出國際文化的多樣性。
	C14	學生能體認地球村是生命共同體的概念。

(4)國際教育輸出面向二階驗證性因素分析

推動國際教育輸出面向包括「行政領導成效」、「課程教學成效」以及「學生學習成效」三個分向度，進行二階驗證性因素分析後，其推動國際教育輸出面向二階驗證性分析表結果，如表 3-55 所示。並分別就基本配適度指標、模式內在結構配適度指標、整體模式配適度指標及區別效度加以分析。

表 3-55

推動國際教育輸出面向二階驗證性分析表

面向	向度	Unstd.	S.E.	t-value,	P	Std.	SMC	CR	AVE
國際教育輸出面向	行政領導成效	1.000				.830	.689	.881	.711
	課程教學成效	.914	.051	17.939	***	.865	.748		
	學生學習成效	.830	.049	16.783	***	.834	.696		

*** $p < .001$

如表 3-55 所示，先就基本配適度指標而言，誤差變異並沒有出現負值；且因素負荷量介於 .830~ .865 之間，剛好介於 .5~. 95 之間，均符合判斷值，誤差變異亦都達顯著水準。因此就基本適配指數而言，模式並未發生違犯估計情形。

其次，就模式內在結構配適度指標而言，由表 3-55 推動國際教育輸出面向二階驗證性分析可知，個別項目的信度介於.689~ .748 之間，SMC 均大於 .5；組合信度為 .881 符合判斷值≧ .7；平均變異數萃取量為.711 符合判斷值≧ .5。因此，就模式內在結構配適度來看，均符合配適程度，代表模式內在結構配適度良好。

有關國際教育輸出面向二階驗證性因素分析圖，繪製如圖 3-29 所示。

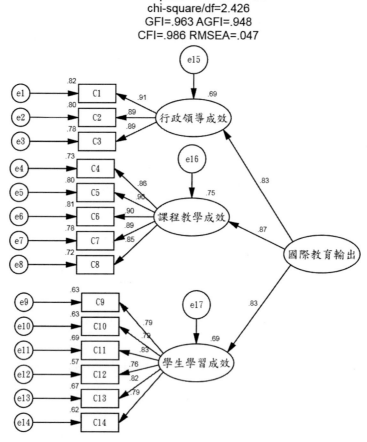

圖 3-29　國際教育輸出面向二階驗證性因素分析圖

　　就整體模式配適度指標而言，由圖 3-28 可知，卡方自由度比值為 2.426，小於 5；GFI 為 .963、AGFI 為 .948、CFI 為 .986，三者均達大於 .90 的判斷值、RMSEA 為 .047，小於 .08，亦符合判斷值。因此，就整體模式配適度而言，本模式具有良好的配適度。

　　最後，關於推動國際教育輸出面向之區別效度分析，則如表 3-56 所示。

190

表 3-56
推動國際教育輸出區別效度分析表

	AVE	學生學習成效	課程教學成效	行政領導成效
學生學習成效	.636	.797*		
課程教學成效	.786	.721	.887*	
行政領導成效	.801	.692	.718	.895*

註：* 表示 AVE 平方根大於各向度間的相關係數。

　　根據表 3-56 所示得知，國際教育輸出面向各向度之 AVE 介於.636~.801
之間，符合判斷值≧ .5，且其平方根均大於各向度間的相關係數，顯示本量
表具有良好的區別效度。

四、研究樣本背景特性分析

根據本研究問卷調查回收所得資料，研究者運用 SPSS 20.0 統計軟體執行描述性統計的次數分配表，本段將有效樣本背景變項之資料統計分析彙整如表 3-57 所示。

表 3-57

研究樣本背景資料分析表

背景變項	分項	次數（人）	百分比（%）
學校位置	北區	160	24.32
	中區	227	34.50
	南區	271	41.19
學校規模	12班(含)以下	123	18.69
	13~24班	98	14.89
	25班(含)以上	437	66.41
最高學歷	師院、師大或一般大學教育院系畢業	141	21.43
	一般大學（學院）修畢師資職前教育課程	101	15.35
	碩士	401	60.94
	博士	15	2.30
服務年資	16~20年	190	28.88
	21年(含)以上	224	34.04
擔任職務	兼任行政人員	329	50.00
	級任教師（導師）	242	36.78
	科任教師（專任教師）	87	13.22

n=658

　　根據表 3-57 研究樣本背景資料分析之統計資料得知：

(一)學校環境變項方面

　　就學校所在位置變項而言，北、中、南三區所佔之百分比分別為，24.32%、34.50%以及 41.19%；就學校規模變項而言，「12 班（含）以下」者佔 18.69%；「13-24 班」者佔 14.89%；而「25 班（含）以上」者則佔 66.41%。

(二)受試者背景變項方面

　　本段分別就最高學歷、服務年資與擔任職務等受試者個人背景變項敘述如后：

1.從最高學歷來看：

　　「師院、師大或一般大學教育院系畢業」者佔 21.43%；「一般大學（學院）修畢師資職前教育課程」者佔 15.35%；「碩士」佔 60.94%；而「博士」則佔 2.30%。

2.就服務年資來看：

　　服務「10 年(含)以下」者佔 20.52%；服務「11~15 年」者佔 16.57%；服務「16~20 年」者佔 28.88%；而服務「21 年(含)以上」者佔 34.04%。

3.從擔任職務來看：

　　「兼任行政人員」佔 50.0%；「級任教師（導師）」及「科任教師（專任教師）」則分別佔 36.78%與 13.32%。

(三)綜合討論

　　依據教育部截至 2019 年 3 月教育統計資料顯示，在國民小學教師最高學歷比例部分，「師院、師大或一般大學教育院系畢業」者佔 27.93%；「一般大學」畢業者佔 13.34%；具碩士學歷以上者佔 58.43%；在服務年資比例部分，服務「10 年(含)以下」者佔 27.30%；服務「11~15 年」者佔 11.21%；服務「16~20

年」者佔 27.94%；而服務「21 年(含)以上」者佔 33.56%。將此資料與本研究分析樣本分布比例相互對照，本研究的樣本代表性屬於可接受範圍內。

然而，就申辦 SIEP 學校規模大小觀之，對照前述表 3-3 與表 3-57 發現，25 班(含)以上的學校問卷樣本配額為 469 份，扣除無效問卷後實際回收 437 份，回收率為 93.18%；13-24 班學校之問卷樣本配額為 144 份，扣除無效問卷後實際回收 98 份，回收率為 68.06%；12 班(含)以下學校之問卷樣本配額為 296 份，扣除無效問卷後實際回收 123 份，回收率為 41.56% 相對較低。

綜上，25 班(含)以上的學校問卷回收率堪稱良好，而 13-24 班學校之問卷回收率為合理範圍；至於 12 班(含)以下學校之問卷回收方面，研究者發現，小規模學校受人事更迭、教師調校異動、行政工作移交漏失與代理教師比例較高等因素影響，回收情形未符期望，更有曾申辦 SIEP 學校回應並未辦理之情事，基於研究退場機制倫理之考量，亦使小規模學校回收率相對較為不符預期。

五、資料處理與統計分析

本段闡明研究實證資料之統計分析方法，茲分述如下：

本研究寄出 910 份問卷，並於問卷回收後，刪除資料不完全或作答不完整之問卷，回收有效問卷為 658 份，將有效問卷以 SPSS 20.0 之中文版套裝軟體程式建檔並以 AMOS 20 版統計軟體，進行相關統計資料分析。本研究進行之統計分析模式包括描述性統計、因素分析、獨立樣本 t 檢定、變異數分析（ANOVA）、皮爾森積差相關(Pearson product-moment correlation, r)與結構方程模式(Structural Equation Modeling)，茲將資料之統計分析方法說明如后：

(一)描述性統計

　　主要將調查樣本之個人背景變項，諸如：擔任職務、服務年資及最高學歷；學校背景變項，包括：所在位置及學校規模；以及關於推動國際教育困境之題項資料進行加總數、次數分配、平均數、百分比、標準差等數據，繪製表格或圖說之描述統計分析，以呈現本研究調查樣本的分配情形，並進一步比較母群體分配情形。

(二)因素分析

　　本研究運用探索性因素分析，其主要作為調查工具效度分析之用。本研究之調查研究問卷題目總共為 70 題，為了更簡扼描述這些題目之間的交互關係，爰以探索性因素分析，找出問卷題目之間的共同因素，以利進行後續的統計分析，並將變項予以概念化。

(三)t 考驗與單因子變異數分析(one-way analysis of variance,

on-way ANOVA)

　　本研究以受試者的基本資料為自變項，諸如學校所在位置、學校規模、擔任職務、最高學歷與服務年資等，以推動國際教育之輸入面向、過程面向、輸出面向及困境為依變項，進行 t 考驗或單因子變異數分析；分析不同學校位置、規模、職務、學歷與服務年資之受試者，對於推動國際教育之輸入、過程、輸出及困境是否存有顯著差異。。學校所在位置、學校規模、最高學歷、服務年資與擔任職務等均為三個類別或以上之變項，基於各背景變項中，分析三個以上之母群體間平均數的差異檢定，因此進行 t 考驗與單因子變異數分析，以了解受試者在各分量表之差異情形；並於必要時，再針對有顯著差異的變項進行雪費(Scheffé)事後比較。

(四)皮爾森積差相關(Pearson product-moment correlation)

皮爾森相關分析係用於探討兩個連續變數之間的線性相關,準此,本研究之背景變項,對於推動國際教育之輸入面向、過程面向及輸出面向之間是否存有相關情形,則以皮爾森積差相關係數值進行顯著性考驗。

(五)結構方程模式（structural equation model, SEM)

結構方程模式於 1960 年引入,有些研究者認為是迴歸、因素分析和路徑分析的統稱（莊文忠、鄭天澤,2017);是指用一系列的算式,檢測變數之間的因果、共變關係或影響路徑。本研究旨在探究學校所在位置、學校規模、擔任職務、最高學歷及服務年資與實施國際教育之輸入面向、過程面向與輸出面向之間的共變關係或影響路徑。據此,統計分析將採結構方程模式(SEM),先針對問卷題目做驗證性因素分析,建立問卷之效度,並以徑路分析驗證本研究變項之間的關係模式,最後將其關係用徑路圖形式加以表述,以瞭解學校以 IPO 模式推動國際教育之輸入面向、過程面向與輸出面向等可能影響的結構模式;亦即,由 IPO 模式預測國際教育實施之輸入面向、過程面向與輸出面向之影響,其研究結果初 始模式之潛在變項路徑分析（path analysis with latent variables, PA-LV）參數於前述 AMOS 20 版統計軟體執行後一一臚列與呈現。

綜上所述,本研究以臺灣國民小學實施國際教育之研究為主題,研究方法以問卷調查為主,冀望以量化研究平衡目前國內本土化之實證研究。

第四章　研究結果與討論

　　本章依據本研究架構分為五個段落進行解析與探究，首先，分析國民小學實施國際教育之輸入、過程與輸出面向的現況；其次，探析國民小學推動國際教育輸入、過程與輸出面向之差異情形；再其次，進行國民小學實施國際教育輸入、過程與輸出面向之相關分析；接續探討國民小學實施國際教育輸入、過程與輸出面向之結構方程模式影響效果分析；最後則敘述實施國際教育輸入與過程面向之困境。茲依序探討分析如后。

一、國民小學實施國際教育之輸入、過程與輸出面向現況分析

　　本段接續分析國民小學國際教育實施之輸入、過程與輸出面向的現況，茲分述如下。

（一）國民小學實施國際教育之輸入面向各向度現況分析與討論

　　本研究將國民小學國際教育實施之輸入面向因素分為推動國際教育之理念、國際教育知能、學校環境與設備以及經費與資源整合等四個分向度。研

究者首先進行國民小學國際教育實施之輸入面向量表各向度之析論，再探析各分向度題項現況，最後提出綜合討論。

1.析論國民小學實施國際教育之輸入面向各向度量表

國民小學實施國際教育之輸入面向各向度量表之分析詳如表 4-1 所示。

表 4-1

推動國際教育輸入面向各向度量表分析摘要表

向度名稱	平均數	標準差	題數
推動國際教育理念	4.34	.50	4
國際教育知能	3.70	.73	3
學校環境與設備	3.89	.67	3
經費與資源整合	3.99	.76	3
整體平均數	4.01	.51	13

n=658

由表 4-1 發現，對於國民小學實施國際教育輸入面向之現況分析討論如后：

國民小學實施國際教育輸入面向量表之整體平均數為 4.01，可見國民小學國際教育實施之輸入面向屬於高程度。各向度平均得分介於 3.70~4.34 之間，與整體平均值 4.01 分相較，屬於中上程度與高程度之間，在五點量表中即介於部分符合與完全符合之間。

從各分向度資料分析看來，以「推動國際教育理念」(M=4.34)之得分最高， 依序為「經費與資源整合」(M=3.99)、「學校環境與設備」(M=3.89)以及「國際教育知能」(M=3.70)。雖然教師之國際教育知能得分較低，但仍趨近於整體平均數 4.01 分，屬於中上程度。

綜合上述分析，國民小學在實施國際教育之輸入面向的整體平均數為高程度。在實施國際教育之輸入面向所屬的各分向度中，以推動國際教育之理念高於經費與資源整合，而經費與資源整合高於學校環境與設備，以教師之國際教育知能平均得分最低。研究者認為，在教師「國際教育知能」分向度得分雖然最低，但仍達中上程度，與教育部（2011）之統計結果相似，亦與

吳宗哲（2014）、周珮儀（2011）、林明地（2012）、林彥良（2015）、洪雯柔和郭喬雯（2012）、周祝瑛和陳榮政（2012）、許西玲（2016）、郭峰（2015）、黃冠勳（2014）以及董國安（2012）之論述與研究類似，教師素質就是學校素質，因此應提升教師國際理解教育素養與知能，方能達成國際教育預期效益，而本研究結果也發現，國民小學教師國際教育知能最需強化增能。

2.探析國民小學實施國際教育之輸入面向各分向度題項現況

　　本研究針對國民小學實施國際教育之輸入面向各分向度題項現況分析，其結果如表 4-2。

表 4-2

推動國際教育輸入面向量表分向度各題項分析

向度	題目內容	平均數	標準差
推動國際教育理念	1.我喜歡我的國家族群文化。	4.35	.596
	2.我體認地球村各國的關聯性。	4.40	.608
	3.我會主動關心國際議題。	4.20	.684
	4.我能接納不同種族文化的族群。	4.44	.562
國際教育知能	5.我能具體瞭解國際教育的意義與內涵。	3.81	.751
	6.我會主動參加與國際教育相關議題的研習。	3.61	.871
	7.我願意參與國際教育專業社群。	3.69	.872
學校環境與設備	8.學校環境佈置能幫助國際教育的推動。	3.99	.758
	9.我認為學校的資訊設備對進行國際交流很有幫助。	4.04	.759
	10.配合國際教育推動，學校會定期汰舊換新相關教學設施。	3.66	.862
經費與資源整合	11.學校會爭取經費推動國際教育。	4.04	.819
	12.學校會充實環境設備推動國際教育教學或活動。	3.98	.803
	13.學校會整合學校內外部資源推動國際教育。	3.94	.824

n=658

　　根據表 4-2 發現，茲將國民小學實施國際教育輸入面向中各分向度之個別題項，分析討論如后：

　　國民小學實施國際教育輸入面向量表之「推動國際教育理念」分向度中，各題項平均得分都在平均數 4.01 以上，可見「推動國際教育理念」向度在高

程度；有關「國際教育知能」向度之得分平均數在 3.61 以上，可見「國際教育知能」向度在中上程度；關於「學校環境與設備」向度得分之平均數在 3.66 以上，可見「學校環境與設備」向度亦在中上程度；而「經費與資源整合」向度方面，得分平均數在 3.94 以上，各題項得分都在接近 4 或整體平均數 4.01 以上，可見「經費與資源整合」向度也在中上程度。

在「推動國際教育理念」分向度各題項中，以「我能接納不同種族文化的族群」得分最高(M=4.44)；其次為「我體認地球村各國的關聯性」之得分（M=4.40）；再其次為「我喜歡我的國家族群文化」得分 M=4.35；最後則是「我會主動關心國際議題」得分最低(M=4.20)。此分向度之得分均高於整體平均數 4.01，屬於高程度。

在「國際教育知能」分向度各題項中，以「我能具體瞭解國際教育的意義與內涵」得分最高(M=3.81)；其次為「我願意參與國際教育專業社群」之得分（M=3.69）；得分最低分則是「我會主動參加與國際教育相關議題的研習」（M=3.61），但亦都在中上程度。

在「學校環境與設備」分向度各題項中，以「我認為學校的資訊設備對進行國際交流很有幫助」得分最高(M=4.04)；其次為「學校環境佈置能幫助國際教育的推動」之得分（M=3.99）；得分最低者則是「配合國際教育推動，學校會定期汰舊換新相關教學設施」（M=3.66）。

在「經費與資源整合」分向度各題項中，以「學校會爭取經費推動國際教育」得分最高(M=4.04)；接著是「學校會充實環境設備推動國際教育教學或活動」得分 M=3.98；得分最低者則是「學校會整合學校內外部資源推動國際教育」（M=3.94），但都在中上程度。

3.綜合討論

本研究就實施國際教育輸入面向整體量表之單一題項觀之，前述推動國際教育之理念各題得分排序均在輸入面向之前四名內，以「我能接納不同種族文化的族群」得分最高；得分最低者則是「我會主動關心國際議題」，但得分均在 4.20 以上，顯見國民小學推動國際教育輸入面向之理念最能深植。教

師依此信念更能身先士卒，發揮身教之效，以接納、體認與悅己文化的立場，方可面對多元的學生並輔導學生關懷及悅納所處的國家場域及地球村上多元的族群。

此外，在國際教育知能方面，以「我會主動參加與國際教育相關議題的研習」得分最低；而學校環境與設備向度之「配合國際教育推動，學校會定期汰舊換新相關教學設施」得分亦低，但仍屬於中上程度。此分向度之研究結果恰與黃乃熒（2009）建議推動國際教育應側重教師專業力與實施意願，鼓勵深耕教師國際教育專業素養相符應；亦與吳翠玲（2012）、陳偉泓（2006）、黃玫玲（2012）以及Howe(2008)之研究建議相似。

林錦郎和黃淑玲（2015）於〈國小教師參與教師研習行為意向之研究〉結論指出，教師參與研習以「個人相關利益」影響其研習參與態度最為強烈。易言之，教師在參與研習後能充分滿足自己工作上所需，進而提升教學知能、增廣見聞、使生活更加豐富，則越能提高其參與研習的意願；同時，除了個人體力與時間外，研習環境的安全與舒適、完善的設備以及交通便利性也是影響老師主動積極參與研習意願的考量因素。回顧國際教育認證研習與縣市辦理國際教育相關研習規劃，就交通便利性而言，國際教育認證研習大多以臺灣本島分區辦理為主，而除了申請校內自辦國際教育教師專業成長項目之研習或社群外，縣市辦理國際教育相關研習之規劃亦採分區域辦理為考量；回應林錦郎和黃淑玲（2015）之研究結論觀之，教師主動參加與國際教育相關議題的研習之得分最低，似乎要參採前述相關研究的建議，方能提升教師主動參加國際教育相關議題研習之意願。

再者，有關學校環境與設備向度之「配合國際教育推動，學校會定期汰舊換新相關教學設施」得分較低的現況論之，公立學校教學設施的汰換，涉及國有公用財產管理相關法令規章之規範與經費預算之編列審計，因此，定期汰舊換新相關教學設施也可能受之牽絆。前述文獻論及，拓展環境與媒體的國際化（周祝瑛、陳榮政，2012）；建構安全資訊網絡環境（廖文靜，2013）；學校視訊設備品質會影響國際視訊交流的學習（陳美如、郭昭佑，2014）。循

此，國際教育視訊交流所需之科技設備發展，更是日新月異，學校倘若無法定期規劃汰換相關教學設施，國際教育之實施成效將可能受到干擾。

（二）國民小學實施國際教育之過程面向各向度現況分析與討論

本研究將國民小學國際教育實施之過程面向因素分為學校文化與氛圍、行政領導與執行、課程規劃與設計以及統整教學與活動等四個分向度。研究者先進行國民小學實施國際教育之過程面向各向度量表之析論，再就各分向度題項現況予以探析，最後提出綜合討論。

1.析論國民小學實施國際教育過程面向各向度量表

國民小學實施國際教育之過程面向各向度量表之分析如表 4-3 所示。

表 4-3

推動國際教育過程面向各向度量表分析摘要表

向度名稱	平均數	標準差	題數
學校文化與氛圍	3.95	.68	4
行政領導與執行	3.86	.71	3
課程規劃與設計	3.57	.81	3
統整教學與活動	3.81	.72	3
整體平均數	3.81	.62	13

n=658

由表 4-3 得知，對於國民小學實施國際教育過程面向之現況分析討論如后：

整體而言，國民小學國際教育實施之過程面向量表之整體平均數為 3.81，可見國民小學國際教育實施之過程面向屬於中上程度。各向度平均得分介於 3.57~3.95 之間，與平均值 3.81 分相較，均屬於中上程度，在五點量表中即介於部分符合與大部分符合之間。

　　從各分向度資料分析的原始分數觀之，以「學校文化與氛圍」(M=3.95)之得分最高，依次為「行政領導與執行」(M=3.86)、「統整教學與活動」(M=3.81)以及「課程規劃與設計」(M=3.57)。其中，「課程規劃與設計」得分最低，低於整體平均數 3.81 以下，但仍屬於中上程度。

2.探析國民小學實施國際教育之過程面向各分向度題項現況

　　本研究針對國民小學實施國際教育之過程面向各分向度題項現況分析，其結果如表 4-4。

表 4-4

推動國際教育過程面向量表各題項分析表

向度	題目內容	平均數	標準差
學校文化與氛圍	1.學校行政主管非常支持國際教育之推動。	4.21	.737
	2.推動國際教育能凝聚全體教師對學校發展之共識。	3.84	.825
	3.推動國際教育能彰顯學校特色。	4.03	.796
	4.學校同仁都願意額外付出心力推動國際教育工作。	3.71	.866
行政領導與執行	5.我認為推動國際教育能啟動學校團隊合作機制。	3.82	.799
	6.學校推動國際教育會適時追蹤實施進程。	3.83	.793
	7.學校規劃國際教育能考量在地脈絡。	3.91	.776
課程規劃與設計	8.我會參照國際教育能力指標研訂國際教育課程計	3.60	.890
	9.我會依據學生能力選編適合之國際教育教材。	3.69	.840
	10.我會應用國際教育資源手冊設計課程。	3.43	.940
統整教學與活動	11.我會清晰呈現國際教育教材內容引導學生學習。	3.82	.768
	12.我會彈性靈活運用教學方法擴展學生國際視野。	3.90	.762
	13.我會根據評量結果調整國際教育課程教學。	3.71	.817

n=658

　　根據表 4-4 所示，國民小學實施國際教育過程面向量表「學校文化與氛圍」向度中，除了「學校同仁都願意額外付出心力推動國際教育工作」題項外，各題平均得分都在整體平均數 3.81 以上，可見「學校文化與氛圍」向度在中上到高程度；有關「行政領導與執行」向度中，各題平均得分都在整體平均數 3.81 以上，可見「行政領導與執行」向度亦在中上程度；至於「課程規劃與設計」向度，各題平均得分均在整體平均數 3.81 以下，但是「課程規

劃與設計」向度仍在中上程度；而「統整教學與活動」向度方面，除了「我會根據評量結果調整國際教育課程教學」題項外，各題平均得分都在整體平均數 3.81 以上，可見「統整教學與活動」向度也屬中上程度。

承上，在「學校文化與氛圍」分向度各題項中，以「學校行政主管非常支持國際教育之推動」得分最高(M=4.21)；其次為「推動國際教育能彰顯學校特色」之得分（M=4.03）；再其次為「推動國際教育能凝聚全體教師對學校發展之共識」之得分（M=3.84）；最後則是「學校同仁都願意額外付出心力推動國際教育工作」得分最低(M=3.71)。

在「行政領導與執行」分向度各題項中，以「學校規劃國際教育能考量在地脈絡」得分最高(M=3.91)；其次為「學校推動國際教育會適時追蹤實施進程」之得分（M=3.83）；得分最低分則是「我認為推動國際教育能啟動學校團隊合作機制」（M=3.82），但是各題項得分均高於整體平均數 3.81，仍屬於中上程度。

而在「課程規劃與設計」分向度各題項中，以「我會依據學生能力選編適合之國際教育教材」得分最高(M=3.69)；其次為「我會參照國際教育能力指標研訂國際教育課程計畫」之得分（M=3.60）；得分最低者則是「我會應用國際教育資源手冊設計課程」（M=3.43）。此向度各題項得分均低於整體平均數 3.81，屬於中上程度。

最後，在「統整教學與活動」分向度各題項中，以「我會彈性靈活運用教學方法擴展學生國際視野」得分最高(M=3.90)；接著是「我會清晰呈現國際教育教材內容引導學生學習」之得分（M=3.82）；得分最低者則是「我會根據評量結果調整國際教育課程教學」（M=3.71）。從此向度各題項得分平均數觀之，仍屬於中上程度。

3.綜合討論

　　本研究就實施國際教育過程面向整體量表之單一題項觀之，以「學校行政主管非常支持國際教育之推動」得分最高，得分最低者則是「我會彈性靈活運用教學方法擴展學生國際視野」；過程面向中各題項總排序前二名均屬於「學校文化與氛圍」向度，可見「學校文化與氛圍」是國民小學推動國際教育過程面向之重要關鍵，此研究結果與 Knight(1999)認為氛圍途徑教育國際化的主要途徑之一相符。此外，亦與林明地（2013）建議重視學校成員士氣與組織氛圍以及廖文靜（2013）研究結果相符應。而學校行政主管對國際教育推動的支持得分最高，也符合邱玉蟾（2009）之呼籲以及黃碧智（2012）之研究發現；推究其原因可能與學校自主申辦 SIEP 有關，願意申辦 SIEP 之學校通常體認國際教育對學生發展之重要性，因此會支持推動國際教育之相關行政與教學措施，而學校行政主管的支持則能營造正向的組織文化能量，進而展現推動國際教育之效能。

　　其次，在行政領導與執行分向度中，思考學校在地脈絡規劃國際教育之得分較高方面，則與邱玉蟾(2009)、黃乃熒(2009)以及林明地(2012，2013)之期許相同，亦與廖玉枝等(2014)之研究結果相符。

　　再者，在課程規劃與設計方面，以「我會應用國際教育資源手冊設計課程」得分最低；而「我會參照國際教育能力指標研訂國際教育課程計畫」得分次低，雖仍屬於中上程度，但是此分向度之各題項得分均低於過程面向之整體平均數。課程規劃與設計是有效教學的基石，國際教育資源手冊是教學範例編撰模式，推論可能未盡符合學校教學現場脈絡所需而導致教師應用狀況得分最低；而關於國際教育能力指標乃涉及相關教學目標，在外加式議題負擔(林明地，2013)與時間排擠的課程教學壓力下(洪雯柔、郭喬雯，2012)，一般教師不一定會參照國際教育能力指標研訂國際教育課程計畫。此研究結果符應蔡清田和劉祐彰（2007）之研究發現：教師關心教學實務，並非十分了解能力指標的意涵，無法依照能力指標設計適切且相對應的課程內容。研

究者因此推估：教師課程規劃與設計的困境，可能如黃碧智（2012）研究所述，諸如時間排擠與負擔、概念轉化教學執行面之困難以及側重國際教育知識傳遞之傳統講授式教學等，而使得國際教育課程規劃與設計之得分較低。

最後，關於教師根據學生學習評量結果調整國際教育課程教學活動題項得分較低的情形，推究其原因可能是，主智主義或升學主義的影響，認為國際教育與升學考試無關，故而未特別重視評量後的教學調整措施；而產生陳惠邦（2013）與郭峰（2015）提出之蜻蜓點水式的淺碟學習活動和學生國際理解薄弱的問題，也可能造成學生認知限制而跳躍式學習的困窘。另外，誠如蔡宜紋和黃文定(2016)研究發現，團隊教師較為缺乏反思與回饋技能，可能也使調整國際教育課程教學活動題項得分較低。研究者認為，強化教師的系統思維，從共同對話與備課中研發與產出課程，是深化國際教育課程教學的成功之道，以學生的背景知識與學習落點建構國際教育學習教材，方能如林明地（2013）建議之螺旋式推動學校本位的國際教育以及 Knight（1999）論及之過程途徑(process approach)，以透過統整和廣泛的活動，將國際教育或跨文化層面融入教學、研究和結合政策而有系統的服務。

（三）國民小學實施國際教育之輸出面向各向度現況分析與討論

本研究將國民小學實施國際教育之輸出面向因素分為行政領導成效、課程教學成效以及學生學習成效等三個分向度。以下先析論國民小學實施國際教育輸出面向各向度量表，再探析各分向度題項之現況，最後則提出綜合討論。

1.析論國民小學實施國際教育輸出面向各向度量表

國民小學國際教育實施之輸出面向各向度量表之分析如表 4-5 所示。

表 4-5

推動國際教育輸出面向各向度量表分析摘要表

向度名稱	平均數	標準差	題數
行政領導成效	3.81	.77	3
課程教學成效	3.79	.71	5
學生學習成效	3.74	.65	6
整體平均數	3.77	.62	14

n=658

　　如表 4-5 所示，關於國民小學實施國際教育輸出面向之現況分析討論如后：

　　整體而言，國民小學國際教育實施之輸出面向量表之整體平均數為 3.77，可見國民小學國際教育實施之輸出面向屬於中上程度。而各向度平均得分介於 3.74~3.81 之間，與平均值 3.77 分相較，亦屬於中上程度，在五點量表中即介於部分符合與大部分符合之間。

　　從各分向度資料分析的原始分數來看，以「行政領導成效」(M=3.81)之得分最高，依次為「課程教學成效」(M=3.79)以及「學生學習成效」(M=3.74)。其中，「學生學習成效」得分最低，低於整體平均數 3.77 之下，但仍屬於中上程度。

2.探析國民小學實施國際教育之輸出面向各分向度題項現況

　　本研究針對國民小學實施國際教育之輸出面向各分向度題項現況分析，其結果如表 4-6。

表 4-6

推動國際教育輸出面向量表各題項分析表

向度	題目內容	平均數	標準差
行政領導成效	1.學校會針對實施國際教育之困境提出解決策略。	3.74	.835
	2.學校針對補助經費能合理有效規劃與執行運用。	3.90	.820
	3.行政與教師能分享推動實務,提升國際教育成效。	3.80	.826
課程教學成效	4.我能應用國際教育相關研習知能在行政或教學上。	3.79	.775
	5.我會適時將國際教育議題融入課室教學中。	3.90	.764
	6.我能激發學生投入國際教育議題學習興趣。	3.79	.795
	7.我能將國際教育議題連結各學科內容教學。	3.77	.792
	8.我能以學生為中心設計國際教育議題教學策略。	3.72	.791
學生學習成效	9.學生能瞭解台灣與世界其他國家文化特質的差異。	3.66	.789
	10.學生參與國際教育教學與活動能尊重其他族群。	3.85	.743
	11.學生能簡扼說明全球重要議題,如:環境生態保護。	3.71	.818
	12.遇到不同語言或種族的人,學生願意與他們互動溝通	3.65	.817
	13.學生能舉例說出國際文化的多樣性。	3.66	.794
	14.學生能體認地球村是生命共同體的概念。	3.89	.729

n=658

　　從表 4-6 得知,國民小學實施國際教育輸出面向量表之「行政領導成效」分向度,除了「學校會針對實施國際教育之困境提出解決策略」題項外,各題平均得分都在整體平均數 3.77 以上,而「行政領導成效」向度屬中上程度;有關「課程教學成效」向度中,除了「我能以學生為中心設計國際教育議題教學策略」題項外,各題平均得分都在整體平均數 3.77 以上,可見「課程教學成效」向度也在中上程度;至於「學生學習成效」向度,除了「學生能體認地球村是生命共同體的概念」和「學生參與國際教育教學與活動能尊重其他族群」題項外,各題平均得分均在整體平均數 3.77 以上,其餘各題項均低於整體平均數,但仍在中上程度。

　　承上，在「行政領導成效」分向度各題項中，以「學校針對補助經費能合理有效規劃與執行運用」得分最高(M=3.90)；其次為「行政與教師能分享推動實務，提升國際教育成效」之得分（M=3.80）；最低分則是「學校會針對實施國際教育之困境提出解決策略」(M=3.74)。

　　其次，在「課程教學成效」分向度各題項中，以「我會適時將國際教育議題融入課室教學中」得分最高(M=3.90)；其次為「我能應用國際教育相關研習知能在行政或教學上」和「我能激發學生投入國際教育議題學習興趣」之得分，均為 M=3.79；再其次為「我能將國際教育議題連結各學科內容教學」(M=3.77)；得分最低者則是「我能以學生為中心設計國際教育議題教學策略」（M=3.72），但仍屬於中上程度。

　　最後，在「學生學習成效」分向度各題項中，以「學生能體認地球村是生命共同體的概念」得分最高(M=3.89)；其次為「學生參與國際教育教學與活動能尊重其他族群」之得分（M=3.85）；其餘依序為「學生能簡扼說明全球重要議題，如：環境生態保護」之得分（M=3.71）、「學生能瞭解臺灣與世界其他國家文化特質的差異」和「學生能舉例說出國際文化的多樣性」之得分，均為 M=3.66；得分最低者則是「遇到不同語言或種族的人，學生願意與他們互動溝通」（M=3.65）。此向度超過一半的題項得分，均低於整體平均數3.77，但亦屬於中上程度。

3.綜合討論

　　就實施國際教育輸出面向整體量表之單一題項觀之，以行政領導成效向度之「學校針對補助經費能合理有效規劃與執行運用」和課程教學成效向度之「我會適時將國際教育議題融入課室教學中」得分最高；其次為學生學習成效向度「學生能體認地球村是生命共同體的概念」之得分；再其次為「學生參與國際教育教學與活動能尊重其他族群」之得分。推究其原因可能是，補助經費之合理有效規劃與執行運用，係行政人員之經常性工作，其成效較能具體達成與檢核；而基於課程綱要各議題融入教學的經驗模式，也使得國際教育議題融入教學成為老師課室教學較為熟悉且容易執行的模式；最後，

在學生能體認地球村是生命共同體的概念與尊重他族的較高得分方面，誠如林永豐（2013）所述，與教師課堂教學偏重生態環境議題或其他少數主題有關。而尊重他人在性別平等議題與人權議題等友善校園計畫方案推動上，更是學校深耕多年的工作，因而使得其得分較高。

課程教學成效則涉及教師知識的轉化傳達與學生接收學習訊息內容之連結，在「知識的詛咒」（curse of knowledge）阻礙下，學生學習成效可能有所偏差；據此觀點，或許能解釋前述「我能以學生為中心設計國際教育議題教學策略」得分較低的研究結果。誠然，在推動國際教育歷程中，行政與教學的交互作用關乎學生學習成效；學校行政若能適時針對實施國際教育之課程教學困境有效提出解決策略，成為教師教學之後勤支援（林雅芳，2016）；並且組成國際教育共備社群，發揮團隊動力執行（林明地，2013）；再依循陳惠邦（2013）建議之透過閱讀對話機制培養多元理解情操；或許能破除所謂「知識的詛咒」之框架，落實以學生為中心的國際學習（林永豐，2013；林明地，2012）。

此外，輸出面向所屬的各分向度中，以「學生學習成效」得分最低，此研究結果似可與世界銀行 2018 年 5 月所發表的 2018 年世界發展報告《學習：以實現教育的承諾》(Learning: to realize education's promise)(World Bank, 2018)強調學習效能不彰產生的學習危機，可能是教學和學習方法有進步空間的概念相呼應。在學生學習成效分向度中，以「遇到不同語言或種族的人，學生願意與他們互動溝通」得分最低；而「學生能瞭解臺灣與世界其他國家文化特質的差異」和「學生能舉例說出國際文化的多樣性」得分次低。學生能瞭解文化差異的研究結果與黃文定（2014）從跨國校際交流探究國小學童跨文化能力之詮釋技能的研究發現相近似。而學生不願意或不主動與不同種族或語言的人溝通方面，推究可能成因是外語能力因素受限（陳嬋娟、陳斐娟，2016；黃冠勳，2014）。國際教育的核心係以學生學習為主體（吳清山，2011；林明地，2012；張善禮，2015；張碧娟，2012），林明地（2012）則建議以差異評鑑的方式檢視學生學習成效，冀期達成持續改善之效。

（四）小結

　　本段旨在回應本研究之目的與待答問題第一項，國民小學實施國際教育輸入面向量表之整體平均數，屬於高程度；各分向度之得分依序為「推動國際教育理念」、「經費與資源整合」、「學校環境與設備」以及「國際教育知能」。在「推動國際教育理念」方面，得分最高之題項為「我能接納不同種族文化的族群」，最低分之題項為「我會主動關心國際議題」；在「經費與資源整合」方面，得分最高之題項為「學校會爭取經費推動國際教育」，最低分之題項為「學校會整合學校內外部資源推動國際教育」；在「學校環境與設備」方面，得分最高之題項為「我認為學校的資訊設備對進行國際交流很有幫助」，最低分之題項為「配合國際教育推動，學校會定期汰舊換新相關教學設施」；在「國際教育知能」方面，得分最高之題項則為「我能具體瞭解國際教育的意義與內涵」，而「我會主動參加與國際教育相關議題的研習」之題項得分最低。

　　其次，國民小學實施國際教育過程面向量表之整體平均數屬於中上程度；各分向度之得分最高為「學校文化與氛圍」，得分最低者為「課程規劃與設計」。在「學校文化與氛圍」方面，得分最高之題項為「學校行政主管非常支持國際教育之推動」，最低分之題項為「學校同仁都願意額外付出心力推動國際教育工作」；在「行政領導與執行」方面，得分最高之題項為「學校規劃國際教育能考量在地脈絡」，最低分之題項為「我認為推動國際教育能啟動學校團隊合作機制」；在「統整教學與活動」方面，得分最高之題項為「我會彈性靈活運用教學方法擴展學生國際視野」，最低分之題項為「我會根據評量結果調整國際教育課程教學」；在「課程規劃與設計」方面，得分最高之題項為「我會依據學生能力選編適合之國際教育教材」，最低分之題項則為「我會應用國際教育資源手冊設計課程」。

　　最後，國民小學實施國際教育輸出面向量表之整體平均數屬於中等程度。各分向度以「行政領導成效」得分最高，其次是「課程教學成效」和「學生學習成效」。在「行政領導成效」方面，得分最高之題項為「學校針對補助

經費能合理有效規劃與執行運用」，最低分之題項為「學校會針對實施國際教育之困境提出解決策略」；在「課程教學成效」方面，得分最高之題項為「我會適時將國際教育議題融入課室教學中」，最低分之題項為「我能以學生為中心設計國際教育議題教學策略」；而在「學生學習成效」方面，得分最高之題項為「學生能體認地球村是生命共同體的概念」，最低分之題項則為「遇到不同語言或種族的人，學生願意與他們互動溝通」。

二、國民小學實施國際教育輸入、過程與輸出面向之差異分析

本段旨在探討不同背景變項，包括：學校位置、學校規模、最高學歷、服務年資與擔任職務等變項，在實施國際教育之輸入、過程與輸出面向之整體及分向度得分上的差異情形；資料呈現分為兩大部分：其一為結果分析；其二為綜合討論。此部份之統計方法為 t 考驗、單因子獨立樣本變異數分析（One-way ANOVA），並由平均數與雪費（Scheffé）法進行事後比較。茲分述如下：

（一）不同學校位置在實施國際教育之輸入、過程與輸出面向之差異分析

本研究針對所在位置不同之國民小學，分別進行國際教育之輸入、過程與輸出面向之差異分析，亦即，將有效的回收問卷資料進行單因子變異數分析，當變異數分析結果顯示組間達顯著差異(p 小於 0.05)時，則進行雪費法事後比較，其結果如后。

1.不同學校位置實施國際教育輸入面向之差異分析討論

茲將不同學校位置實施國際教育輸入面向之差異分析結果，臚列於表4-7。

表 4-7

不同學校位置實施國際教育輸入面向之差異分析表

向度	組別	個數	平均數	標準差	變異來源	平方和	自由度	平均平方和	F	Scheffé事後比較
國際教育理念	1	160	4.417	.460	組間	1.985	2	.992	4.084*	
	2	227	4.365	.486						1>3
	3	271	4.282	.517	組內	159.142	655	.243		
	總和	658	4.343	.495	總和	161.127	657			
國際教育知能	1	160	3.756	.753	組間	1.298	2	.649	1.235	
	2	227	3.646	.697						
	3	271	3.723	.730	組內	344.086	655	.525		
	總和	658	3.705	.725	總和	345.383	657			
學校環境與設備	1	160	3.952	.678	組間	.842	2	.421	.933	
	2	227	3.858	.685						
	3	271	3.892	.657	組內	295.630	655	.451		
	總和	658	3.895	.672	總和	296.472	657			
經費與資源整合	1	160	4.088	.768	組間	2.227	2	1.114	1.927	
	2	227	3.938	.778						
	3	271	3.970	.740	組內	378.564	655	.578		
	總和	658	3.988	.761	總和	380.792	657			
國際教育輸入面向	1	160	4.081	.507	組間	1.069	2	.534	2.023	
	2	227	3.983	.508						
	3	271	3.991	.523	組內	173.020	655	.264		
	總和	658	4.010	.515	總和	174.089	657			

表格說明：

1. 「組別」中的「1」代表「北區」組、「2」代表「中區」組、「3」代表「南區」組。

2. * $p < .05$。

根據表 4-7 之資料分析討論如后：

(1)整體差異性分析

表 4-7 為不同學校所在位置實施國際教育輸入面向整體及其分向度差異之 F 考驗。由表 4-7 可知，不同位置之學校的受試者在實施國際教育輸入面向整體的得分平均情形為：「北區」組(M=4.08)；「中區」組(M=3.98)；「南區」組(M=3.99)；其 $p > .05$，結果未達顯著差異。亦即，在整體實施國際教育輸入面向的得分表現上，不因學校所在位置不同而有所差異，研究結果顯示，各區學校實施國際教育之輸入面向無顯著不同。

(2)分向度差異性分析

根據表 4-7 資料顯示，不同位置的學校受試者，除了北區之「國際教育理念」分向度高於南區外，亦即，北區平均數為 4.42、南區平均數則為 4.28，F 值為 4.08，$p < .05$ 達顯著差異外。而在「國際教育知能」、「學校環境與設備」以及「經費與資源整合」三個分向度上，不同區域位置之學校均未達顯著差異。

(3)綜合討論

綜上，基於無實證研究文獻可茲比較，不同區域位置的國民小學在推動國際教育輸入面向的整體結果沒有顯著差異之原因，研究者推究其原由可能是目前臺灣國民小學申辦 SIEP 實施國際教育之作為，受教育部該計畫執行指標之規範，各區各個學校大多遵循審查計畫之意見執行推動，因此在整體國際教育輸入面向方面，北、中、南各區學校對國際教育輸入面向之實施存有相似之情形。

在「國際教育知能」、「學校環境與設備」以及「經費與資源整合」分向度上，各區推動國際教育均未達顯著差異；研究者推究其原因可能是「學校環境與設備」及「經費與資源整合」均受限於臺灣相關法令制度之規範，學校校舍設備訂有設置標準，經費也受中央及地方主管教育機關統一核定補助基準，因此沒有顯著差異；而關於「國際教育知能」教育部也有既定的初階和進階研習課程與講座統一規劃培訓，各區之實施因而未達顯著差異。然而，

在「國際教育理念」向度方面，研究者以為，理念的形成涉及背景經驗、思想、觀念與看法，也受地域、文化等之影響，而北區學校中，特別是臺北市與桃園市對於國際教育之推動分別於 2002 年及 2006 年啟始，較之其他區域為早，同時，在白皮書或計畫揭示之推動目標與面向相似性較高，國際機場設置較早，接觸跨文化移動人口結構與交流互動也不同；而南區學校中，特別是高雄市所屬學校，可能由於其推動國際教育中程計畫，以「海洋高雄」、「認識高雄」以及「發揚高雄特色」等在地文化脈絡為訴求成果之一，因而形成理念上的差異，而使得北區受試者在國際教育理念之得分高於南區，並達顯著差異。

1.不同學校位置在實施國際教育過程面向的差異分析討論

所在位置不同之學校在實施國際教育過程面向之差異分析結果如表 4-8。

表 4-8

不同學校位置實施國際教育過程面向之差異分析表

向度	組別	個數	平均數	標準差	變異來源	平方和	自由度	平均平方和	F
學校文化與氛圍	1	160	4.036	.642	組間	1.804	2	.902	1.967
	2	227	3.901	.691					
	3	271	3.933	.686	組內	300.334	655	.459	
	總和	658	3.947	.678	總和	302.138	657		
行政領導與執行	1	160	3.923	.701	組間	1.074	2	.537	1.076
	2	227	3.816	.709					
	3	271	3.852	.708	組內	326.831	655	.499	
	總和	658	3.857	.706	總和	327.905	657		
課程規劃與設計	1	160	3.623	.805	組間	2.981	2	1.491	2.293
	2	227	3.479	.815					
	3	271	3.619	.800	組內	425.717	655	.650	
	總和	658	3.571	.808	總和	428.698	657		
教學與活動	1	160	3.890	.726	組間	3.198	2	1.599	3.080
	2	227	3.718	.737					
	3	271	3.841	.703	組內	340.071	655	.519	
	總和	658	3.811	.723	總和	343.269	657		

表 4-8

不同學校位置實施國際教育過程面向之差異分析表

向度	組別	個數	平均數	標準差	變異來源	平方和	自由度	平均平方和	F
國際教育過程面向	1	160	3.881	.620	組間	1.886	2	.943	2.427
	2	227	3.742	.626					
	3	271	3.821	.623	組內	254.401	655	.388	
	總和	658	3.808	.625	總和	256.287	657		

表格說明：

1.「組別」中的「1」代表「北區」組、「2」代表「中區」組、「3」代表「南區」組。

2.* $p < .05$。

　　根據表 4-8 之資料分析討論如后：

(1)整體差異性分析

　　表 4-8 為不同學校位置在實施國際教育過程面向之整體及其分向度差異之 F 考驗。由表 4-8 可知，不同學校位置在實施國際教育過程整體的得分平均情形為：「北區」組(M=3.88)；「中區」組(M=3.74)；「南區」組(M=3.82)，其 F 值為 2.423，$p > .05$ 結果均未達顯著差異。顯示學校所在位置不同，在整體實施國際教育之過程面向的得分表現上，沒有顯著差異。

(2)分向度差異性分析

　　根據表 4-8，不同學校位置的受試者，其在推動國際教育之過程面向的「學校文化與氛圍」、「行政領導與執行」、「課程規劃與設計」以及「統整教學與活動」等四個分向度，均未達顯著差異。即學校所處位置雖然不同，但在「學校文化與氛圍」、「行政領導與執行」、「課程規劃與設計」以及「統整教學與活動」的得分表現上，均無明顯差異。

(3)綜合討論

　　綜上所述，不同學校位置的國民小學，在實施國際教育的過程面向各向度，均未達顯著差異，代表無論北、中、南區的學校推動國際教育過程大多

類似。研究者推論，國際教育過程面向包括學校文化氛圍、行政領導、教師課程規劃設計與統整教學及活動等分向度，由於國民小學課程綱要規範之七大議題中，也與國際教育議題之推動相似，均是學校行政組織與課程教學的運作範疇，透過行政領導與組織文化形塑的歷程，重要議題融入課程教學與活動，更是學校經營管理的主要項目，也是學校現場行政與教師熟悉的工作，因此，不同區域位置之國民小學在實施國際教育之過程面向之各分向度就未達顯著差異。

2.不同學校位置在實施國際教育輸出面向的差異分析討論

不同學校位置在實施國際教育輸出面向之差異分析結果如表 4-9。

表 4-9

不同學校位置實施國際教育輸出面向之差異分析表

分向度	組別	個數	平均數	標準差	變異來源	平方和	自由度	平均平方和	F	Scheffé 事後比較
行政領導成效	1	160	3.921	.759	組間	3.687	2	1.844	3.126*	
	2	227	3.724	.788						1>2
	3	271	3.823	.756	組內	386.306	655	.590		
	總和	658	3.813	.770	總和	389.994	657			
課程教學成效	1	160	3.871	.709	組間	2.093	2	1.047	2.101	
	2	227	3.724	.753						
	3	271	3.805	.662	組內	326.277	655	.498		
	總和	658	3.793	.707	總和	328.371	657			
學生學習成效	1	160	3.813	.623	組間	1.313	2	.656	1.547	
	2	227	3.698	.669						
	3	271	3.724	.653	組內	277.856	655	.424		
	總和	658	3.736	.652	總和	279.169	657			
國際教育輸出面向	1	160	3.857	.603	組間	1.946	2	.973	2.581	
	2	227	3.713	.642						
	3	271	3.774	.597	組內	246.983	655	.377		
	總和	658	3.773	.616	總和	248.930	657			

表格說明：1.「組別」中的「1」代表「北區」組、「2」代表「中區」組、「3」
　　代表「南區」組。
2.* $p < .05$。

　　根據表 4-9 之資料分析討論如后：

　　(1)整體差異性分析

　　表 4-9 為不同學校位置在實施國際教育輸出面向之整體及其分向度差異
之 F 考驗。由表 4-9 可知，不同學校位置在整體實施國際教育輸出面向的得
分平均情形為：「北區」組(M=3.86)；「中區」組(M=3.71)；「南區」組(M=3.77)，
其 $p > .05$，結果未達顯著差異。亦即，在整體實施國際教育輸出面向的得分
表現上，不因學校所在位置的不同而有所差異。

　　(2)分向度差異性分析

　　從表 4-9 得知，學校位處不同區域，其在「課程教學成效」與「學生學
習成效」二個分向度的得分表現上，均未達顯著差異，但在「行政領導成效」
向度的得分表現上，達顯著差異；結果顯示北區學校在實施國際教育之「行
政領導成效」上顯著優於中區學校。

　　(3)綜合討論

　　綜上所述，不同位置的國民小學，其在實施國際教育輸出面向之整體以
及課程教學與學生學習成效等分向度表現上，呈現無顯著差異存在，平均分
數都達中上程度，顯示國民小學不論任何位置的學校，推動國際教育課程教
學與學生學習成效都無差異。推論由於無論學校所在位置為何，如前所示，
在實施國際教育輸入與過程面向原已無顯著差異，由此推論，可能有關輸出
面向之課程教學與學生學習成效等分向度，預測也不會存有明顯差異，故不
同學校位置在整體國際教育輸出面向上就不易有顯著差異存在。此外，本研
究發現在行政領導成效上則是北區的國民小學顯著優於中區學校，推論原因
可能是北區學校的資源較為豐富，包括縣市政府推動期程較早，國際機場設
立時間較久，境外移入旅遊觀光、跨境求學、移動勞動力與跨國聯姻等人口

結構亦與他區不同，家長關注焦點與重視程度不同，歷年申辦 SIEP 學校北區也較之中區為多，至於真正的影響因素如何？則有待進一步的探究。

（二）不同學校規模在實施國際教育之輸入、過程與輸出面向之差異分析

本研究針對不同學校規模的國民小學在實施國際教育之輸入、過程與輸出面向之差異比較，亦即，將回收有效問卷資料進行單因子變異數分析，當變異數分析結果顯示組間達顯著差異($p<0.05$)時，則進行雪費法事後比較，其結果如下所述：

1.不同學校規模在實施國際教育輸入面向之差異分析討論

不同學校規模在實施國際教育輸入面向之差異分析結果如表 4-10。

表 4-10

不同學校規模實施國際教育輸入面向之差異分析表

分向度	組別	個數	平均數	標準差	變異來源	平方和	自由度	平均平方和	F	Scheffé 事後比較
國際教育理念	1	123	4.276	.478	組間	.769	2	.385	1.571	
	2	98	4.332	.497						
	3	437	4.365	.499	組內	160.358	655	.245		
	總和	658	4.343	.495	總和	161.127	657			
國際教育知能	1	123	3.623	.646	組間	1.149	2	.575	1.094	
	2	98	3.759	.741						
	3	437	3.715	.742	組內	344.234	655	.526		
	總和	658	3.705	.725	總和	345.383	657			
學校環境與設備	1	123	3.770	.654	組間	2.405	2	1.202	2.678	
	2	98	3.905	.692						
	3	437	3.928	.669	組內	294.068	655	.449		
	總和	658	3.895	.672	總和	296.472	657			

表 4-10

不同學校規模實施國際教育輸入面向之差異分析表

分向度	組別	個數	平均數	標準差	變異來源	平方和	自由度	平均平方和	F	Scheffé 事後比較
經費與資源整合	1	123	3.740	.706	組間	15.571	2	7.785	13.962*	3>1 3>2
	2	98	3.816	.866						
	3	437	4.096	.729	組內	365.221	655	.558		
	總和	658	3.988	.761	總和	380.792	657			
國際教育輸入面向	1	123	3.885	.475	組間	2.776	2	1.388	5.306*	3>1
	2	98	3.982	.537						
	3	437	4.052	.515	組內	171.313	655	.262		
	總和	658	4.010	.515	總和	174.089	657			

表格說明：

1.「組別」中的「1」代表「12 班(含)以下」組、「2」代表「13~24 班」組、「3」代表「25 班(含)以上」組

2.* $p < .05$

　　根據表 4-10 之資料分析討論如后：

(1)整體差異性分析

　　表4-10 為不同學校規模的受試者在推動國際教育輸入面向之整體及其分向度差異之 F 考驗。由表 4-10 可知，不同學校規模的受試者在推動國際教育輸入面向之整體得分平均情形：「12 班(含)以下」組(M=3.89)；「13-24 班」組(M=3.98)；「25 班(含)以上」組(M=4.05)，其 F 值為 5.31，$p < .05$ 結果達顯著差異，亦即，在整體實施國際教育輸入面向的得分表現上，學校規模不同而有顯著差異存在。同時，25 班(含)以上的大型學校得分顯著高於 12 班(含)以下的學校。

(2)分向度差異性分析

不同學校規模的受試者，除了在國際教育輸入面向的「經費與資源整合」分向度達顯著差異外；其在「國際教育理念」、「國際教育知能」以及「學校環境與設備」三個分向度中，均未達顯著差異。根據統計資料得知，學校規模不同，在「經費與資源整合」分向度的得分表現亦不同，亦即，25 班(含)以上的大型學校得分顯著高於 13-24 班和 12 班(含)以下的學校。

(3)綜合討論

綜上所述，不同規模的國民小學，其在實施國際教育輸入面向之整體上，呈現顯著差異水準，學校規模對國際教育輸入面向之「國際教育理念」、「國際教育知能」以及「學校環境與設備」方面，在統計上未達顯著差異，無論學校規模大小如何，都具有一定的國際教育理念、知能和環境設備。推論其原因是近年來聯外婚姻之普遍、境內境外旅遊與交流頻仍、資訊科技網路之遍及、國際移工或全球移動現況之影響等，故而不會因學校規模的不同而有所差異。而針對不同規模的國民小學在實施國際教育輸入面向的整體得分表現上有顯著差異方面，研究者推論原因可能與學校規模大小之編制員額數量、學生家長資源較為多元且豐富、家長委員會成員較多，經費與資源挹注較充足、且大規模學校多半位於較都市區域、公私部門資源協力與整合較容易等因素有關，而使得學校在推動國際教育之輸入面向相對較之規模較小之學校具有優勢，也使得統計資料顯示差異之情形。

2.不同學校規模在實施國際教育過程面向之差異分析討論

不同學校規模在實施國際教育過程面向之差異分析結果如表 4-11。

表 4-11

不同學校規模實施國際教育過程面向之差異分析表

分向度	組別	個數	平均數	標準差	變異來源	平方和	自由度	平均平方和	F	Scheffé事後比較
學校文化與氛圍	1	123	3.778	.667	組間	4.870	2	2.435	5.366*	
	2	98	3.916	.654						3>1
	3	437	4.001	.680	組內	297.268	655	.454		
	總和	658	3.947	.678	總和	302.138	657			
行政領導與執行	1	123	3.642	.653	組間	7.238	2	3.619	7.392*	
	2	98	3.861	.715						3>1
	3	437	3.917	.709	組內	320.667	655	.490		
	總和	658	3.857	.706	總和	327.905	657			
課程規劃與設計	1	123	3.434	.795	組間	3.862	2	1.931	2.977	
	2	98	3.694	.752						
	3	437	3.583	.820	組內	424.836	655	.649		
	總和	658	3.571	.808	總和	428.698	657			
統整教學與活動	1	123	3.724	.648	組間	1.158	2	.579	1.109	
	2	98	3.820	.739						
	3	437	3.833	.739	組內	342.111	655	.522		
	總和	658	3.811	.723	總和	343.269	657			
國際教育過程面向	1	123	3.655	.578	組間	3.575	2	1.788	4.634*	3>1
	2	98	3.830	.626						
	3	437	3.846	.632	組內	252.711	655	.386		
	總和	658	3.808	.625	總和	256.287	657			

表格說明：

1.「組別」中的「1」代表「12 班(含)以下」組、「2」代表「13~24 班」組、「3」代表「25 班(含)以上」組。

2.* $p < .05$。

根據表 4-11 之資料分析討論如后：

(1)整體差異性分析

表 4-11 為不同學校規模的受試者在推動國際教育過程面向之整體及其分向度差異之 *F* 考驗。由表 4-11 可知，不同學校規模的受試者在推動國際教育過程面向之整體的得分平均情形：「12 班(含)以下」組(M=3.66)；「13-24 班」組(M=3.83)；「25 班(含)以上」組(M=3.85)，其 *F* 值為 4.63，*p*＜.05 結果達顯著差異，亦即，在整體實施國際教育過程面向的得分表現上，學校規模不同而有顯著差異存在。其中，25 班(含)以上的學校得分顯著高於 12 班(含)以下的學校。

(2)分向度差異性分析

不同學校規模的受試者，在推動國際教育過程面向的「學校文化與氛圍」以及「行政領導與執行」二分向度達顯著差異，其中，25 班(含)以上的學校，在上述兩個分向度之得分，均顯著高於 12 班(含)以下的學校。而在「課程規劃與設計」以及「統整教學與活動」之分向度中，則不同規模大小的學校均未達顯著差異。換言之，不同的學校規模，在「學校文化與氛圍」和「行政領導與執行」的得分表現上有所差別，而在「課程規劃與設計」和「統整教學與活動」的得分表現上則沒有顯著差異。

(3)綜合討論

綜上所述，不同規模的國民小學，其在實施國際教育過程面向之整體及部份分向度上，呈現顯著差異水準。推論其原因可能與學校規模大小之編制員額數量、大校品牌行銷或傳統校風文化氛圍因素、行政領導風格與教師團隊互動合作機制、班群教師專業對話機制成熟度或因規模較大的學校教師班級競爭與家長比較壓力、學校少子女化問題與行銷壓力等因素，使得學校在推動國際教育之過程面向相對較之小規模學校具有優勢或機會點。

3.不同學校位置在實施國際教育輸出面向的差異分析討論

不同學校位置在實施國際教育輸出面向之差異分析結果如表 4-12。

表 4-12

不同學校規模實施國際教育輸出面向之差異分析表

分向度	組別	個數	平均數	標準差	變異來源	平方和	自由度	平均平方和	F	Scheffé 事後比較
行政領導成效	1	123	3.520	.707	組間	15.101	2	7.551	13.192[*]	
	2	98	3.745	.813						3>1
	3	437	3.910	.757	組內	374.892	655	.572		
	總和	658	3.813	.770	總和	389.994	657			
課程教學成效	1	123	3.652	.691	組間	3.232	2	1.616	3.256[*]	
	2	98	3.784	.679						3>1
	3	437	3.835	.714	組內	325.138	655	.496		
	總和	658	3.793	.707	總和	328.371	657			
學生學習成效	1	123	3.573	.658	組間	4.086	2	2.043	4.864[*]	
	2	98	3.752	.642						3>1
	3	437	3.779	.647	組內	275.083	655	.420		
	總和	658	3.736	.652	總和	279.169	657			
國際教育輸出面向	1	123	3.590	.593	組間	5.409	2	2.704	7.274[*]	
	2	98	3.762	.625						3>1
	3	437	3.827	.611	組內	243.521	655	.372		
	總和	658	3.773	.616	總和	248.930	657			

表格說明：

1.「組別」中的「1」代表「12 班(含)以下」組、「2」代表「13~24 班」組、「3」代表「25 班(含)以上」組。

2.* $p < .05$。

根據表 4-12 之資料分析討論如后：

(1)整體差異性分析

表 4-12 為不同學校規模的受試者在推動國際教育輸出面向之整體及其分向度差異之 F 考驗。由表 4-12 可知，不同學校規模的受試者在推動國際教育輸出面向之整體的得分平均情形：「12 班(含)以下」組(M=3.59)；「13-24 班」組(M=3.76)；「25 班(含)以上」組(M=3.83)，其 F 值為 7.27，$p < .05$ 結果達顯

著差異，亦即，在整體實施國際教育輸出面向的得分表現上，學校規模不同存在顯著差異。其中，25 班(含)以上學校明顯高於 12 班(含)以下。

(2)分向度差異性分析

不同學校規模的受試者，在國際教育輸出面向的所有分向度中，均達顯著差異。換言之，25 班(含)以上學校在「行政領導成效」、「課程教學成效」以及「學生學習成效」三個分向度上，均高於 12 班(含)以下的學校。學校規模大者得分表現較佳，小型學校則表現得分相對較低。

(3)綜合討論

綜上所述，不同規模的國民小學，其在實施國際教育輸出面向之整體及所有分向度上，均呈現顯著差異，代表學校規模對國際教育輸出面向之「行政領導成效」、「課程教學成效」以及「學生學習成效」方面，均有顯著差異。且學校規模大者得分表現較之小型學校的表現得分明顯較佳。推論其原因可能是規模較大的學校多半位於都會地區，包括員額編制、外語及資訊專長師資、文化刺激、經費與資源充足或家長社經與對子女的期望等因素之影響，故而規模較大的學校在輸出面向有所差異。而規模較小的學校可能由於經費資源較為不足或整合困難、位處偏鄉、山區或海邊、教職員異動更迭頻繁、外語或資訊師資闕如、家長職業屬性、對子女的教育期望或社經地位較不容許額外支出等因素，使得小型學校在推動國際教育之輸出面向也相異於大型學校。

（三）不同最高學歷的受試者在實施國際教育之輸入、過程與輸出面向之差異分析

本研究針對不同最高學歷的受試者在實施國際教育之輸入、過程與輸出面向之差異比較，亦即，將回收有效問卷資料進行單因子變異數分析，當變異數分析結果顯示組間達顯著差異(p 小於 0.05)時，則進行雪費法事後比較，其結果如下所述：

1.不同最高學歷的受試者在實施國際教育輸入面向之差異分析討論

不同最高學歷的受試者在實施國際教育輸入面向之差異分析結果如表 4-13。

表 4-13

不同最高學歷受試者實施國際教育輸入面向之差異分析表

分向度	組別	個數	平均數	標準差	變異來源	平方和	自由度	平均平方和	F	Scheffé 事後比較
國際教育理念	1	141	4.289	.490	組間	1.262	3	.421	1.721	
	2	101	4.374	.466						
	3	401	4.347	.503	組內	159.865	654	.244		
	4	15	4.567	.495						
	總和	658	4.343	.495	總和	161.127	657			
國際教育知能	1	141	3.584	.699	組間	5.667	3	1.889	3.637*	
	2	101	3.746	.701						
	3	401	3.719	.732	組內	339.716	654	.519		
	4	15	4.178	.755						
	總和	658	3.705	.725	總和	345.383	657			4>1
學校環境與設備	1	141	3.799	.704	組間	2.404	3	.801	1.782	
	2	101	3.937	.627						
	3	401	3.909	.664	組內	294.068	654	.450		
	4	15	4.133	.815						
	總和	658	3.895	.672	總和	296.472	657			
經費與資源整合	1	141	3.924	.761	組間	1.941	3	.647	1.117	
	2	101	4.033	.731						
	3	401	3.988	.771	組內	378.851	654	.579		
	4	15	4.267	.692						
	總和	658	3.988	.761	總和	380.792	657			
國際教育輸入面向	1	141	3.929	.506	組間	2.436	3	.812	3.094	
	2	101	4.050	.469						
	3	401	4.018	.521	組內	171.653	654	.262		
	4	15	4.308	.598						
	總和	658	4.010	.515	總和	174.089	657			

表格說明：

1.「組別」中的「1」代表「師院、師大或一般大學教育院系畢業」組、「2」代表「一般大學（學院）修畢師資職前教育課程」組、「3」代表「碩士」組、「4」代表「博士」組。2.* $p<.05$。

根據表 4-13 之資料分析討論如后：

(1)整體差異性分析

表 4-13 為不同最高學歷的受試者實施國際教育輸入面向整體及其分向度差異之 F 考驗。由表 4-13 可知，不同最高學歷的受試者在實施國際教育輸入面向整體的得分平均情形為：「師院、師大或一般大學教育院系畢業」組(M=3.93)；「一般大學（學院）修畢師資職前教育課程」組(M=4.05)；「碩士」組(M=4.02)；「博士」組(M=4.31)；其 $p > .05$，結果未達顯著差異。亦即，在整體實施國際教育輸入面向的得分表現上，不因最高學歷不同而有所差異，研究結果顯示，受試者的最高學歷在推動國際教育之輸入面向無顯著不同。

(2)分向度差異性分析

根據表 4-13 資料顯示，不同最高學歷的受試者，取得博士學位者在國際教育知能的得分上高於「師院、師大或一般大學教育院系畢業」組，並達顯著水準。其餘在「國際教育理念」、「學校環境與設備」以及「經費與資源整合」三個分向度上，均未達顯著差異。

(3)綜合討論

綜上，不同最高學歷的受試者，在推動國際教育輸入面向的整體結果沒有顯著差異。基於無實證研究文獻可茲比較，研究者推究其原因是目前臺灣國民小學申辦 SIEP 推動國際教育之前，均需接受教育部分區研習認證，其中，初階研習講座在國際教育之理念、概論、申辦計畫撰寫指導以及實際參與國際教育現場教師實務知識的分享，或是進階研習針對個人有興趣或關注的議題分流學習，對於實際執行國際教育的四軌計畫均有所精進與成長，而過去學位進修課程並不一定納入國際教育議題相關學分，因此在整體國際教育輸入面向方面，不同的最高學歷對國際教育輸入面向無顯著差異情形。此外，研究者推論可能是「博士」組多半在職後進修，較能與時俱進了解教育發展脈動與趨勢，是以在國際教育知能分向度的得分上，高於「師院、師大或一般大學教育院系畢業」組，並且達顯著差異。

2.不同最高學歷的受試者實施國際教育過程面向之差異分析討論

茲將不同最高學歷的受試者實施國際教育過程面向之差異分析結果，臚列於表 4-14。

表 4-14

不同最高學歷受試者實施國際教育過程面向之差異分析表

分向度	組別	個數	平均數	標準差	變異來源	平方和	自由度	平均平方和	F
學校文化與氛圍	1	141	3.867	.684	組間	3.615	3	1.205	2.640
	2	101	4.084	.637					
	3	401	3.932	.684	組內	298.523	654	.456	
	4	15	4.167	.617					
	總和	658	3.947	.678	總和	302.138	657		
行政領導與執行	1	141	3.766	.714	組間	2.479	3	.826	1.661
	2	101	3.967	.630					
	3	401	3.859	.718	組內	325.425	654	.498	
	4	15	3.933	.779					
	總和	658	3.857	.706	總和	327.905	657		
課程規劃與設計	1	141	3.506	.749	組間	1.641	3	.547	.837
	2	101	3.670	.719					
	3	401	3.572	.829	組內	427.058	654	.653	
	4	15	3.511	1.253					
	總和	658	3.571	.808	總和	428.698	657		
統整教學與活動	1	141	3.716	.750	組間	2.982	3	.994	1.911
	2	101	3.842	.716					
	3	401	3.824	.710	組內	340.287	654	.520	
	4	15	4.133	.785					
	總和	658	3.811	.723	總和	343.269	657		
國際教育過程面向	1	141	3.726	.613	組間	2.238	3	.746	1.921
	2	101	3.906	.578					
	3	401	3.807	.635	組內	254.048	654	.388	
	4	15	3.954	.682					
	總和	658	3.808	.625	總和	256.287	657		

表格說明：「組別」中的「1」代表「師院、師大或一般大學教育院系畢業」組、「2」代表「一般大學（學院）修畢師資職前教育課程」組、「3」代表「碩士」組、「4」代表「博士」組。

根據表 4-14 之資料分析討論如后：

(1)整體差異性分析

表 4-14 為不同最高學歷之受試者在實施國際教育過程之整體及其分向度差異之 F 考驗。由表 4-14 可知，不同學歷之受試者在實施國際教育過程整體的得分平均情形為：「師院、師大或一般大學教育院系畢業」組(M=3.73)；「一般大學（學院）修畢師資職前教育課程」組(M=3.91)；「碩士」組(M=3.81) ；「博士」組(M=3.95)，其 F 值為 1.92，$p > .05$ 結果均未達顯著差異。顯示不同學歷之受試者在整體實施國際教育之過程面向的得分表現上，沒有顯著差異。

(2)分向度差異性分析

根據表 4-14，不同最高學歷的受試者，其在推動國際教育之過程面向的「學校文化與氛圍」、「行政領導與執行」、「課程規劃與設計」以及「統整教學與活動」等四個分向度，均未達顯著差異。換言之，最高學歷雖然不同，但在「學校文化與氛圍」、「行政領導與執行」、「課程規劃與設計」以及「統整教學與活動」等分向度的得分表現上，亦均無明顯差異。

(3)綜合討論

綜上所述，不同最高學歷的受試者，在實施國際教育的過程面向的整體與分各向度得分上，均未達顯著差異，代表無論最高學歷為何，推動國際教育過程面向呈現無差異的情形。研究者推論，學校現場教育議題計畫的推動與實施關鍵，在於能夠掌握議題計畫的核心精神與執行成效，是以，國際教育之實施不受學歷文憑差異而影響。

3.不同最高學歷的受試者實施國際教育輸出面向之差異分析討論

茲將不同最高學歷的受試者實施國際教育輸出面向之差異分析結果，臚列於表 4-15。

表 4-15

不同最高學歷受試者實施國際教育輸出面向之差異分析表

分向度	組別	個數	平均數	標準差	變異來源	平方和	自由度	平均平方和	F
行政領導成效	1	141	3.792	.736	組間	1.986	3	.662	1.116
	2	101	3.898	.798					
	3	401	3.789	.774	組內	388.008	654	.593	
	4	15	4.067	.779					
	總和	658	3.813	.770	總和	389.994	657		
課程教學成效	1	141	3.723	.722	組間	3.890	3	1.297	2.613
	2	101	3.853	.641					
	3	401	3.787	.715	組內	324.481	654	.496	
	4	15	4.227	.663					
	總和	658	3.793	.707	總和	328.371	657		
學習學生成效	1	141	3.715	.623	組間	.283	3	.094	.221
	2	101	3.744	.643					
	3	401	3.737	.657	組內	278.885	654	.426	
	4	15	3.856	.873					
	總和	658	3.736	.652	總和	279.169	657		
國際教育輸出面向	1	141	3.735	.595	組間	1.433	3	.478	1.262
	2	101	3.816	.602					
	3	401	3.766	.623	組內	247.497	654	.378	
	4	15	4.033	.683					
	總和	658	3.773	.616	總和	248.930	657		

表格說明:「組別」中的「1」代表「師院、師大或一般大學教育院系畢業」
組、「2」代表「一般大學(學院)修畢師資職前教育課程」組、「3」代表
「碩士」組、「4」代表「博士」組。

根據表 4-15 之資料分析討論如后:

(1)整體差異性分析

　　表 4-15 為不同最高學歷的受試者在實施國際教育輸出面向之整體及其分
向度差異之 F 考驗。由表 4-15 可知,不同學歷的受試者在整體實施國際教育
輸出面向的得分平均情形為:「師院、師大或一般大學教育院系畢業」組
(M=3.74);「一般大學(學院)修畢師資職前教育課程」組(M=3.82);「碩士」

組(M=3.77) ；「博士」組(M=4.03)，其 $p > .05$，結果未達顯著差異。亦即，在實施國際教育輸出面向的整體得分表現上，不因受試者最高學歷的不同而有所差異。

(2)分向度差異性分析

從表 4-15 得知，最高學歷不同，其在「行政領導成效」、「課程教學成效」與「學生學習成效」各分向度的得分表現上，均未達顯著差異，值得一提的是「博士」組在各分向度的得分表現上，均高於其他組別；推究其原因可能是博士學程的課程較能汲取教育新興議題或是研讀較多中外文文獻，使得該組得分在行政領導、課程教學與學生學習成效上，相較於其他組別之得分為高。

(3)綜合討論

針對不同最高學歷的受試者在實施國際教育輸出面向上無顯著差異的結果，如前所示，由於無論最高學歷為何，在實施國際教育輸入與過程面向原已無顯著差異，由此推論，可能有關輸出面向之行政領導、課程教學與學生學習成效等分向度，預測也不會存有明顯差異，故不同學歷在整體國際教育輸出面向上就不易有顯著差異存在。承上，不同最高學歷的受試者，其在實施國際教育輸出面向之整體及課程教學與學生學習成效等分向度表現上，呈現無顯著差異存在，平均分數都達中上程度，顯示國民小學不論任何學歷的行政或教師，在推動國際教育之行政領導、課程教學與學生學習成效尚屬良好。

（四）不同服務年資的受試者在實施國際教育之輸入、過程與輸出面向之差異分析

本研究針對不同服務年資的受試者在實施國際教育之輸入、過程與輸出面向之差異比較，亦即，將回收有效問卷資料進行單因子變異數分析，當變異數分析結果顯示組間達顯著差異時，則進行雪費法事後比較，其結果如下所述：

1.不同服務年資的受試者在實施國際教育輸入面向之差異分析討論

不同服務年資的受試者在實施國際教育輸入面向之差異分析結果如表4-16。

表 4-16

不同服務年資受試者實施國際教育輸入面向之差異分析表

分向度	組別	個數	平均數	標準差	變異來源	平方和	自由度	平均平方和	F
國際教育理念	1	135	4.389	.473	組間	1.164	3	.388	1.587
	2	109	4.294	.502					
	3	190	4.300	.530	組內	159.963	654	.245	
	4	224	4.377	.472					
	總和	658	4.343	.495	總和	161.127	657		
國際教育知能	1	135	3.770	.739	組間	2.530	3	.843	1.608
	2	109	3.612	.686					
	3	190	3.654	.758	組內	342.854	654	.524	
	4	224	3.753	.703					
	總和	658	3.705	.725	總和	345.383	657		
學校環境與設備	1	135	3.857	.715	組間	.529	3	.176	.390
	2	109	3.945	.614					
	3	190	3.881	.710	組內	295.943	654	.453	
	4	224	3.905	.640					
	總和	658	3.895	.672	總和	296.472	657	（續下頁）	
經費與資源整合	1	135	3.926	.862	組間	.694	3	.231	.398
	2	109	3.988	.758					
	3	190	4.004	.747	組內	380.098	654	.581	
	4	224	4.012	.712					
	總和	658	3.988	.761	總和	380.792	657		
國際教育輸入面向	1	135	4.017	.521	組間	.383	3	.128	.481
	2	109	3.985	.478					
	3	190	3.986	.560	組內	173.705	654	.266	
	4	224	4.040	.489					
	總和	658	4.010	.515	總和	174.089	657		

表格說明：「組別」中的「1」代表「10 年(含)以下」組、「2」代表「11~15年」組、「3」代表「16~20 年」組、「4」代表「21 年(含)以上」組。

根據表 4-16 之資料分析討論如后：

(1)整體差異性分析

表 4-16 為不同服務年資的受試者實施國際教育輸入面向整體及其分向度差異之 F 考驗。由表 4-16 可知，不同服務年資的受試者在實施國際教育輸入面向整體的得分平均情形為：「10 年(含)以下」組(M=4.02)；「11~15 年」組(M=3.99)；「16~20 年」組(M=3.99)；「21 年(含)以上」組(M=4.04)；其 $p <$ .05，結果未達顯著差異。亦即，在整體實施國際教育輸入面向的得分表現上，不因服務年資不同而有所差異，研究結果顯示，受試者的服務年資不同在推動國際教育之輸入面向無顯著差異。

(2)分向度差異性分析

根據表 4-16 之研究資料顯示，不同服務年資的受試者，在各分向度上均未達顯著差異。換言之，無論服務年資之多寡，在「國際教育理念」、「國際教育知能」、「學校環境與設備」以及「經費與資源整合」等分向度上，得分表現均無明顯差異。

(3)綜合討論

綜上，不同服務年資在推動國際教育輸入面向的整體以及「國際教育理念」、「國際教育知能」、「學校環境與設備」以及「經費與資源整合」等分向度上均未達顯著差異；基於無實證研究文獻可茲比較，研究者推究其原因可能是願意參與推動國際教育之學校現場的行政與教師們，均能體認國際教育議題融入教學與學習活動的重要性，因此在整體國際教育輸入面向及分向度方面，不同服務年資的受試者之表現，均無顯著差異情形。

2.不同服務年資實施國際教育過程面向之差異分析討論

茲將不同服務年資的受試者實施國際教育過程面向之差異分析結果，臚列於表 4-17。

表 4-17

不同服務年資受試者實施國際教育過程面向之差異分析表

分向度	組別	個數	平均數	標準差	變異來源	平方和	自由度	平均平方和	F
學校文化與氛圍	1	135	3.943	.683	組間	1.488	3	.496	1.079
	2	109	3.890	.665					
	3	190	3.909	.700	組內	300.650	654	.460	
	4	224	4.009	.662					
	總和	658	3.947	.678	總和	302.138	657		
行政領導與執行	1	135	3.867	.734	組間	1.411	3	.470	.942
	2	109	3.771	.660					
	3	190	3.842	.738	組內	326.494	654	.499	
	4	224	3.906	.683					
	總和	658	3.857	.706	總和	327.905	657		
課程規劃與設計	1	135	3.563	.791	組間	.575	3	.192	.293
	2	109	3.517	.764					
	3	190	3.570	.837	組內	428.123	654	.655	
	4	224	3.604	.817					
	總和	658	3.571	.808	總和	428.698	657		
課程規劃與設計	1	135	3.563	.791	組間	.575	3	.192	.293
	2	109	3.517	.764					
	3	190	3.570	.837	組內	428.123	654	.655	
	4	224	3.604	.817					
	總和	658	3.571	.808	總和	428.698	657		
統整教學與活動	1	135	3.857	.722	組間	.884	3	.295	.563
	2	109	3.743	.613					
	3	190	3.830	.758	組內	342.385	654	.524	
	4	224	3.799	.744					
	總和	658	3.811	.723	總和	343.269	657		
國際教育過程面向	1	135	3.818	.618	組間	.785	3	.262	.669
	2	109	3.742	.561					
	3	190	3.797	.669	組內	255.502	654	.391	
	4	224	3.843	.620					
	總和	658	3.808	.625	總和	256.287	657		

表格說明:「組別」中的「1」代表「10 年(含)以下」組、「2」代表「11~15 年」組、「3」代表「16~20 年」組、「4」代表「21 年(含)以上」組。

　　根據表 4-17 之資料分析討論如后：

　　(1)整體差異性分析

　　表 4-17 為不同服務年資的受試者在實施國際教育過程之整體及其分向度差異之 F 考驗。由表 4-17 可知，不同服務年資的受試者在實施國際教育過程整體的得分平均情形為：「10 年(含)以下」組(M=3.82)；「11~15 年」組(M=3.74)；「16~20 年」組(M=3.80) ；「21 年(含)以上」組(M=3.84)，其 $p > .05$，結果均未達顯著差異。顯示不同服務年資的受試者在整體實施國際教育之過程面向的得分表現上，沒有顯著差異。

　　(2)分向度差異性分析

　　根據表 4-17，不同服務年資的受試者，其在推動國際教育之過程面向的「學校文化與氛圍」、「行政領導與執行」、「課程規劃與設計」以及「統整教學與活動」等四個分向度，均未達顯著差異。亦即，服務年資雖然不同，但在「學校文化與氛圍」、「行政領導與執行」、「課程規劃與設計」以及「統整教學與活動」的得分表現上，屬於中上程度，且均無明顯差異。

　　(3)綜合討論

　　綜上，不同服務年資的受試者，在實施國際教育的過程面向各向度，均未達顯著差異，代表無論服務年資多寡，推動國際教育過程呈現無差異的情形。誠然，行政與課程教學均是學校場域的職責所在，可能在精進國際教育之研習歷程中，習焉不察的形塑了推動國際教育之信念，增進行政與教師的實施知能與熱忱，再加上校長與行政的支持與執行，致使國際教育過程面向之實施不因服務年資而影響。

3.不同服務年資實施國際教育輸出面向之差異分析討論

　　茲將不同服務年資的受試者實施國際教育輸出面向之差異分析結果，臚列於表 4-18。

表 4-18

不同服務年資受試者實施國際教育輸出面向之差異分析表

分向度	組別	個數	平均數	標準差	變異來源	平方和	自由度	平均平方和	F	Scheffé 事後比較
行政領導成效	1	135	3.800	.862	組間	3.102	3	1.034	1.748	
	2	109	3.667	.782						
	3	190	3.849	.752	組內	386.892	654	.592		
	4	224	3.860	.716						
	總和	658	3.813	.770	總和	389.994	657			
課程教學成效	1	135	3.855	.704	組間	1.611	3	.537	1.075	
	2	109	3.697	.665						
	3	190	3.783	.750	組內	326.759	654	.500		
	4	224	3.812	.691						
	總和	658	3.793	.707	總和	328.371	657			
學生學習成效	1	135	3.860	.688	組間	4.362	3	1.454	3.461[*]	
	2	109	3.593	.610						
	3	190	3.722	.691	組內	274.806	654	.420		1>2
	4	224	3.743	.603						
	總和	658	3.736	.652	總和	279.169	657			
國際教育輸出面向	1	135	3.846	.634	組間	2.552	3	.851	2.258	
	2	109	3.646	.562						
	3	190	3.771	.660	組內	246.378	654	.377		
	4	224	3.793	.585						
	總和	658	3.773	.616	總和	248.930	657			

表格說明：

1.「組別」中的「1」代表「10 年(含)以下」組、「2」代表「11~15 年」組、「3」代表「16~20 年」組、「4」代表「21 年(含)以上」組。

2.* $p<.05$。

根據表 4-18 之資料分析討論如后：

(1)整體差異性分析

　　表 4-18 為不同服務年資的受試者在實施國際教育輸出面向之整體及其分向度差異之 F 考驗。由表 4-18 可知，不同服務年資的受試者在實施國際教育輸出面向整體的得分平均情形為：「10 年(含)以下」組(M=3.85)；「11~15 年」

組(M=3.65)；「16~20 年」組(M=3.77)；「21 年(含)以上」組(M=3.79)，其 $p > .05$，結果均未達顯著差異。顯示不同服務年資的受試者在整體實施國際教育之輸出面向的得分表現上，沒有顯著差異。

(2)分向度差異性分析

根據表 4-18，不同服務年資的受試者，其在推動國際教育之輸出面向的「行政領導成效」以及「課程教學成效」兩個分向度，均未達顯著差異。但在「學生學習成效」的得分表現上，則有明顯差異。易言之，服務年資在 10 年（含）以下者之得分明顯高於 11 到 15 年者。

(3)綜合討論

綜上所述，不同服務年資的受試者，在實施國際教育的輸出面向整體及其「行政領導成效」和「課程教學成效」等分向度的得分表現上，均未達顯著差異，代表無論服務年資多寡，推動國際教育輸出面向呈現無差異的情形。研究者認為，在整體國際教育輸入和過程面向及其各分向度上，不同服務年資的受試者之得分表現，均無顯著差異情形，是以在輸出面向之整體與分向度上也不會有所差異。

在學生學習成效方面，服務年資 10 年（含）以下者之得分顯著高於服務年資 11 到 15 年者。研究者推論，可能由於服務年資 10 年（含）以下者之教師，與學生年齡距離相對較為接近，容易理解與同理學生在國際教育學習上之需求或困難，或是較能了解學生之次文化，因而得分表現較高。

另外從研究結果發現，值得關注的是：服務年資在 11 到 15 年者，在整體輸出面向及其各分向度之得分，均呈現相對較低之狀況，根據教師專業發展階段觀之，超過十年年資之教師乃屬於饒見維(2003)觀點之「勝任教師精進階段」中的「統整期」，理當已累積一定的服務經驗與實務知識，逐漸邁向專業圓熟的境界；然而，本研究卻發現服務年資 11 到 15 年之教師得分較低的情形，其原因需要進一步探究。

（五）擔任不同職務在實施國際教育之輸入、過程與輸出面向之差異分析

本研究針對擔任不同職務的受試者在實施國際教育之輸入、過程與輸出面向之差異進行比較，亦即，將回收有效問卷資料進行單因子變異數分析，當變異數分析結果顯示組間達顯著差異時，則進行雪費法事後比較，其結果如下所述：

1.擔任職務不同的受試者在實施國際教育輸入面向之差異分析討論

擔任職務不同的受試者在實施國際教育輸入面向之差異分析結果如表4-19。

表 4-19

擔任職務不同實施國際教育輸入面向之差異分析表

分向度	組別	個數	平均數	標準差	變異來源	平方和	自由度	平均平方和	F	Scheffé 事後比較
國際教育理念	1	329	4.381	.497	組間	.953	2	.476	1.948	
	2	242	4.300	.490						
	3	87	4.325	.497	組內	160.174	655	.245		
	總和	658	4.343	.495	總和	161.127	657			
國際教育知能	1	329	3.783	.716	組間	5.680	2	2.840	5.476*	
	2	242	3.584	.708						1>2
	3	87	3.743	.769	組內	339.703	655	.519		
	總和	658	3.705	.725	總和	345.383	657			
學校環境與設備	1	329	3.965	.661	組間	3.436	2	1.718	3.840*	
	2	242	3.840	.656						1>3
	3	87	3.782	.733	組內	293.036	655	.447		
	總和	658	3.895	.672	總和	296.472	657			
經費與資源整合	1	329	4.031	.735	組間	1.612	2	.806	1.392	
	2	242	3.964	.740						
	3	87	3.889	.903	組內	379.180	655	.579		
	總和	658	3.988	.761	總和	380.792	657			
國際教育輸入面向	1	329	4.066	.519	組間	2.058	2	1.029	3.918*	
	2	242	3.951	.495						1>2
	3	87	3.965	.535	組內	172.031	655	.263		
	總和	658	4.010	.515	總和	174.089	657			

表格說明：

1.「組別」中的「1」代表「兼任行政人員」組、「2」代表「級任教師（導師）」組、「3」代表「科任教師（專任教師）」組。

2.* $p < .05$。

　　根據表 4-19 之資料分析討論如后：

(1)整體差異性分析

　　表 4-19 為擔任不同職務的受試者實施國際教育輸入面向整體及其分分向度差異之 F 考驗。由表 4-19 可知，擔任不同職務的受試者在實施國際教育輸入面向整體的得分平均情形為：「兼任行政人員」組(M=4.07)；「級任教師（導

師）」組(M=3.95)；「科任教師（專任教師）」(M=3.97)；其 F 值為 3.92，$p<.05$ 結果達顯著差異。亦即，在整體實施國際教育輸入面向的得分表現上，所任職務不同在推動國際教育輸入面向上有所差異。換言之，研究結果顯示，受試者擔任的職務不同在推動國際教育之輸入面向存在顯著差異。同時，行政人員之整體得分表現高於級任教師（導師）。

(2)分向度差異性分析

根據表 4-19 資料顯示，不同擔任職務的受試者，在「國際教育知能」和「學校環境與設備」，均達顯著差異，而在「國際教育理念」以及「經費與資源整合」分向度上則未達顯著差異。其中，在「國際教育知能」向度上，行政人員之得分表現高於級任教師（導師），在「學校環境與設備」向度上，行政人員之得分表現則高於科任教師（專任教師）。

(3)綜合討論

綜上，不同擔任職務的受試者，在推動國際教育輸入面向之整體及「國際教育知能」和「學校環境與設備」分向度上存在顯著差異。其中，行政人員之整體得分表現高於級任教師（導師），而在上述分向度上，行政人員之得分表現分別高於級任教師（導師）及科任教師（專任教師）。研究者推究其原因可能是不同擔任職務的受試者接觸國際教育議題之行政計畫文書不同，參與國際教育相關研習之機會也不同，較能與時俱進了解國際教育發展脈動，而「學校環境與設備」是教學現場的後勤支援，關乎國際教育實施之良窳，特別是「兼任行政人員」組在各分向度的得分上均高於另外兩個組別，可能與其決策權力和行政執行有關，因此在整體國際教育輸入面向方面，不同擔任職務者對國際教育輸入面向之整體或部份分向度，存有顯著差異情形。

2.擔任不同職務的受試者在實施國際教育過程面向之差異分析討論

擔任不同職務的受試者在實施國際教育過程面向之差異分析結果如表 4-20。

表 4-20

擔任不同職務實施國際教育過程面向之差異分析表

分向度	組別	個數	平均數	標準差	變異來源	平方和	自由度	平均平方和	F	Scheffé 事後比較
學校文化與氛圍	1	329	4.019	.660	組間	3.886	2	1.943	4.267*	
	2	242	3.852	.684						1>2
	3	87	3.937	.703	組內	298.252	655	.455		
	總和	658	3.947	.678	總和	302.138	657			
行政領導與執行	1	329	3.928	.677	組間	3.640	2	1.820	3.676*	
	2	242	3.767	.699						1>2
	3	87	3.839	.807	組內	324.265	655	.495		
	總和	658	3.857	.706	總和	327.905	657			
課程規劃與設計	1	329	3.661	.804	組間	6.159	2	3.080	4.774*	
	2	242	3.450	.767						1>2
	3	87	3.571	.893	組內	422.539	655	.645		
	總和	658	3.571	.808	總和	428.698	657			
統整教學與活動	1	329	3.874	.714	組間	3.131	2	1.566	3.015*	
	2	242	3.725	.700						1>2
	3	87	3.808	.800	組內	340.138	655	.519		
	總和	658	3.811	.723	總和	343.269	657			
國際教育過程面向	1	329	3.882	.612	組間	4.107	2	2.054	5.334*	
	2	242	3.710	.611						1>2
	3	87	3.800	.674	組內	252.180	655	.385		
	總和	658	3.808	.625	總和	256.287	657			

表格說明：

1.「組別」中的「1」代表「兼任行政人員」組、「2」代表「級任教師（導師）」組、「3」代表「科任教師（專任教師）」組。

2.* $p<.05$。

根據表 4-20 之資料分析討論如后：

(1)整體差異性分析討論

　　表 4-20 為擔任不同職務的受試者實施國際教育過程面向整體及其分向度差異之 F 考驗。由表 4-20 可知，擔任不同職務的受試者在實施國際教育過程面向整體的得分平均情形為：「兼任行政人員」組(M=3.88)；「級任教師（導

師）」組(M=3.71)；「科任教師（專任教師）」(M=3.80)；其 F 值為 5.33，$p<.05$ 結果達顯著差異。亦即，在整體實施國際教育過程面向的得分表現上，所任職務不同在推動國際教育過程面向之整體表現上有所差異，其中，擔任行政人員的得分表現明顯高於級任教師（導師）。換言之，研究結果顯示，受試者的職務不同在推動國際教育之過程面向存在顯著差異。

(2)分向度差異性分析討論

根據表 4-20 資料顯示，擔任不同職務的受試者，在「國際教育理念」、「國際教育知能」、「學校環境與設備」以及「經費與資源整合」等四個分向度上，均達顯著差異。而所有分向度之得分表現上，擔任行政人員也都明顯高於級任教師（導師）。

(3)綜合討論

綜上，擔任不同職務的受試者在整體表現與各個分向度上均有顯著差異；而且擔任行政人員也都明顯高於級任教師（導師），基於無實證研究文獻可茲比較，推究其原因可能是本研究回收之有效樣本中，行政人員填答率佔 50%，而實施國際教育過程面向之分向度中，行政人員必須形塑與營造校園國際教育組織氛圍、管考經費、引入與整合內外部資源、進行課程與教學領導，角色較為多元與全方位斡旋和推行，而級任教師（導師）之角色與任務，相較於行政人員則只要聚焦在課程設計與課室之教學、親師溝通互動及班級經營構面，因此在整體國際教育過程面向及其各分向度方面，擔任行政職務者對國際教育輸入面向，則存有顯著差異情形。

3.擔任職務不同在實施國際教育輸出面向之差異分析討論

擔任職務不同的受試者在實施國際教育輸出面向之差異分析結果如表 4-21。

表 4-21

擔任職務不同實施國際教育輸出面向之差異分析表

分向度	組別	個數	平均數	標準差	變異來源	平方和	自由度	平均平方和	F	Scheffé 事後比較
行政領導成效	1	329	3.863	.749	組間	1.867	2	.934	1.576	
	2	242	3.748	.739						
	3	87	3.801	.917	組內	388.127	655	.593		
	總和	658	3.813	.770	總和	389.994	657			
課程教學成效	1	329	3.859	.688	組間	4.186	2	2.093	4.229*	
	2	242	3.689	.709						1>2
	3	87	3.834	.745	組內	324.185	655	.495		
	總和	658	3.793	.707	總和	328.371	657			
學生學習成效	1	329	3.805	.628	組間	3.480	2	1.740	4.134*	
	2	242	3.648	.639						1>2
	3	87	3.720	.747	組內	275.688	655	.421		
	總和	658	3.736	.652	總和	279.169	657			
國際教育輸出面向	1	329	3.837	.602	組間	3.257	2	1.629	4.342*	
	2	242	3.684	.606						1>2
	3	87	3.778	.669	組內	245.672	655	.375		
	總和	658	3.773	.616	總和	248.930	657			

表格說明：

1.「組別」中的「1」代表「兼任行政人員」組、「2」代表「級任教師（導師）」組、「3」代表「科任教師（專任教師）」組。

2.* $p < .05$。

根據表 4-21 之資料分析討論如后：

(1)整體差異性分析

表 4-21 為擔任不同職務的受試者實施國際教育輸出面向整體及其分向度差異之 F 考驗。由表 4-21 可知，擔任不同職務的受試者在實施國際教育輸出面向整體的得分平均情形為：「兼任行政人員」組(M=3.84)；「級任教師（導師）」組(M=3.68)；「科任教師（專任教師）」(M=3.78)；其 F 值為 4.34，$p < .05$ 結果達顯著差異，其中，擔任行政人員之整體得分表現明顯高於級任教師（導

師)。換言之,研究結果顯示,在整體實施國際教育輸出面向的得分表現上,所任職務不同在推動國際教育輸出面向上有所差異,亦即,受試者的職務不同在推動國際教育之輸出面向存在顯著差異。

(2)分向度差異性分析

根據表 4-21 資料顯示,擔任不同職務的受試者,在「課程教學成效」與「學生學習成效」等二個分向度上,均達顯著差異,其中,擔任行政人員也都明顯高於級任教師(導師)。而在「行政領導成效」分向度上則未達顯著差異。

(3)綜合討論

綜上,擔任職務不同,在整體實施國際教育輸出面向及其「課程教學成效」和「學生學習成效」分向度上,均有顯著差異。推論其原因可能是,學校本來就是以學生學習為主體的場域,關注於課程與教學成效方能發揮對學生學習的直接作用,確保學生學習品質,而行政領導是支援課程教學的後勤單位,也是達成有效學習的手段之一,準此,實施國際教育輸出面向之整體表現及其「課程教學成效」和「學生學習成效」分向度上之表現達到顯著差異,似乎能反映學校現場的實務。

(六)小結

本段旨在回應本研究之目的與待答問題之第二項,茲分述研究結果發現於后:

首先,不同區域位置的國民小學在推動國際教育輸入、過程與輸出面向的整體得分表現結果沒有顯著差異;除了,在輸入面向之「國際教育理念」與輸出面向之「行政領導成效」兩個分向度上,不同區域位置之學校,達顯著差異外,其餘各面向之分向度均未達顯著差異。

在「國際教育理念」分向度上,北區得分高於南區學校受試者;在「行政領導成效」上,北區得分高於中區學校受試者,且均達顯著差異。

其次，不同學校規模在實施國際教育輸入、過程與輸出面向的整體得分表現上，均有顯著差異存在。其中，25 班(含)以上的學校在輸入、過程與輸出面向之得分，均顯著高於 12 班(含)以下的學校。

就分向度觀之，學校規模不同，在「經費與資源整合」、「學校文化與氛圍」、「行政領導與執行」、「行政領導成效」、「課程教學成效」以及「學生學習成效」等分向度的得分表現均顯著不同。換言之，上述六個分向度中，25 班(含)以上的學校得分顯著高於 12 班(含)以下的學校。而在「經費與資源整合」分向度上，25 班(含)以上的學校得分也顯著高於 13-24 班者。

再其次，最高學歷不同在實施國際教育輸入、過程與輸出面向的整體得分表現上，沒有顯著差異。就分向度觀之，不同最高學歷的受試者中，取得博士學位者在「國際教育知能」分向度的得分上高於「師院、師大或一般大學教育院系畢業」組，並達顯著水準。而在其餘輸入、過程與輸出面向的各分向度上，不同最高學歷則沒有顯著差異。

再者，不同服務年資在推動國際教育輸入、過程與輸出面向的整體得分表現上，均未達顯著差異。除了在「學生學習成效」分向度的得分表現上，服務年資 10（含）年以下者顯著高於服務 11 到 15 年者外，其他各面向之各分向度得分表現上，均未達顯著差異。

最後，擔任不同職務的受試者在推動國際教育之輸入、過程與輸出面向的整體得分表現上，均存在顯著差異。其中，行政人員之整體得分表現高於級任教師（導師）。

就分向度觀之，擔任不同職務的受試者，除了在「國際教育理念」、「經費與資源整合」和「行政領導成效」上，未達顯著差異外，其餘各面向之各分向度得分表現上，均達顯著差異；要言之，行政人員之得分表現均高於級任教師（導師）。而在「學校環境與設備」向度上，行政人員之得分表現則顯著高於科任教師（專任教師）。

三、國民小學實施國際教育輸入、過程與輸出面向之相關分析

本段旨在探析臺灣國民小學實施國際教育輸入、過程與輸出面向之相關情形。國際教育輸入面向包括推動國際教育理念、國際教育知能、學校環境與設備以及經費與資源整合等四個向度；其過程面向包括學校文化與氛圍、行政領導與執行、課程規劃與設計以及統整教學與活動等四個向度；而輸出面向則包括行政領導成效、課程教學成效與學生學習成效等三個向度。根據吳明隆和涂金堂（2017）的觀點，相關係數小於.4 為低度相關，介於.4 到.8 為中度相關，大於.8 則為高度相關。此部分之統計方法為 Pearson 積差相關，以下分別探討上述各分向度間之相關情形。

（一）國民小學實施國際教育輸入與過程面向之相關分析與討論

本段逐一對照分析國民小學實施國際教育輸入面向與過程面向之相關情形並加以討論。

1.國民小學實施國際教育輸入面向與過程面向之相關分析

為了進一步釐清國民小學實施國際教育輸入面向之整體及各分向度，對過程面向之整體及各分向度彼此的相關程度，茲將推動國際教育輸入面向與過程面向之相關分析摘要整理於表 4-22，並逐一對照說明。

表 4-22

推動國際教育輸入面向與過程面向之相關分析摘要表

分向度	學校文化與氛圍	行政領導與執行	課程規劃與設計	統整教學與活動	國際教育過程面向
國際教育理念	$.380^{**}$	$.388^{**}$	$.315^{**}$	$.476^{**}$	$.449^{**}$
國際教育知能	$.564^{**}$	$.559^{**}$	$.604^{**}$	$.594^{**}$	$.673^{**}$
學校環境與設備	$.629^{**}$	$.629^{**}$	$.518^{**}$	$.550^{**}$	$.676^{**}$
經費與資源整合	$.673^{**}$	$.686^{**}$	$.501^{**}$	$.525^{**}$	$.694^{**}$
國際教育輸入面向	$.715^{**}$	$.720^{**}$	$.616^{**}$	$.678^{**}$	$.792^{**}$

$** \, p < .01$

　　由表 4-22 得知,國際教育理念與國際教育過程面向總分相關係數為.45,達顯著水準;其與過程面向各分向度相關係數由高而低依序為統整教學與活動(.48)、行政領導與執行(.39)、學校文化與氛圍(.38)以及課程規劃與設計(.32),均達顯著水準。除了課程規劃與設計外,皆為中度到臨界中度正相關。亦即,國民小學國際教育輸入面向中之「國際教育理念」分向度,會中度正向影響其在國際教育過程面向整體及其分向度,諸如:「學校文化與氛圍」、「行政領導與執行」以及「統整教學與活動」的表現。易言之,推動國際教育之理念對國際教育過程面向之整體及「統整教學與活動」有中度正向影響;而對於「學校文化與氛圍」和「行政領導與執行」有正向影響,但影響程度較輕微;至於對「課程規劃與設計」之影響則相對較低。

　　其次,國際教育知能與國際教育過程面向總分相關係數為.67,達顯著水準;其與過程面向各分向度相關係數由高而低依序為:課程規劃與設計(.60)、統整教學與活動(.59)、學校文化與氛圍(.56)以及行政領導與執行(.56),均達顯著水準,且皆為中度正相關。亦即,國民小學國際教育輸入面向之「國際教育知能」向度,會中度正向影響其在國際教育過程面向之整體及其分向度,包括:「學校文化與氛圍」、「行政領導與執行」、「課程規劃與設計」以及「統整教學與活動」等向度的表現。換言之,國際教育知能對國際教育過程面向整體及其各分向度均有中度正向影響。

再者，學校環境與設備和國際教育過程面向總分相關係數為.68，達顯著水準，屬於中度正相關；其與過程面向各分向度相關係數由高而低依序為：「學校文化與氛圍」和「行政領導與執行」均是.63、「統整教學與活動」（.55）以及「課程規劃與設計」（.52），均達顯著水準，且均為中度正相關。亦即，學校環境與設備對國際教育過程面向之整體及其各分向度均有中度正向影響。

最後，經費與資源整合和國際教育過程面向總分相關係數為.69，達顯著水準；其與過程面向各分向度相關係數由高而低依序為：「行政領導與執行」（.69）、「學校文化與氛圍」（.67）、「統整教學與活動」（.53）以及「課程規劃與設計」（.50），均達顯著水準，且皆為中度正相關。亦即，經費與資源整合對國際教育過程面向之整體及其各分向度都有中度正向影響。

國際教育輸入面向與國際教育過程面向總分相關係數為.79，達顯著水準；其與過程面向中各分向度相關係數由高而低依序為「行政領導與執行」（.72）、「學校文化與氛圍」（.72）、「統整教學與活動」（.68）以及「課程規劃與設計」（.62），均達顯著水準，且皆為中度正相關。準此，國際教育輸入面向整體而言，對國際教育過程面向之整體及其各分向度均具有中度正向影響。

2.國際教育輸入面向與國際教育過程面向之相關分析討論

首先，根據本研究結果分析發現，整體之國際教育輸入面向與國際教育過程面向間呈現顯著的中度正相關（$r=.79$，$p<.001$）；亦即，國際教育輸入面向之整體得分愈高者，其在國際教育過程面向之整體得分也會愈高。

再者，探討國際教育輸入面向與國際教育過程面向各分向度相關係數，均達顯著水準，且均為低度至中度正相關；而在國際教育輸入面向各分向度與國際教育過程面向整體及其分向度的關係係數，亦均達顯著正相關，其中，分向度間以「行政領導與執行」和「經費與資源整合」之相關係數最高(.69)；而國際教育輸入面向之分向度「經費與資源整合」與國際教育過程面向的相關係數最高(.69)；就國際教育過程面向之分向度「行政領導與執行」與國際教育輸入面向的相關係數而言為最高(.72)。

　　析論上述之研究結果可以得知，國際教育之整體輸入面向及各分向度得分程度愈高，其整體過程面向及各分向度亦愈高。推究其原因，可能因為國際教育之理念與知能愈正向則愈能營造良好的學校文化氛圍，在行政領導與執行、課程規劃與教學活動等更能有效掌握國際教育之推動核心，也更能提供適切環境設備以及引入資源、合理分配經費。至於有關國民小學國際教育輸入與過程面向相關實證研究尚未有研究涉及，亦更顯得本研究主題的重要性。

（二）國民小學實施國際教育輸入與輸出面向之相關分析與討論

　　本段逐一對照分析國民小學實施國際教育輸入面向與輸出面向之相關情形並加以討論。

1.國民小學實施國際教育輸入面向與輸出面向之相關分析

　　為了進一步釐清國民小學實施國際教育輸入面向之整體及各分向度，對輸出面向之整體及各分向度彼此的相關程度，茲將推動國際教育輸入面向與輸出面向之相關分析摘要整理於表 4-23，並逐一對照解析。

表 4-23

推動國際教育輸入面向與輸出面向之相關分析摘要表

分向度	行政領導成效	課程教學成效	學生學習成效	國際教育輸出面向
國際教育理念	$.338^{**}$	$.431^{**}$	$.391^{**}$	$.445^{**}$
國際教育知能	$.475^{**}$	$.631^{**}$	$.510^{**}$	$.618^{**}$
學校環境與設備	$.571^{**}$	$.582^{**}$	$.519^{**}$	$.627^{**}$
經費與資源整合	$.684^{**}$	$.546^{**}$	$.544^{**}$	$.654^{**}$
國際教育輸入面向	$.660^{**}$	$.694^{**}$	$.623^{**}$	$.745^{**}$

$** \, p < .01$

　　由表 4-23 可知，國際教育理念與國際教育輸出面向總分相關係數為.45，達顯著水準；其與輸出面向各分向度相關係數由高而低依序為：課程教學成

效（.43）、學生學習成效（.39）以及行政領導成效（.34），均達顯著水準，除了課程教學成效為中度正相關外，其中，學生學習成效為臨界中度正相關，而行政領導成效則屬於低度相關。亦即，國民小學國際教育輸入面向中之「國際教育理念」分向度，會中度正向影響其在國際教育輸出面向整體及其分向度之「課程教學成效」與「學生學習成效」的表現。易言之，推動國際教育之理念對國際教育輸出面向之整體及「課程教學成效」有中度正向影響；而對於「學生學習成效」具有正向影響，但影響程度相對較輕微；至於對「行政領導成效」之影響則較為低。

其次，國際教育知能與國際教育輸出面向總分相關係數為.62，達顯著水準；其與輸出面向各分向度相關係數由高而低依序為：「課程教學成效」（.63）、「學生學習成效」（.51）以及「行政領導成效」（.48），均達顯著水準，且皆為中度正相關。亦即，國民小學國際教育輸入面向之「國際教育知能」向度，會中度正向影響其在國際教育輸出面向之整體及其分向度的表現。換言之，推動國際教育知能對國際教育輸出面向整體及其各分向度均有中度正向影響。

再者，學校環境與設備和國際教育輸出面向總分相關係數為.63，達顯著水準，屬於中度正相關；其與輸出面向各分向度相關係數由高而低依序為：「課程教學成效」（.58）、「行政領導成效」（.57）以及「學生學習成效」（.52），均達顯著水準，且均為中度正相關。亦即，學校環境與設備對國際教育輸出面向之整體及其各分向度均有中度正向影響。

最後，經費與資源整合和國際教育輸出面向總分相關係數為.65，達顯著水準；其與輸出面向各分向度相關係數由高而低依序為：「行政領導成效」（.68）、「課程教學成效」（.55）以及「學生學習成效」（.54），均達顯著水準，且皆為中度正相關。亦即，經費與資源整合對國際教育輸出面向之整體及其各分向度都有中度正向影響。

國際教育輸入面向與國際教育輸出面向總分相關為.75，達顯著水準；其與輸出面向中各分向度相關係數由高而低依序為：「課程教學成效」（.69）、「行

政領導成效」（.66）以及「學生學習成效」（.62），均達顯著水準，且皆為中度正相關。準此，國際教育輸入面向整體而言，對國際教育輸出面向之整體及其各分向度均具有中度正向影響。

2.國民小學實施國際教育輸入面向與輸出面向之相關分析討論

首先，根據本研究結果分析發現，整體之國際教育輸入面向與國際教育輸出面向間呈現顯著的中度正相關（$r=.75$，$p<.001$）；亦即，國際教育輸入面向之整體得分愈高者，其在國際教育輸出面向之整體得分也會愈高。

再者，探討國際教育輸入面向與國際教育輸出面向各分向度相關係數，均達顯著水準，且均為低度至中度正相關；而在國際教育輸入面向各分向度與國際教育輸出面向整體及其分向度的關係係數，亦均達顯著正相關，其中，輸入面向對應輸出面向之分向度間，以「行政領導成效」和「經費與資源整合」之相關係數最高(.68)；「課程教學成效」和「國際教育知能」之相關係數最高(.63)；而「學生學習成效」則和「經費與資源整合」之相關係數最高(.54)；而國際教育輸入面向之「經費與資源整合」向度與整體輸出面向的相關係數最高(.65)；就國際教育輸出面向之「課程教學成效」向度與整體輸入面向的相關係數而言為最高(.69)。

析論上述之研究結果可知，國際教育之整體輸入面向及各分向度得分程度愈高，其整體輸出面向及各分向度亦愈高。推究其原因，可能是國民小學學校現場特別仰賴經費補助與社會資源之挹注與引入，而行政教師國際教育知能有助精進教學效能。關於國民小學國際教育輸入與輸出面向相關實證研究尚未有研究論及，足見本研究主題之意義。茲爰引蔡金田和許瑞芳（2019）研究指出之教師多元文化素養對教學效能有顯著正向影響效果，教師多元文化素養越高，則教師所感受的教學效能越高，以作為延伸對照本研究結果與蔡金田和許瑞芳之研究概念近似。

（三）國民小學實施國際教育過程面向與輸出面向之相關分析與討論

本段逐一對照分析國民小學實施國際教育過程面向與輸出面向之相關情形並加以討論。

1.國民小學實施國際教育過程面向與輸出面向之相關分析

為了進一步釐清國民小學實施國際教育過程面向之整體及各分向度，對輸出面向之整體及各分向度彼此的相關程度，茲將推動國際教育過程面向與輸出面向之分析摘要整理於表 4-24，並逐一對照闡明。

表 4-24

推動國際教育過程面向與輸出面向之相關分析摘要表

分向度	行政領導成效	課程教學成效	學生學習成效	國際教育輸出面向
學校文化與氛圍	.709**	.637**	.570**	.710**
行政領導與執行	.724**	.645**	.591**	.727**
課程規劃與設計	.586**	.738**	.584**	.725**
統整教學與活動	.623**	.827**	.658**	.805**
國際教育過程面向	.767**	.822**	.695**	.858**

** $p < .01$

由表 4-24 得知，「學校文化與氛圍」和國際教育輸出面向總分相關係數為.71，達顯著水準；其與輸出面向各分向度相關係數由高而低依序為：行政領導成效（.71）、課程教學成效（.64）以及學生學習成效（.57），均達顯著水準，且皆為中度正相關。亦即，國民小學國際教育過程面向中之「學校文化與氛圍」分向度，會中度正向影響其在國際教育輸出面向之整體及其各分向度的表現。易言之，學校文化與氛圍對國際教育輸出面向之整體及行政領導、課程教學和學生學習成效等分向度均有中度正向影響。

　　「行政領導與執行」和國際教育輸出面向總分相關係數為.73，達顯著水準；其與輸出面向各分向度相關係數由高而低依序為：行政領導成效（.72）、課程教學成效（.65）以及學生學習成效（.59），均達顯著水準，且皆為中度正相關。亦即，國民小學國際教育過程面向之「行政領導與執行」向度，會中度正向影響其在國際教育輸出面向之整體及其分向度，包括行政領導、課程教學以及學生學習的表現。換言之，行政之領導力與執行力對國際教育輸出面向整體及其各分向度均有中度正向影響。

　　「課程規劃與設計」和國際教育輸出面向總分相關係數為.73，達顯著水準，屬於中度正相關；其與輸出面向各分向度相關係數由高而低依序為：課程教學成效（.74）、行政領導成效（.59）以及學生學習成效（.58），均達顯著水準，且均為中度正相關。亦即，「課程規劃與設計」對國際教育輸出面向之整體及其各分向度均有中度正向影響。

　　「統整教學與活動」和國際教育輸出面向總分相關係數為.81，達顯著水準，屬於高度正相關；其與輸出面向各分向度相關係數由高而低依序為：課程教學成效（.83）、學生學習成效（.66）以及行政領導成效（.62），均達顯著水準，且皆為中度到高度正相關。亦即，「統整教學與活動」對國際教育輸出面向之整體及其各分向度都有中度到高度正向影響。

　　國際教育過程面向與國際教育輸出面向總分相關係數為.86，達顯著水準，並具有高度正相關；其與輸出面向中各分向度相關係數由高而低依序為：課程教學成效（.82）、行政領導成效（.77）以及學生學習成效（.70），均達顯著水準，且皆為中度到高度正相關。準此，國際教育過程面向整體觀之，其對國際教育輸出面向之整體及其各分向度均具有中度到高度正向影響。

2.國民小學實施國際教育過程面向與輸出面向之相關分析討論

　　首先，根據本研究結果分析發現，整體之國際教育過程面向與國際教育輸出面向間呈現顯著的高度正相關（$r=.86$，$p<.001$）；亦即，國際教育過程面向之整體得分愈高者，其在國際教育輸出面向之整體得分也會愈高。

再者，探討國際教育過程面向與國際教育輸出面向各分向度相關係數，均達顯著水準，且均為中度至高度正相關；而在國際教育過程面向各分向度與國際教育輸出面向整體及其分向度的關係係數，亦均達顯著正相關，其中分向度間以「統整教學與活動」和「課程教學成效」之相關係數最高(.83)；而國際教育過程面向之分向度「統整教學與活動」與國際教育輸出面向的相關係數最高(.81)；就國際教育輸出面向之「課程教學成效」向度與國際教育過程面向的相關係數而言為最高(.82)，均為高度相關，足見「統整教學與活動」影響國際教育輸出面向之「課程教學成效」最深遠。

最後，析論上述研究結果得知，國際教育之整體過程面向及各分向度得分程度愈高，其對整體輸出面向及各分向度亦愈高。有關國民小學國際教育過程與輸出面向相關影響之實證研究尚未有研究涉及，顯見本研究之重要意義。而 Bruggencate 等(2012)針對荷蘭 97 所中學，透過結構方程模式，檢驗學校領導之中介模式之研究結果指出：「學校領導對學生成就之活動無直接正向之影響」，但是「教師在課堂上營造的學習環境可以影響學生在學校的學習成效並與其表現有關」的研究結果有相似之處。

（四）小結

本段旨在回應本研究之目的與待答問題第三項，茲將研究結果與發現分述之：

國際教育輸入面向整體相對而言，對國際教育過程面向之整體及其各分向度均具有正向影響。就輸入面向中各分向度觀之，推動國際教育之理念對國際教育過程面向之整體及「統整教學與活動」有中度正向影響；而對於「學校文化與氛圍」和「行政領導與執行」有正向影響，但影響程度較輕微；至於對「課程規劃與設計」之影響則較為薄弱。而國際教育知能、學校環境與設備、經費與資源整合等分向度，則對國際教育過程面向整體及其各分向度均有中度正向影響。

其次，就國際教育輸入面向整體而言，對國際教育輸出面向之整體及其各分向度均具有中度正向影響。就輸入面向中各分向度觀之，推動國際教育之理念對國際教育輸出面向之整體及「課程教學成效」有中度正向影響；而對於「學生學習成效」具有正向影響，但影響程度相對較輕微；至於對「行政領導成效」之影響則較為薄弱。而國際教育知能、學校環境與設備以及經費與資源整合等分向度，則對國際教育輸出面向整體及其各分向度均有中度正向影響。其中，輸入面向對應輸出面向之分向度間，以「行政領導成效」和「經費與資源整合」之相關係數最高；「課程教學成效」和「國際教育知能」之相關係數最高；「學生學習成效」和「經費與資源整合」之相關係數最高；而國際教育輸入面向之「經費與資源整合」向度與整體輸出面向的相關係數最高；就國際教育輸出面向之「課程教學成效」向度與整體輸入面向的相關係數而言為最高。

最後，國際教育過程面向與國際教育輸出面向總分具有高度正相關，其對國際教育輸出面向之整體及其各分向度均具有中度到高度正向影響。其中，國際教育過程面向「學校文化與氛圍」向度，對輸出面向之整體及行政領導、課程教學和學生學習成效等分向度均有中度正向影響。而「行政領導與執行」及「課程規劃與設計」向度，會中度正向影響其在國際教育輸出面向之整體及其分向度。「統整教學與活動」對國際教育輸出面向之整體及其各分向度則有中度到高度正向影響。

四、國民小學實施國際教育輸入、過程與輸出面向之結構方程模式影響效果分析

本段旨在以 AMOS 結構方程模式進行模式的配適度及因果關係檢測，驗證國民小學實施「國際教育輸入面向」、「國際教育過程面向」與「國際教育輸出面向」間的模式關係。

（一）整體模型結構與假設

本研究目的之一在探討實施國際教育輸入面向、過程面向與輸出面向之關係，茲將實施國際教育輸入、過程與輸出面向概念性結構模型假設，臚列於表 4-25。

表 4-25

實施國際教育輸入、過程與輸出面向概念性結構模型假設

假 設	內　　　　　容
H1	國際教育輸入面向對國際教育輸出面向有正向影響
H2	國際教育輸入面向對國際教育過程面向有正向影響
H3	國際教育過程面向對國際教育輸出面向有正向影響

由表 4-25 所示，在實務執行經驗上實施國際教育輸入面向會影響推動國際教育過程面向，也會影響國際教育輸出面向，而實施國際教育輸入面向會透過國際教育過程面向影響國際教育輸出面向，因而建立本研究之國際教育輸入面向、過程面向與輸出面向概念性結構模型假設。

在經過一階及二階驗證性因素分析後，國民小學實施國際教育輸入面向、過程面向與輸出面向都具有良好的信度、收斂效度與區別效度，故接續進行結構模型分析，以驗證概念性架構的配適度與假設，並分析各分向度的直接效果與間接效果。由於各分向度的信度、收斂效度及區別效度均已達可接受水準以上，因此，可以用單一指標取代多重衡量指標，亦即，以各分向度的題項得分之平均值，作為各分向度的得分，再由各分向度作為主面向之多重衡量指標。易言之，國民小學實施國際教育輸入面向作為潛在變數時，其觀察變數包含推動國際教育理念平均分數、國際教育知能平均分數、學校環境與設備平均分數以及經費與資源整合平均分數等四個分向度；而以國際教育過程面向作為潛在變項時，其觀察變項為學校文化與氛圍平均分數、行政領導與執行平均分數、課程規劃與設計平均分數以及統整教學與活動平均

分數等四個分向度；而國際教育輸出面向作為潛在變項時，則有行政領導成
效平均分數、課程教學成效平均分數以及學生學習成效平均分數等三個分向
度。以上述測量國際教育輸入面向、國際教育過程面向與國際教育輸出面向
三者之間關係；國際教育輸入面向、過程面向與輸出面向整體結構模型如圖
4-1 所示。

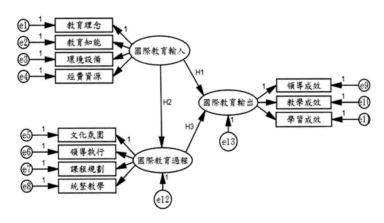

圖 4-1　實施國際教育輸入面向、過程面向與輸出面向整體結構模型圖

　　由圖 4-1 可知，在國際教育輸入面向觀察指標中，推動國際教育理念代
表推動國際教育理念各題平均分數、國際教育知能代表國際教育知能各題之
平均分數、學校環境與設備代表學校環境與設備各題平均分數、經費與資源
整合代表經費與資源整合各題平均分數；在國際教育過程面向觀察指標中，
學校文化與氛圍代表學校文化與氛圍各題平均分數、行政領導與執行代表行
政領導與執行各題之平均分數、課程規劃與設計代表課程規劃與設計各題平
均分數、統整教學與活動代表統整教學與活動各題平均分數；而國際教育輸

出面向觀察指標中，行政領導成效代表行政領導成效各題平均分數、課程教學成效代表課程教學成效各題平均分數、學生學習成效則代表學生學習成效各題平均分數。

（二）整體結構模型配適度

　　經計算國民小學實施國際教育輸入面向、過程面向與輸出面向各分向度的平均數後，匯入實施國際教育輸入面向、國際教育過程面向與國際教育輸出面向整體結構模型執行估計後，產出實施國際教育 IPO 整體結構模式標準化估計圖（詳如圖 4-2），其基本適配度符合前述表 3-28 所示之「誤差變異不是負值並達顯著水準」，而且因素負荷量介於.5 到.95 之間的判斷值；而模式內在結構配適度亦符合判斷值。

　　從圖 4-2 可發現整體結構模型的配適度之數值為：GFI=.957、AGFI=.931、CFI=.977，以上指標之標準均大於.90，配適度達良好的標準，因此無須進行整體結構模型修正。

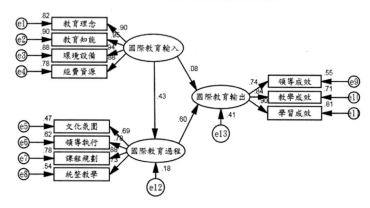

圖 4-2　實施國際教育 IPO 整體結構模式標準化估計圖

　　根據圖 4-2，針對模型的絕對配適指標、增量配適指標與精簡配適指標顯示，這些指標都屬於可接受的範圍，故整體模型配適度達良好的標準，整體模型配適度指標檢核表如表 4-26。

表 4-26

整體模型配適度指標檢核表

配適指標	標準值	檢定結果	模型配適判斷
χ^2/df	1~5 之間	4.110	是
GFI	大於 0.9	.957	是
AGFI	大於 0.9	.931	是
RMSEA	小於 0.08	.068	是
CFI	大於 0.9	.977	是

　　從表 4-26 發現，整體結構模型的配適度之數值為：GFI=.957、AGFI=.931、CFI=.977 、RMSEA=.068，均合於模型配適判斷標準值，因此整體模型配適度達良好的標準。

（三）整體結構模型參數估計檢驗

　　整體模型參數估計乃在檢驗學校行政人員與教師之國際教育輸入面向、國際教育過程面向與國際教育輸出面向等三個主要面向(觀察變項)與各潛在變項之間的關係，茲分述之：

1.國際教育輸入面向

　　國際教育輸入面向包含：推動國際教育理念、國際教育知能、學校環境與設備以及經費與資源整合等四個分向度。推動國際教育理念、國際教育知能、學校環境與設備以及經費與資源整合之因素負荷估計值分別為.90、.95、.94 以及.88，t 值也都大於 1.96 達到顯著水準，其 R2 值分別為.82、.90、.88、.78，R2 值均大於.5 表示具高解釋力。此外，由各面向之因素負荷加以比較得知，國際教育輸入面向中，以國際教育知能(.90)為最重要因素，其次依序為學校環境與設備(.88)、推動國際教育理念(.82)以及經費與

資源整合(.78)。準此，國際教育輸入面向之重要因素排序為國際教育知能、學校環境與設備、推動國際教育理念以及經費與資源整合，因此，影響教師國際教育輸入面向最重要的因素為行政與教師之國際教育知能。

2.國際教育過程面向

國際教育過程面向包含：學校文化與氛圍、行政領導與執行、課程規劃與設計以及統整教學與活動等四個分向度。學校文化與氛圍、行政領導與執行、課程規劃與設計以及統整教學與活動之因素負荷估計值分別為.69、.78、.88 與.73，t 值也都大於 1.96 達到顯著水準，其 R2 值分別為.47、.62、.78 與.54，R2 值大於.5 表示具高解釋力，大於.4 則表示具有中等解釋力；循此，除了學校文化與氛圍具有中等解釋力外，其他分向度均具有高解釋力。再者，由各分向度之因素負荷加以比較得知，實施國際教育過程面向中，以課程規劃與設計(.88)為最重要因素，其次依序為行政領導與執行(.78)、統整教學與活動(.72)以及學校文化與氛圍(.69)；準此，國際教育過程面向之重要因素排序為課程規劃與設計、行政領導與執行、統整教學與活動以及學校文化與氛圍。因此，影響國際教育過程面向最重要的因素為課程規劃與設計。

3.國際教育輸出面向

國際教育輸出面向包含：行政領導成效、課程教學成效與學生學習成效等三個分向度，行政領導成效、課程教學成效與學生學習成效之因素負荷估計值分別為.55、.71 與.81，t 值都大於 1.96 達到顯著水準，其 R2 值分別為.74、.84 與.90，均大於.5 表示具有高度解釋力。此外，由各分向度之因素負荷加以比較得知，國際教育輸出面向的認知中，以學生學習成效.90 為最重要因素，其次為課程教學成效.84、行政領導成效.74；準此，國際教育輸出面向之重要因素排序為學生學習成效、課程教學成效以及行政領導成效。是故，要提升國際教育輸出面向，必須聚焦於學生學習成效，方為最關鍵的成功因

素。此研究結果也能符應林永豐（2013）與林明地（2012）提出推動國際教育聚焦於學生學習成效之呼籲。

（四）研究假設檢定

　　經由實證分析與檢定結果，本研究所建構之整體結構模型路徑分析，如圖 4-3 所示，圖中實線代表檢定後之顯著路徑，無括號數值為路徑係數，括號中數值表示該路徑 t 值，因此本研究之三條路徑之國際教育輸入面向→國際教育過程面向(t=16.40)、教師國際教育輸入面向→國際教育輸出面向(t=.08)以及國際教育過程面向→國際教育輸出面向(t=4.46)；其中，國際教育輸入面向→國際教育過程面向(t=9.82)、國際教育輸入面向透過中介變項（過程面向）對國際教育輸出面向(t=2.06)以及國際教育過程面向→國際教育輸出面向(t=11.4)均達顯著(t>1.96)水準。

　　本研究依據圖 4-3 整體結構模型路徑分析結果進行研究假設之檢定，並將其檢定情形，列於表 4-27 路徑關係檢定表所示。

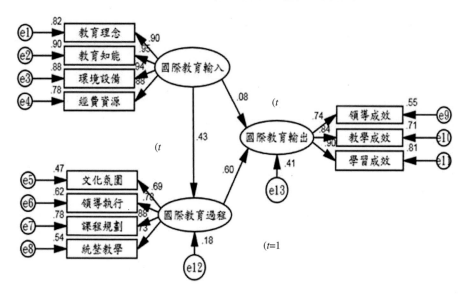

圖 4-3　整體結構模型標準化路徑分析圖

表 4-27

路徑關係檢定表

假設	路徑	假設關係	路徑值	t 值	假設成立與否
H1	國際教育輸入面向→國際教育輸出面向	正向	.08*	9.818	成立
H2	國際教育輸入面向→國際教育過程面向	正向	.43*	2.061	成立
H3	國際教育過程面向→國際教育輸出面向	正向	.60*	11.421	成立

　* $p<.05$

262

依據表 4-27 所獲得之結論如下：

(1)假設一：國民小學實施國際教育輸入面向對國際教育輸出面向達顯著正向影響

國際教育輸入面向對國際教育輸出面向之路徑係數值為.08，t 值為 2.06，絕對值大於 1.96，顯示該路徑係數估計值達顯著，故本研究之假設一成立，表示國民小學實施國際教育輸入面向對國際教育輸出面向有顯著影響。

(2)假設二：國民小學實施國際教育輸入面向對國際教育過程面向有顯著正向影響

國際教育輸入面向對國際教育過程面向之路徑係數值為.43，t 值為 9.82，絕對值大於 1.96，顯示該路徑係數估計值為顯著，故本研究之假設二成立，表示若國際教育輸入面向越高，則行政人員與教師所感受的國際教育過程面向越高。

(3)假設三：國民小學實施國際教育過程面向對國際教育輸出面向有顯著正向影響

國際教育過程面向對國際教育輸出面向之路徑係數值為.60，t 值為 11.42，絕對值大於 1.96，顯示該路徑係數估計值為顯著，故本研究之假設三成立，表示若國際教育過程面向越高，則行政人員與教師所感受的國際教育輸出面向越高。

（五）影響效果分析

國民小學推動國際教育各面向潛在變數之影響效果，詳如表 4-28 所示。

表 4-28

潛在變數之影響效果表

潛在自變數	潛在依變數	直接效果	間接效果	整體效果
國際教育輸入面向	國際教育過程面向	.43	----	.43
	國際教育輸出面向	.08	.43×.60=.26	.34
國際教育過程面向	國際教育輸出面向	.60	----	.60

從表 4-28 得知，國際教育輸入面向透過國際教育過程面向對國際教育輸出面向有直接及間接的影響效果，而「國際教育輸入面向對國際教育輸出面向」的直接效果為.08，間接效果為.34，顯示「國際教育輸入面向對國際教育輸出面向」透過國際教育過程面向具有間接效果，亦即國際教育輸入面向經由國際教育過程面向對國際教育輸出面向具有影響力；然而，國際教育過程面向對國際教育輸出面向也有直接的影響效果，其直接效果為.60，顯示「國際教育過程面向對國際教育輸出面向」具有影響力。最後，關於國際教育輸入面向對國際教育過程面向，也有正向直接的影響效果，其效果值為.43。

由以上的效果分析中發現，就國際教育輸出面向而言，影響最大的因素是國際教育過程面向，而國際教育輸入面向也會影響過程面向，但是對於輸出面向則有些微影響。

（六）綜合討論

　　本段旨在以 AMOS 結構方程模式進行模式的因果關係及配適度檢測，驗證國民小學實施國際教育輸入面向、過程面向與輸出面向之間的模式關係，以回應本研究之目的與待答問題第四項和第五項，經檢驗結果發現，國際教育輸入面向、國際教育過程面向與國際教育輸出面向建構的整體模式適配度良好。國際教育輸入面向可經由國際教育過程面向，對國際教育輸出面向具有顯著間接關係，本模型證明影響教師國際教育輸出面向的重要因素為國際教育過程面向，而國際教育過程面向也受輸入面向影響。

　　綜合上述研究結果顯示：國民小學推動國際教育輸入面向時，投注較高面向，就會展現對國際教育過程面向的影響力。而優質的國際教育實施過程，更對國際教育輸出面向的成效事倍功半；換言之，國際教育輸入面向對國際教育過程面向有直接的影響力，國際教育過程面向對國際教育輸出面向的直接效果比國際教育輸入面向對國際教育輸出面向的直接效果大。而國際教育輸入面向透過國際教育過程面向對於國際教育輸出面向則具有些微的整體影響效果。因此，具有正向而良好的國際教育理念與知能，充實與定期更修學校環境設備以及充足的經費挹注與社會資源的引入，便能對學校文化氛圍、行政領導力與執行力、教師的課程設計與教學力發揮適切的影響力，而良好的學校組織文化、行政領導與作為以及教師課程教學的投入，更能對國際教育行政、教學與學生學習成效有深刻之影響。

　　是以，從本研究結果證實，國民小學實施國際教育輸入面向和國際教育過程面向兩者有相關和影響力，國際教育輸入面向透過過程面向對輸出面向具有間接效果，且國民小學國際教育的過程面向對國際教育輸出面向會產生影響力。因此，本研究國民小學實施國際教育輸入面向對過程面向，以及過程面向對輸出面向的關係具有顯著的直接效果，此研究發現與洪雯柔和郭喬

雯（2012）、周玉秀（2012）、廖玉枝等（2014）、陳美如和郭昭佑（2014）、林雅芳（2016）以及趙文德（2015）之研究結果與發現相近。

五、國民小學實施國際教育輸入面向與過程面向之困境 分析

本段依據問卷回收資料進行國際教育輸入面向與過程面向之困境描述性統計分析，茲就不同背景變項之填答反應統計於后，並逐一析論。

（一）不同學校位置在實施國際教育輸入面向與過程面向所 覺知之困境分析

本段根據研究問卷複選題之勾選情形，就不同學校位置區域進行次數統計，再轉換為百分比，並將不同學校位置實施國際教育輸入與過程面向困境覺知統計表臚列於表 4-29 所示。

表 4-29

不同學校位置實施國際教育輸入與過程面向困境覺知統計表

學校所在位置		北區	中區	南區	整體
輸入面向	推動國際教育理念	28.13%	27.59%	28.04%	12.99%
	國際教育知能	50.63%	48.28%	49.82%	19.81%
	學校環境與設備	49.38%	50.86%	51.66%	27.38%
	經費與資源整合	70.63%	72.84%	74.17%	39.83%
過程面向	學校文化與氛圍	40.00%	40.95%	40.96%	11.96%
	行政領導與執行	27.50%	33.62%	37.64%	5.43%
	課程規劃與設計	50.63%	53.45%	48.34%	10.87%
	統整教學與活動	48.75%	51.29%	43.17%	11.41%
	國際交流與旅行	66.88%	66.38%	64.58%	60.33%

n=658

　　由表 4-29 得知，不同學校位置整體實施國際教育輸入面向與過程面向之困境覺知統計資料發現，輸入面向之困境覺知由高至低依序為：經費與資源整合（39.83%）、學校環境與設備（27.38%）、國際教育知能（19.81%）以及推動國際教育理念（12.99%），換言之，學校現場教育人員認為推動國際教育輸入面向最為困難的是經費與資源整合，最不感到困難的是推動國際教育理念。

　　而對於過程面向之困境覺知由高至低依序為：國際交流與旅行（60.33%）、學校文化與氛圍（11.96%）、統整教學與活動（11.41%）、課程規劃與設計（10.87%）以及行政領導與執行（5.43%）。易言之，學校現場教育人員認為推動國際教育過程面向最為困難的是國際交流與旅行，而最不感到困難的是行政領導與執行。

　　就學校所在位置區域來看，北區學校在輸入面向感到最困難者為「經費與資源整合」（佔 70.63%），其次是「國際教育知能」（佔 50.63%），再其次是「學校環境與設備」（佔 49.38%），最後是「推動國際教育理念」（佔 28.13%）；中區學校在輸入面向感到最困難者為「經費與資源整合」（佔 72.84%），其次是「學校環境與設備」（佔 50.86%），再其次是「國際教育知能」（佔 48.28%），最後是「推動國際教育理念」（佔 27.59%）；而南區學校在輸入面向感到最困難者也是「經費與資源整合」（佔 74.17%），其次是「學校環境與設備」（佔 51.66%），再其次是「國際教育知能」（佔 49.82%），最後則是「推動國際教育理念」（佔 28.04%）。綜上，北中南各區學校一致認為實施國際教育輸入面向之「經費與資源整合」最為困難，而「推動國際教育理念」最不感到困難。

　　此外，北區學校在過程面向認為執行困難者依序為「國際交流與旅行」（佔 66.88%）、「課程規劃與設計」（佔 50.63%）、「統整教學與活動」（佔 48.75%）、「學校文化與氛圍」（佔 40.00%），最後則是「行政領導與執行」（佔 27.50%）；中區學校在過程面向認為執行困難者依序為「國際交流與旅行」（佔 66.38%）、「課程規劃與設計」（佔 53.45%）、「統整教學與活動」（佔 51.29%）、「學校

文化與氛圍」（佔 40.95%），最後則是「行政領導與執行」（佔 33.62%）；而南區學校在過程面向認為執行困難者依序為「國際交流與旅行」（佔 64.58%）、「課程規劃與設計」（佔 48.34%）、「統整教學與活動」（佔 43.17%）、「學校文化與氛圍」（佔 40.96%），最後則是「行政領導與執行」（佔 37.64%）。換言之，北、中、南各區學校，在實施國際教育過程面向上均認為最困難的是「國際交流與旅行」，而「行政領導與執行」相對較不困難。

（二）不同學校位置在實施國際教育輸入面向與過程面向所覺知之困境分析

本段就不同學校規模進行回收有效問卷之次數統計，再轉換為百分比，並臚列於表 4-30 所示。

表 4-30
不同學校規模實施國際教育輸入與過程面向困境覺知統計表

學校規模		25 班（含）以上	13-24 班	12 班（含）以下	整體
輸入面向	推動國際教育理念	17.19%	4.98%	5.73%	13.88%
	國際教育知能	31.22%	7.39%	10.86%	24.61%
	學校環境與設備	33.63%	7.24%	9.95%	25.28%
	經費與資源整合	48.42%	10.26%	14.18%	36.23%
過程面向	學校文化與氛圍	23.98%	6.03%	10.71%	17.09%
	行政領導與執行	22.32%	5.73%	5.73%	14.18%
	課程規劃與設計	32.73%	6.94%	11.01%	21.27%
	統整教學與活動	31.07%	6.49%	9.80%	19.87%
	國際交流與旅行	42.08%	9.95%	13.73%	27.59%

n=658

由表 4-30 得知，不同學校規模實施國際教育整體輸入面向與過程面向之困境覺知統計資料發現，整體輸入面向之困境覺知由高至低依序為：經費與資源整合（36.23%）、學校環境與設備（25.28%）、國際教育知能（24.61%）以及推動國際教育理念（13.88%），換言之，不同學校規模之現場教育人員認

為推動國際教育輸入面向最為困難的是經費與資源整合，最不感到困難的是推動國際教育理念。

　　而不同學校規模對於過程面向之困境覺知由高至低依序為：國際交流與旅行（27.59%）、課程規劃與設計（21.27%）、統整教學與活動（19.87%）、學校文化與氛圍（17.09%）以及行政領導與執行（14.18%），換言之，學校現場教育人員認為推動國際教育過程面向最為困難的是國際交流與旅行，而最不感到困難的則是行政領導與執行。

　　就學校規模大小來看，25班（含）以上學校受試者覺知輸入面向之困難由高至低依序為：經費與資源整合（48.42%）、學校環境與設備（33.63%）、教師國際教育知能（31.22%）以及推動國際教育之理念（17.19%）。13-24班者覺知輸入面向知困難依序是：經費與資源整合（10.26%）、教師國際教育知能（7.39%）、學校環境與設備（7.24%）以及推動國際教育之理念（4.98%）；12班（含）以下之學校在輸入面向感到最困難者為經費與資源整合（14.18%），其次是教師國際教育知能（10.86%），再其次是學校環境與設備（9.95%），最後則是推動國際教育之理念（5.73%）

　　此外，25班（含）以上學校受試者覺知過程面向之困難由高至低依序為：國際交流與旅行（42.08%）、課程規劃與設計（32.73%）、統整教學與活動（31.07%）、學校文化與氛圍（23.98%）以及行政領導與執行（22.32%）；13-24班為：國際交流與旅行（9.95%）、課程規劃與設計（6.94%）、統整教學與活動（6.49%）、學校文化與氛圍（6.03%）以及行政領導與執行（5.73%）；而12班（含）以下之學校在過程面向感到最困難的是國際交流與旅行（13.73%），其次是課程規劃與設計（11.01%），再其次是學校文化與氛圍（10.71%），接著為統整教學與活動（9.80%），最後則是行政領導與執行（5.73%）。換言之，各學校，在實施國際教育過程面向上均認為最困難的是「國際交流與旅行」，而「行政領導與執行」相對較不困難。

（三）不同最高學歷在實施國際教育輸入面向與過程面向所覺知之困境分析

本段就不同最高學歷進行回收有效問卷之次數統計，再轉換為百分比，並將不同最高學歷實施國際教育輸入與過程面向困境覺知統計表，臚列於表4-31所示。

表 4-31
不同最高學歷實施國際教育輸入與過程面向困境覺知統計表

	最高學歷	師院師大教育院系	師資培訓	碩士	博士	整體
輸入面向	推動國際教育理念	5.73%	4.37%	17.19%	0.60%	13.88%
	國際教育知能	11.46%	7.84%	28.51%	1.66%	24.61%
	學校環境與設備	11.01%	7.39%	31.37%	1.06%	25.28%
	經費與資源整合	14.78%	11.92%	44.19%	1.96%	36.23%
過程面向	學校文化與氛圍	8.75%	7.54%	23.38%	1.06%	17.09%
	行政領導與執行	7.39%	4.52%	20.66%	1.21%	14.18%
	課程規劃與設計	11.31%	6.18%	31.83%	1.36%	21.27%
	統整教學與活動	9.95%	6.18%	29.71%	1.51%	19.87%
	國際交流與旅行	15.08%	10.71%	38.31%	1.66%	27.59%

n=658

由表4-31得知，就不同最高學歷受試者之整體輸入面向來看：其覺知的困難向度由高而低依序為：經費與資源整合（36.23%）、學校環境與設備（25.28%）、教師國際教育知能（24.61%）以及推動國際教育之理念（13.88%）。而從過程面向來看，其覺知的困難向度由高而低依序為：國際交流與旅行（27.59%）、課程規劃與設計（21.27%）、統整教學與活動（19.87%）、學校文化與氛圍（17.09%）以及行政領導與執行（14.18%）。

就不同最高學歷觀之，師院師大教育院系畢業者在輸入面向認為的困難向度依序是經費與資源整合（14.78%）、教師國際教育知能（11.46%）、學校

環境與設備（11.01%）以及推動國際教育之理念（5.73%）；一般大學受師資培訓畢業者，其在輸入面向認為的困難向度依序是經費與資源整合（11.92%）、教師國際教育知能（7.84%）、學校環境與設備（7.39%）以及推動國際教育之理念（4.37%）；碩士畢業者在輸入面向覺知的困難向度依序則是經費與資源整合（44.19%）、學校環境與設備（31.37%）、教師國際教育知能（28.51%）以及推動國際教育之理念（17.19%）；博士畢業者在輸入面向覺知的困難向度依序則是經費與資源整合（1.96%）、教師國際教育知能（1.66%）、學校環境與設備（1.06%）以及推動國際教育之理念（0.60%）。

　　再就過程面向觀之，師院師大教育院系畢業者在過程面向認為的困難向度依序是國際交流與旅行（15.08%）、課程規劃與設計（11.31%）、統整教學與活動（9.95%）、學校文化與氛圍（8.75%）以及行政領導與執行（7.39%）；一般大學受師資培訓畢業者，其在認為的困難向度依序是國際交流與旅行（10.71%）、學校文化與氛圍（7.54%）、課程規劃與設計（6.18%）以及統整教學與活動（6.18%），最後則是行政領導與執行（4.52%）；碩士畢業者認為的困難向度依序則是國際交流與旅行（38.31%）、課程規劃與設計（31.83%）、統整教學與活動（29.71%）、學校文化與氛圍（23.38%）以及行政領導與執行（20.66%）；博士畢業者認為的困難向度依序則是國際交流與旅行（1.66%）、統整教學與活動（1.51%）、課程規劃與設計（1.36%）、行政領導與執行（1.21%）以及學校文化與氛圍（1.06%）。

（四）不同服務年資在實施國際教育輸入面向與過程面向所覺知之困境分析

　　本段就不同服務年資進行回收有效問卷之次數統計，再轉換為百分比，並將不同服務年資實施國際教育輸入與過程面向困境覺知統計表，臚列於表4-32所示。

表 4-32

不同服務年資實施國際教育輸入與過程面向困境覺知統計表

	服務年資	10 年以下	11-15 年	16-20 年	21 年以上	整體
輸入面向	推動國際教育理念	6.94%	5.13%	7.99%	7.84%	14.53%
	國際教育知能	11.92%	7.99%	12.82%	12.22%	23.41%
	學校環境與設備	9.65%	7.24%	10.26%	19.16%	24.12%
	經費與資源整合	14.33%	11.76%	20.97%	25.79%	37.94%
過程面向	學校文化與氛圍	12.22%	6.03%	10.71%	11.76%	17.09%
	行政領導與執行	7.69%	4.98%	9.20%	11.92%	14.18%
	課程規劃與設計	9.95%	9.20%	13.88%	17.65%	21.27%
	統整教學與活動	10.56%	7.69%	13.27%	15.84%	19.87%
	國際交流與旅行	13.42%	10.86%	17.95%	23.53%	27.59%

n=658

　　由表 4-32 可知，就不同服務年資受試者之整體輸入面向來看：其覺知的輸入面向困難向度由高而低依序為：經費與資源整合（37.94%）、學校環境與設備（24.12%）、教師國際教育知能（23.41%）以及推動國際教育之理念（14.53%）。而從整體過程面向來看，其覺知的困難向度由高而低依序為：國際交流與旅行（27.59%）、課程規劃與設計（21.27%）、統整教學與活動（19.87%）、學校文化與氛圍（17.09%）以及行政領導與執行（14.18%）。

　　就不同服務年資觀之，服務年資 10 年以下者在輸入面向認為的困難向度依序是經費與資源整合（14.33%）、教師國際教育知能（11.92%）、學校環境與設備（9.65%）以及推動國際教育之理念（6.94%）；服務年資 11-15 年者，其在輸入面向認為的困難向度依序是經費與資源整合（11.76%）、教師國際教育知能（7.99%）、學校環境與設備（7.24%）以及推動國際教育之理念（5.13%）；服務年資 16-20 年者在輸入面向覺知的困難向度依序則是經費與資源整合（20.97%）、教師國際教育知能（12.82%）、學校環境與設備（10.26%）以及推動國際教育之理念（7.99%）；服務年資 21 年（含）以上者在輸入面向覺知的困難向度依序則是經費與資源整合（25.79%）、學校環境與設備（19.16%）、教師國際教育知能（12.22%）以及推動國際教育之理念（7.84%）。

再就過程面向觀之，服務年資 10 年以下者在過程面向認為的困難向度依序是國際交流與旅行（13.42%）、學校文化與氛圍（12.22%）、統整教學與活動（10.56%）、課程規劃與設計（9.95%）以及行政領導與執行（7.69%）；服務年資 11-15 年者，其認為的困難向度依序是國際交流與旅行（10.86%）、課程規劃與設計（9.20%）、統整教學與活動（7.69%）、學校文化與氛圍（6.03%）最後則是行政領導與執行（4.98%）；服務年資 16-20 年者認為的困難向度依序則是國際交流與旅行（17.95%）、課程規劃與設計（13.88%）、統整教學與活動（13.27%）、學校文化與氛圍（10.71%）以及行政領導與執行（9.20%）；服務年資 21 年（含）以上者認為的困難向度依序則是國際交流與旅行（23.53%）、課程規劃與設計（17.65%）、統整教學與活動（15.84%）、行政領導與執行（11.92%）以及學校文化與氛圍（11.76%）。

（五）擔任不同職務在實施國際教育輸入面向與過程面向所覺知之困境分析

本段就擔任不同職務進行回收有效問卷之次數統計，再轉換為百分比，並將之實施國際教育輸入與過程面向困境覺知統計表臚列於表 4-33 所示。

表 4-33

不同擔任職務實施國際教育輸入與過程面向困境覺知統計表

	擔任職務	行政	級任/導師	科任/專任	整體
輸入面向	推動國際教育理念	13.42%	9.50%	5.58%	14.14%
	國際教育知能	24.43%	18.10%	6.94%	24.53%
	學校環境與設備	25.34%	19.00%	6.49%	25.21%
	經費與資源整合	36.50%	26.70%	9.65%	36.13%
過程面向	學校文化與氛圍	18.10%	13.57%	9.05%	17.09%
	行政領導與執行	15.84%	12.52%	5.43%	14.18%
	課程規劃與設計	26.09%	19.31%	5.28%	21.27%
	統整教學與活動	24.74%	16.44%	6.18%	19.87%
	國際交流與旅行	31.83%	24.74%	9.20%	27.59%

n=658

　　由表 4-33 得知，就擔任不同職務整體輸入面向來看：其覺知的困難向度由高而低依序為：經費與資源整合（36.13%）、學校環境與設備（25.21%）、教師國際教育知能（24.53%）以及推動國際教育之理念（14.14%）。而從過程面向來看，其覺知的困難向度由高而低依序為：國際交流與旅行（27.59%）、課程規劃與設計（21.27%）、統整教學與活動（19.87%）、學校文化與氛圍（17.09%）以及行政領導與執行（14.18%）。

　　就不同擔任職務觀之，行政人員在輸入面向認為的困難向度依序是經費與資源整合（36.50%）、學校環境與設備（25.34%）、教師國際教育知能（24.43%）以及推動國際教育之理念（13.42%）；級任/導師在輸入面向認為的困難向度依序是經費與資源整合（26.70%）、學校環境與設備（19.00%）、教師國際教育知能（18.10%）以及推動國際教育之理念（9.50%）；科任/專任教師在輸入面向認為的困難向度依序則是經費與資源整合（9.65%）、教師國際教育知能（6.94%）、學校環境與設備（6.49%）以及推動國際教育之理念（5.58%）。

　　再就過程面向觀之，行政人員在輸入面向認為的困難向度依序是國際交流與旅行（31.83%）、課程規劃與設計（26.09%）、統整教學與活動（24.74%）、學校文化與氛圍（18.10%）以及行政領導與執行（15.84%）；級任/導師認為的困難向度也依序是國際交流與旅行（24.74%）、課程規劃與設計（19.31%）、統整教學與活動（16.44%）、學校文化與氛圍（13.57%）以及行政領導與執行（12.52%）；科任/專任教師認為的困難向度依序則是國際交流與旅行（9.20%）、學校文化與氛圍（9.05%）、統整教學與活動（6.18%）、行政領導與執行（5.43%）以及課程規劃與設計（5.28%）。

（六）綜合討論

　　本段旨在瞭解國民小學實施國際教育之輸入面向與過程面向的困境為何，藉以回應研究目的與待答問題第六項，除了驗證其他研究文獻，更希冀從困境向度之反映，提供教育主管機關之決策參酌。從前述研究結果發現，在

實施國際教育輸入面向方面,「經費與資源整合」幾乎是不同學校位置、規模、學歷、服務年資以及擔任職務覺知之首要共同困境,顯見學校亟需財力、物力與人力的資源挹注與引入,此與廖文靜（2013）、黃碧智（2013）黃乃熒（2009）之研究與建議相符。

　　而在實施國際教育過程面向方面,「國際交流與旅行」也同樣一致令受試者認為最感困難,國際交流乃為統整教學與活動的一部分,關於經費與資源、專業之人才、交流活動規畫之主軸等,更需聚焦國際教育核心理念與素養,才不至淪為陳惠邦（2013）所指之蜻蜓點水式淺碟活動,或是規劃鬆散倉促成行而流於觀光旅行模式(劉永順,2015);是以,解決「國際交流與旅行」活動的辦理困境,可以參照前述趙文德等（2016）針對苗栗縣後龍國小與日本姐妹學校交流研究之行政表件與建議推動以及參採余鎮綸（2014）在〈學校本位國際教育畫之實踐與反思:以高中職國際教育旅行為例〉一文中,所示之「國際教育旅行實施標準作業流程」的細部策略。同時,亦可如蔡宜紋和黃文定（2016）之〈臺灣國民小學國際交流之帶隊教師國際教育技能研究〉結果之建議,強化教師在媒材製作、運用資訊科技評量回饋、團隊互動與對話反思以及強化外語能力等增進國際交流之知能。或是如張瑞生和呂惠甄（2014）抽樣訪談結果所示之以「推拉策略」的方式以及「黃金思考圈」的取向,透過行政端柔韌設計方法,突破既有校園文化框架與行銷策略,帶動學校同仁投入國際教育交流活動,更結合升學進路之銜接利益,拉引學生參與國際教育相關學習。

第五章　結論與建議

　　本研究藉由文獻探討與問卷調查法，旨在探討臺灣國民小學實施國際教育之輸入、過程與輸出面向之差異、關係與困境；首先，研究者根據相關文獻之研讀與析論，澄清國際教育之概念與內涵，其次，從中央與地方直轄市之相關政策以及英美兩國有關國際教育之策進作為與資源，以 IPO 模式之面向歸納其所屬分向度，並作為本研究之架構，據以形成問卷編製、修正、預試、項目分析、信效度考驗後，形成本研究之正式問卷量表，再就回收之有效問卷進行統計分析，以對照檢驗是否達成本研究之目的並回應待答問題。本章共分為兩節論述，第一節結論旨在歸納與敘述實證研究之分析結果，第二節建議則依據實證研究結果所獲得之結論，提出實務上的建議以及未來研究之建議。茲分述如后：

一、國民小學實施國際教育分析結論

　　本段依據研究者自編之「國民小學實施國際教育之研究」量表資料統計分析結果，歸納以下之結論：

（一）國民小學實施國際教育之輸入、過程與輸出面向分析結果

本研究於正式問卷回收後，透過結構方程模式一階與二階驗證項因素分析，刪除因素負荷值較低之題項，再進行差異分析與徑路分析，所獲得之結論如下所述：

1.有關國際教育之輸入面向分析

(1)國民小學實施國際教育輸入面向量表之整體結果屬於高程度；各分向度之得分最高者為「推動國際教育理念」，其次為「經費與資源整合」，再其次為「學校環境與設備」，最低則為「國際教育知能」。

(2)在「推動國際教育理念」方面，得分最高之題項為「我能接納不同種族文化的族群」，最低分之題項為「我會主動關心國際議題」。

(3)在「經費與資源整合」方面，得分最高之題項為「學校會爭取經費推動國際教育」，最低分之題項為「學校會整合學校內外部資源推動國際教育」。

(4)在「學校環境與設備」方面，得分最高之題項為「我認為學校的資訊設備對進行國際交流很有幫助」，最低分之題項為「配合國際教育推動，學校會定期汰舊換新相關教學設施」。

(5)在「國際教育知能」方面，得分最高之題項則為「我能具體瞭解國際教育的意義與內涵」，而「我會主動參加與國際教育相關議題的研習」之題項得分最低。

2.有關國際教育之過程面向分析

(1)臺灣國民小學國際教育實施之過程面向量表之整體平均數屬於中上程度；各分向度之得分最高者為「學校文化與氛圍」，其次是「行政領導與執行」，再其次是「統整教學與活動」最低則為「課程規劃與設計」。

(2)在「學校文化與氛圍」方面，得分最高之題項為「學校行政主管非常支持國際教育之推動」，最低分之題項為「學校同仁都願意額外付出心力推動國際教育工作」。

(3)在「行政領導與執行」方面，得分最高之題項為「學校規劃國際教育能考量在地脈絡」，最低分之題項為「我認為推動國際教育能啟動學校團隊合作機制」。

(4)在「統整教學與活動」方面，得分最高之題項為「我會彈性靈活運用教學方法擴展學生國際視野」，最低分之題項為「我會根據評量結果調整國際教育課程教學」。

(5)在「課程規劃與設計」方面，得分最高之題項為「我會依據學生能力選編適合之國際教育教材」，最低分之題項則為「我會應用國際教育資源手冊設計課程」。

3.有關國際教育之輸出面向分析

(1)臺灣國民小學國際教育實施之輸出面向量表之整體平均數屬於中上程度。各分向度之「行政領導成效」得分最高，其次是「課程教學成效」，而「學生學習成效」得分最低。

(2)在「行政領導成效」方面，得分最高之題項為「學校針對補助經費能合理有效規劃與執行運用」，最低分之題項為「學校會針對實施國際教育之困境提出解決策略」。

(3)在「課程教學成效」方面，得分最高之題項為「我會適時將國際教育議題融入課室教學中」，最低分之題項為「我能以學生為中心設計國際教育議題教學策略」。

(4)在「學生學習成效」方面，得分最高之題項為「學生能體認地球村是生命共同體的概念」，最低分之題項則為「遇到不同語言或種族的人，學生願意與他們互動溝通」。

（二）國民小學實施國際教育輸入、過程與輸出面向之差異分析結果

本段就臺灣國民小學實施國際教育輸入、過程與輸出面向之差異分析結果，分述之。

1.有關國際教育之輸入面向差異分析

(1)不同位置之學校的受試者，在實施國際教育輸入面向整體的得分平均情形以「北區」組最高，「中區」組最低，結果未達顯著差異。在分向度上，除了北區之「國際教育理念」分向度得分平均數高於南區並達顯著差異外，在「國際教育知能」、「學校環境與設備」以及「經費與資源整合」等三個分向度上，均未達顯著差異。

(2)不同學校規模的受試者，在推動國際教育輸入面向之整體的得分平均情形，以「25 班(含)以上」者最高，而「12 班(含)以下」者最低，結果達顯著差異。25 班(含)以上者得分顯著高於 12 班(含)以下的學校。在分向度上，「經費與資源整合」向度達顯著差異，其中，「25 班(含)以上」者顯著高於「13 到 24 班」者以及「12 班(含)以下」者；其餘三個分向度，均未達顯著差異。

(3)不同最高學歷的受試者，在實施國際教育輸入面向整體的得分平均情形為「博士」組最高，而「師院、師大或一般大學教育院系畢業」組最低，結果未達顯著差異。在分向度上，取得博士學位者在「國際教育知能」的得分上，高於「師院、師大或一般大學教育院系畢業」組，並達顯著水準。其餘三個分向度，均未達顯著差異。

(4)不同服務年資的受試者，在實施國際教育輸入面向整體的得分平均情形以「21 年(含)以上」組最高，而「11~15 年」組相對較低，結果未達顯著差異。在分向度上，得分表現均無明顯差異。

(5)擔任不同職務的受試者，在實施國際教育輸入面向整體的得分平均情形以「兼任行政人員」組最高；而「級任教師（導師）」組最低，結

果達顯著差異。在「國際教育知能」和「學校環境與設備」分向度上，均達顯著水準，前者「兼任行政人員」組得分表現顯著高於「級任教師（導師）」組，後者「兼任行政人員」組得分表現則顯著高於「科任教師（專任教師）」組。而在「國際教育理念」以及「經費與資源整合」分向度上則未達顯著差異。

2.有關國際教育之過程面向差異分析

(1)不同學校位置的受試者，在實施國際教育過程面向整體的得分平均情形以「北區」組最高，而「中區」組最低；結果均未達顯著差異。在四個分向度上，均未達顯著差異。

(2)不同學校規模的受試者，在推動國際教育過程面向之整體的得分平均情形以「25 班(含)以上」組最高，而「12 班(含)以下」組最低，結果達顯著差異。在「學校文化與氛圍」以及「行政領導與執行」二個分向度上也達顯著差異，其中，「25 班(含)以上」組之得分表現，均明顯高於「12 班(含)以下」組。而在「課程規劃與設計」以及「統整教學與活動」之分向度中，則未達顯著差異。

(3)不同最高學歷之受試者，在實施國際教育過程整體的得分平均情形以「博士」組最高，「師院、師大或一般大學教育院系畢業」組最低，結果均未達顯著差異。其四個分向度上，亦均未達顯著差異。

(4)不同服務年資的受試者，在實施國際教育過程整體的得分平均情形以「21 年(含)以上」組最高，「11~15 年」組最低，結果均未達顯著差異。其四個分向度上，也均未達顯著差異。

(5)不同擔任職務的受試者，在實施國際教育過程面向整體的得分平均情形以「兼任行政人員」組最高，「級任教師（導師）」組最低，結果達顯著差異。其四個分向度上，均達顯著差異。要言之，在所有分向度之得分表現上，擔任行政人員均明顯高於級任教師（導師）。

3.有關國際教育之輸出面向差異分析

(1)不同學校位置的受試者，在整體實施國際教育輸出面向的得分平均情形以「北區」組最高，「中區」組最低，結果未達顯著差異。在「課程教學成效」與「學生學習成效」二個分向度的得分表現上，亦均未達顯著差異，但在「行政領導成效」向度的得分表現上，達顯著差異，亦即，北區學校受試者的得分表現顯著高於中區學校受試者。

(2)不同學校規模的受試者，在推動國際教育輸出面向之整體的得分平均情形以「25 班(含)以上」組最高，「12 班(含)以下」組最低，結果達顯著差異。在所有分向度中，亦均達顯著差異，換言之，「25 班(含)以上」組之得分表現顯著高於「12 班(含)以下」組。

(3)不同最高學歷的受試者，在整體實施國際教育輸出面向的得分平均情形以「博士」組最高，「師院、師大或一般大學教育院系畢業」組最低，結果未達顯著差異。其三個分向度上，均未達顯著差異。

(4)不同服務年資的受試者，在實施國際教育輸出面向整體的得分平均情形以「10 年(含)以下」組最高，「11~15 年」組最低，結果均未達顯著差異。在「學生學習成效」向度上，「10 年(含)以下」組之得分表現顯著高於「11~15 年」組。其餘兩個分向度則未達顯著差異。

(5)不同擔任職務的受試者，在實施國際教育輸出面向整體的得分平均情形以「兼任行政人員」組最高，「級任教師（導師）」組低，結果達顯著差異。在「課程教學成效」與「學生學習成效」等二個分向度上，均達顯著差異，亦即，「兼任行政人員」組之得分表現明顯高於「級任教師（導師）」組。而在「行政領導成效」分向度上，則未達顯著差異。

（三）國民小學實施國際教育輸入、過程與輸出面向之相關分析結果

本段就臺灣國民小學實施國際教育輸入、過程與輸出面向之相關分析結果，茲分述如后。

1.有關國際教育輸入面向對過程面向之相關分析結果

(1)就國際教育整體輸入面向而言，其對國際教育過程面向之整體及其各分向度均具有正向影響。

(2)就輸入面向中各分向度觀之，「推動國際教育理念」對國際教育過程面向之整體及「統整教學與活動」分向度，具有中度正向影響；而對於「學校文化與氛圍」和「行政領導與執行」有輕微正向影響；至於對「課程規劃與設計」之影響則相對較低。

(3)國際教育輸入面向之「國際教育知能」、「學校環境與設備」以及「經費與資源整合」等分向度，對國際教育過程面向整體及其各分向度均有中度正向影響。

2.有關國際教育輸入面向對輸出面向之相關分析結果

(1)就國際教育整體輸入面向而言，對國際教育輸出面向之整體及其各分向度均具有中度正向影響。

(2)就輸入面向中各分向度觀之，「推動國際教育理念」對國際教育輸出面向之整體及「課程教學成效」有中度正向影響；而對於「學生學習成效」具有輕微正向影響；至於對「行政領導成效」之影響則相對較低。

(3)國際教育輸入面向之「國際教育知能」、「學校環境與設備」以及「經費與資源整合」等分向度，對國際教育輸出面向整體及其各分向度均有中度正向影響。

(4)輸入面向對應輸出面向之分向度間，以「行政領導成效」和「經費與資源

整合」之相關係數最高;「課程教學成效」和「國際教育知能」之相關係數最高;「學生學習成效」和「經費與資源整合」之相關係數最高。

(5)國際教育輸入面向之「經費與資源整合」向度與整體輸出面向的相關係數最高;就國際教育輸出面向之「課程教學成效」向度與整體輸入面向的相關係數而言則最高。

3.有關國際教育過程面向對輸出面向之相關分析

(1)國際教育過程面向與國際教育輸出面向總分具有高度正相關,其對國際教育輸出面向之整體及其各分向度均具有中度到高度正向影響。

(2)國際教育過程面向之「學校文化與氛圍」向度,對輸出面向之整體及「行政領導成效」、「課程教學成效」和「學生學習成效」等分向度均有中度正向影響。

(3)國際教育過程面向之「行政領導與執行」及「課程規劃與設計」分向度上,會中度正向影響其在國際教育輸出面向之整體及其分向度。

(4)國際教育過程面向之「統整教學與活動」向度,對國際教育輸出面向之整體及其各分向度則有中度到高度正向影響。

（四）國民小學實施國際教育輸入、過程與輸出面向之結構方程模式影響效果分析結果

本段將 AMOS 結構方程模式進行模式的配適度及因果關係,驗證國民小學實施「國際教育輸入面向」、「國際教育過程面向」與「國際教育輸出面向」間的模式分述其研究結果如下:

1.國際教育輸入、過程與輸出面向建構的整體模式適配度良好。

2.國際教育輸入可經由過程面向,對國際教育輸出面向具有顯著間接效果。

3.國民小學實施國際教育輸入面向對過程面向,以及過程面向對輸出面向的關係具有直接效果。

（五）國民小學實施國際教育輸入面向與過程面向之困境分析結果

本段依據問卷回收資料進行國際教育輸入面向與過程面向之困境描述性統計分析，茲以 IPO 架構分別就不同背景變項之結果敘述如后。

1.實施國際教育輸入面向之困境

不同學校位置、不同學校規模、不同最高學歷、不同服務年資以及不同擔任職務之受試者，均認為輸入面向之「經費與資源整合」最感到困難，而覺知最不困難則均為「推動國際教育理念」。

2.實施國際教育過程面向之困境

不同學校位置、不同學校規模、不同最高學歷、不同服務年資以及不同擔任職務之受試者，均認為推動「國際交流與旅行」最感到困難，而「行政領導與執行」相對最不感到困難。

二、國民小學實施國際教育改進途徑

本段依據實證研究結果所獲得之結論，提出實務上的建議以及未來研究之建議如下：

（一）對學校行政的建議

本段針對學校行政與教師提出如下的建議，包括：完善行政支持系統、配合國際教育軟硬體設施之汰換、建構跨校策略聯盟機制、教師自主提升國際教育知能、以及適切參酌國際教育能力指標教學等方面之作為。

1.學校行政支持與運作系統是國際教育輸出成效的領航

從影響國際教育之輸入、過程與輸出面向的要素以及統計分析研究結果
觀之，國際教育的學生學習成效是學校的重要目標，教學是目的，行政則是
達成目的的手段，因此行政人員應秉持服務的理念來支援教學。換言之，實
施國際教育課程應以學生學習為核心主軸，並應有嚴謹的配套措施，而配套
措施有賴強而有力的行政運作與支持。

校長是引領學校形塑國際教育文化氛圍的關鍵人物，也是行政執行與課
程領導的領頭羊，更是推動國際教育輸出面向的重要品保官，校長帶領行政
團隊支援教學與整合內外部資源，強化國際教育之品質管理機制，方能確保
國際教育實施之效能。準此，「行政領導與執行」向度，雖然在研究結果的數
據上顯示，都是覺知困難度最低的分向度，但卻是國際教育重要的領航；藉
由校內教師在國際教育知能與研習需求之評估，啟動校園內國際議題的分享
對話、形塑學校行政及教師主動參與國際教育知能精進研習氛圍、鼓勵教職
員願意額外主動協助國際教育教學與活動的推動，透過全員參與啟動團隊合
作機制等組織文化，也經由學校團隊案例分享與問題解決共同互動對話，協
力思考解決實施國際教育困境之具體策略，才可落實國際教育的核心精神。

2.充實國際教育相關教學環境與設備，整合分配與執行內外部資源

從國際教育輸入面向現況分析之研究結果得知，學校配合國際教育會適
時更新汰換相關教學設備的得分最低，然而，隨著資訊科技日新月異，電腦
網路無遠弗屆傳達知識訊息，也衝擊教師教學與學生學習，運用網際網路教
學與學習已是現今學校的趨勢，更是學校推動國際交流與視訊的重要媒介，
因此教學設備之汰舊換新更顯得重要，故建議學校應善用校內預算機制，採
取遠中短程計畫，合理分配提撥一定比例之國際教育相關軟硬體設施之採購
維修經費；或是藉由大手攜小手的模式引進企業產業、大專院校及高中職堪
用之相關資訊視訊等設備，以解決採購經費不足的困窘，以利國際教育之推
動。

3.跨校合作策略聯盟社群組織機制解決小規模學校資源與參與意願之窘境

　　根據推動國際教育各面向學校規模變項之差異分析結果發現，25 班以上學校實施國際教育輸出面向均高於 12 班以下的學校，因此就小規模學校之建議則是：多方著力人才資源與跨部會單位國際教育志工的引入，或是藉由跨校行政合作模式、跨校策略聯盟共備社群組織機制，區域性國際教育跨校活動規劃辦理與互享，以解決小規模學校社區資源的窘境，更可透過策略聯盟整合人力、物力與財力資源系統，落實跨校跨社區國際化，營造並激勵教師參與國際教育之氛圍及意願，以達提升國際教育之輸出預期效益。

（二）對學校教師的建議

1.教師主動參與國際教育相關議題以提升專業知能，因應未來教學趨勢

　　如前所述，在全球化的衝擊下，國際教育已是吾人必須面對的課題，也因此 108 課綱亦將納入國際教育議題，據此，國際教育係學校現場教師必然要進行課室融入教學與活動規劃。根據輸入面之差異分析研究結果得知，教師之國際教育知能，相較於行政人員之得分較低，同時，在主動關心國際議題以及參與國際教育相關研習得分上也較低；是故，教師可以透過跨國參訪與旅行之體驗，反思教學場域之趨勢與打破班級王國教學之框架，並主動參與有關國際教育議題之精進研習，以提升該議題之專業知能。

2.教師自發組織學習型共同備課社群，設計校本課程精進教學實務

　　就有關國際教育過程面向之差異分析研究結果發現，課程規劃與設計分向度之得分相對較低，建議在參與相關研習精進後，教師們可以分學科、分年段方式，組織校內或跨校共同備課社群或國際教育教學工作坊的概念，透過國際教育課程教材的蒐集解析討論、學生國際教育能力指標落點分析，規劃與設計出屬於學校本位、年級年段本位或班級本位的課程內容與教案，以協同教學、巡迴教學或同儕教練的策略，轉化為課室教學的實務，甚至藉由彼此觀摩、議課與課前課後會談的學習共同體模式，以精進國際教育融入課

287

堂的教學與活動，提升課程教學成效，進而確保學生在國際教育議題的學習品質。

3.教師適切應用國際教育能力指標與資源手冊，根據評量結果調整教學活動

就國際教育過程面向之現況分析結果得知，「我會根據評量結果調整國際教育課程教學」以及「我會應用國際教育資源手冊設計課程」之得分最低；誠然，教師教學的成效與學生學習的成效息息相關，因此強化與增能教師的國際教育之認知、情意與技能，適時參考與應用教育部訂定之國際教育能力指標與資源手冊進行教學，並且能夠根據國際教育能力指標項目，以口頭報告、主題探討、課室討論、表演活動等多元的評量方式，有效檢核學生學習成效；同時，教師應根據評量結果調整課程設計與教學活動，秉持「每位學生均能成功」（success for all）的信念，應用成果導向課程發展模式，落實以學生為主體的教學，裨益學生在國際教育議題之學習以及教師自我更新的成長與精進。

（三）對主管教育機關的建議

本研究針對主管教育機關的建議分為：經費與資源整合、教師國際教育知能研習規劃、教學資源手冊設計以及學生國際教育能力指標修訂等方面的省思。

1.合理分配的經費基準，定期編列維修汰換教學設施補助方案

從輸入面向之研究資料與困境的結果可知：主管教育機關在經費與資源整合方面，應該提出合理分配經費的基準，適切彈性核撥經費機制，並且在學校資訊視訊設備上，能夠仿照校舍建築安全及消防檢查的做法，每年定期編列維修與更新汰換補助方案，讓國民小學學校現場在進行國際教育交流視訊時，能享有與時俱進汰換更新的教學設備，以提升國際教育與交流之品質。

2.規劃產出型工作坊的研習模式，廣納接軌世界潮流趨勢議題，深化教師國際教育專業知能

　　根據輸入面向之重要因素分析結果啟示，在教師國際教育知能研習規劃方面，中央主管教育機關目前大多專案委託負責之大專院校或縣市政府，進行國際教育研習課程內容與進程的規劃，難免產生指派研習與教師專業自主權的拉鋸問題。其中，有關研習課程的廣度與深度，可以參酌 OECD、UNESCO、IBE 等國際組織關注或推動的焦點計畫議題，除了能加強符應世界潮流之趨勢，也強化老師國際教育之認知、情意與技能等專業知能，並以產出型工作坊的研習模式，透過教師需求評估、案例研討、分組對話以及實際設計課程，以利帶回課堂實作，並轉化為符應現場教學之能量，讓老師能體現國際教育課程設計的流程，並符合成人學習「即學即用」的原則，也解決研究結果所示之「課程規劃與設計」的困境。

3.借鏡英美各國國際教育相關政策作為，出刊推動國際教育工作分析手冊

　　從過程面向困境項目之研究結果發現，國際交流與旅行的實施，是學校現場一致最感困難的推動項目，建議主管教育機關參考美國傅爾布萊特計畫之各子計畫，分學習階段或項目責成幾個向度方案，以供學校規劃參酌與決策。國民小學階段之學生參與出境的國際交流工作細項分析，應用人力、物力與財力資源，學生及家長參與的甄選辦法等細節，更為繁瑣，因此建議主管教育機關以籌組諮詢委員會模式，分析討論並出版相關手冊，裨益國民小學辦理國際交流與旅行之工作檢核。

4.建置豐富多元的國際教育線上教學資源教材平台或出版品裨益教學應用

　　如前所示，教師在課程規劃與設計以及參考運用國際教育教學手冊方面得分較低，建議主管教育機關在國際教育教學資源手冊編撰方面，可以仿照英國 QCA 的做法，建置豐富多元的國際教育線上教學資源教材平台或出版品，讓老師端能多元選擇與運用，以襄助國際教育教學之落實。

5.明確修訂對應不同階段與年級之國際教育能力指標以利教師檢核成效

最後，根據本研究國際教育輸出面向之分析結果，建議主管教育機關能夠針對學生能力指標進行修訂。亦即，在指標項目方面，文字敘述能更具體且可達成，並且能更細部化的將中小學階段能力指標區分，仿照中小學課程綱要分領域能力指標的模式，明確修訂對應不同階段、年級的國際教育細部能力指標，以利學校教師能轉化為課程教學目標與學生學習評量之檢核依據。

（四）對未來研究的建議

1.擴大研究對象，納入各階段或未申辦 SIEP 學校進行比較

本研究以公立國民小學申請 SIEP 為主要對象，建議未來進行之研究，可以考慮以公私立學校為研究對象進行比較研究、也可思考不同教育階段之國中、高中職學校實施現況或者是納入沒有申辦 SIEP 之學校與已申請 SIEP 學校在推動國際教育上的比較研究。

2.增加研究廣度與深度，探析國際教育白皮書揭示之四軌面向

就研究主題而言，本研究之主題聚焦在國民小學國際教育之實施，如前所述，國際教育已受世界各國重視，歐盟各國、亞洲國家、或是英美各州郡等國家或地區，均有其推動之特色，因此建議以世界各國(或地區)、國際組織以及非政府組織之推動情形進行深入調查研究。同時，亦建議針對臺灣國際教育四軌面向逐一探究，以瞭解各面向之個別實施情形，作為政策規劃滾動修正之參酌。

3.思考多元分析架構，提供典範學習

就研究分析架構而言，本研究以 IPO 模式為架構，進行廣泛面向的量化研究；誠然在教育領域的研究上，諸如 CIPP 與 CDPA 等架構，均是可茲探

究之模式,透過不同模式架構更能深入探析臺灣各個教育階段推行國際教育之多元風貌,裨益各校推動實施參採與典範學習。

4.質量並用取徑,豐富研究內涵

就研究方法而言,本研究採行問卷調查之量化研究取徑,未來研究取徑亦可思考質量並用的方式,針對實施國際教育之整體或分向度;縣市承辦中心、國際教育任務學校或是學校場域之校長、行政及教師等不同職務之推動情形,進行訪談與問卷調查,裨益豐富研究內涵。

參考書目

一、中文部分

丁嘉琳（2011）。**全台首座英語村、桃園打頭陣**。取自
  https://www.cw.com.tw/article/article.action?id=5003677

中小學國際教育資源網（無日期）。取自
  http://www.ietw.moe.gov.tw/GoWeb/include/index.php

內政部統計處查詢網（無日期）。取自
  http://statis.moi.gov.tw/micst/stmain.jsp?sys=100

王如哲(1999)。比較與國際教育初探。**比較教育，46**，67-82。

王秋萍(2015)。談「國際文憑小學課程」。**教育研究月刊，253**，98-111。

王國川譯（2015）。**最適樣本數：考驗力、精準度與實務性權衡**。（原作者：
  P. Dattalo）。臺北市：五南。（原著出版年：2008）。

王彩鸝（2016）。**臺灣準備好了嗎？ PISA 2018 加考「全球素養」**。取自
  https://udn.com/news/story/6885/1780953

王雅玄(2013)。國際理解與己他關係--國際教育中臺灣意象的解構與重構。**教
  育資料與研究，110**，49-76。

王熙、陳曉曉（2015）。**國際教育的全球化陷阱**。取自
  http://www.lunwendaquan.com/jiaoyuxue/335753.html

王曉寧、浦小松(2017)。基礎教育國際化視野中的教師國際素養測評研究。**基礎教育，14（5）**，61-75。

王麗雲（譯）（2014）。**政策與方案評鑑**。（原作者：C. H. Weiss）。臺北市：學富文化。（原著出版年：1998）。

伍振鷟(2000)。**中華民國教育宗旨及其實施方針**。取自 http://terms.naer.edu.tw/detail/1302562/

朱啟華（2012年4月）。臺灣中小學國際教育之反思。**「教育國際化之反思」國際學術研討會會議手冊**，298-305，國立暨南國際大學。

朱啟華（2013）。臺灣國際教育的反思--以《中小學國際教育白皮書》為例。**嘉大教育研究學刊，30**，1-20。

余鎮綸（2014年4月）。學校本位國際教育計畫之實踐與反思：以高中職國際教育旅行為例。張善禮（主持人），**中小學國際教育國際研討會：國際交流與課程變革論文集**，524-540，國立中正大學。

吳天方和費業勳（2007）。由人力資源提升教育品質方案探討。**教育資料與研究雙月刊，79**，41-60。

吳宗立（2007）。教育品質：學校經營的挑戰。**教育研究月刊，160**，17-39。

吳宗哲(2014)。淺談國民小學國際教育的問題與做法--以臺北市幸安國小推動示例，**臺灣教育評論月刊，3（11）**，34-38。

吳明隆、涂金堂(2017)。**SPSS與統計應用分析**。臺北市：五南。

吳清山(2011)。培養學生國際視野的策略。**研究資訊，28（5）**，1-3。

吳清山、黃姿霓、王令宜(2011)。國民教育階段關鍵績效指標之初步建構。**教育研究月刊，209**，2-16。

吳翠玲(2012)。國際教育之教師專業。**教師天地。180**，30-35。

呂伊萱(2017，11月15日)。IEE最新報告：台生為美國國際學生第7大來源。**自由時報**。取自 http://news.ltn.com.tw/news/life/breakingnews/2254565

李英明（2012年7月）。全球化下的國際關係：國際教育的場域視角。**教育部101年中小學國際教育初階研習手冊**，國立中正大學。

沈姍姍（主編）（2010）。**國際組織與教育**。臺北市，高等教育。

周玉秀(2012)。一個行動課程--國際教育融入數學之臨床實驗。**國民教育，53**，82-92。

周汶昊（2013）。**美國國際教育政策建議書發表**。取自
http://www.moetw.org/2013/06/blog-post_9444.html

周珮儀（2011）。全球教育在地化。**研習資訊，28（5），**5-16。

周祝瑛、陳榮政(2012)。國際教育。載於國家教育研究院主編，**臺灣教育政策綱領之研究**，203-215。新北市：國家教育研究院。

周櫻雀（2011）。**向世界邁進—桃園縣國際教育計畫**。取自
http://e-news.smes.tyc.edu.tw/Module/Pages/News_View.php?ID=3078

林心怡、林雲龍、許倪菁、溫美玲、郭香吟、周浩群、陳樹欉（2013年3月）。國際教育導入學校本位課程之思維與實踐策略。**中小學國際教育國際研討會：理論與實踐的對話論文集**，433-451，國立中正大學。

林永豐(2011)。強調學校本位與課程融入的英國全球教育。**研習資訊，28（5），**25-36。

林永豐(2013年3月)。中小學國際教育的主題與範疇分析。**中小學國際教育國際研討會：理論與實踐的對話論文集**，521-534，國立中正大學。

林明地（2012)。從中小學國際教育政策談學生國際學習。**教師天地，180，**1-6。

林明地（2013)。臺灣中小學國際教育政策主軸與學校實踐分析。**教育研究月刊，230，**14-26。

林彥良 (2015)，國際教育融入課程與教學：從思考到發表，開啟國際新視角，**新北市教育，16，**34-37。

林素卿（2011）。課程如國際文本—全球教育課程與實踐之省思。**研習資訊，28（5），**17-23。

林清山（2014）。**心理與教育統計學**。台北：東華書局。

林雅芳（2016 年 4 月）。全球公民素養下的課程實踐與行動：以國民小學推動問題導向學習為例。**中小學國際教育國際研討會：全球公民：素養、知識與能力論文集**，151-166，國立中正大學。

林錦郎、黃淑玲(2015)。國小教師參與教師研習行為意向之研究。**全球商業經營管理學報**，**7**，149-162。

林騰蛟（2006）。臺北市教育國際化的政策與發展。**教育資料與研究雙月刊**，**71**，47-62。

邱玉蟾（2009）。**學校推動國際教育應有的認識**。取自
http://web.fg.tp.edu.tw/~tispa/blog/epaper/02/word/d2-3.pdf

邱玉蟾（2010）。**國際教育理念分析**。取自
http://www.qtm.ks.edu.tw:82/dyna2/data/user/internation/files/201105051056312.pdf

邱玉蟾（2012）。中小學國際教育政策與行動。**國民教育**，**53**，64-71。

邱皓政、林碧芳審訂（2014）。**調查研究方法**。（原作者：Floyd J. Fowler, Jr.）。臺北市：五南。（原著出版年：2013）。

建構中央與地方教學輔導網絡實施方案（2013 年 6 月 27 日）。取自
http://edu.law.moe.gov.tw/LawContent.aspx?id=FL044354

洪雯柔（2012）。面向未來：以建構全球競爭力為基礎的國際教育。**竹縣文教**，**43**，19-23。

洪雯柔、郭喬雯(2012)。建構國際教育融入課程的教師專業成長團體規劃模式：三所偏鄉學校策略聯盟的經驗。**課程研究**，**7**，55-83。

洪意雯（2014）。國際教育訊息。**教育資料與研究**，**113**，229-244。

美國在臺協會（無日期）。取自 https://www.ait.org.tw/zhtw/education-culture-zh/

美國亞洲協會網站（無日期）。取自
https://asiasociety.org/education/our-initiatives

美國國際教育協會(National Association of Foreign Student Advisers, NAFSA)（無日期）。取自 http://www.nafsa.org/

美國教育資訊中心網站(U.S. Education Information Center) （無日期）。取自
http://www.educationusa.tw/dispPageBox/UStudyHP.aspx?ddsPageID=USTU
DYHP.

英國文化協會（The British Council）（無日期）。取自
https://www.britishcouncil.org

英國國際發展部之全球學校夥伴關係計畫（DFID Global School Partnerships
）國際學校獎（International School Awards）（無日期）。取自
http://schoolsonline.britishcouncil.org/international-learning/inter-national-scho
ol-award

英國教育部(TheDepartment for Education, DfE) （無日期）。取自
https://www.gov.uk/government/organisations/department-for-education

桃園市政府教育局（2015）。**桃園市 105 年至 108 年國民中小學英語教育中長
程計畫**。桃園市，作者。

桃園市政府教育局（2016）。**桃園市國際教育中程（106 至 109 年）計畫**。桃
園市，作者。

桃園市國際英語村網站（無日期）。取自 http://ev.tyc.edu.tw/ev_index.php

桃園縣政府（2008）。**桃園縣教育簡介**。桃園市，作者。

桃園縣政府教育局（2011）。**2020 桃園航空城教育計畫**。桃園縣，作者。

祖曉梅（2015）。**跨文化交際**。大陸：外語社。

翁麗霞、洪明(2011)。美國聯邦政府國際教育政策探略—聚焦《高等教育法》
第六款與「富布賴特計畫」。**教育發展研究，7**。取自
http://www.cnsaes.org/homepage/html/magazine/jyfzyj/jyfzyj_alpx/5170.html

馬健生、吳佳妮（2016）。論新世紀美國教育國際化發展策略轉向—以十萬強
計畫為例。**比較教育研究，7**，42-49。

高雄市政府教育局（2009）。**高雄市推動國際教育中程計畫**。高雄：作者。

高雄市國際教育資源中心（無日期）。取自
http://www.kierc.kh.edu.tw/internet/index.asp

國民教育法（2016 年 6 月 1 日修正）。

國民教育法施行細則（2016 年 7 月 1 日修正）。

國家教育研究院（2012）。**全球教育**。取自教育大辭書網站
    http://terms.naer.edu.tw/detao;/1453927/

張佳琳（2014 年 2 月 13 日）。美國國際教育協會簡介。**教育部電子報，601**
    。取自
    http://epaper.edu.tw/print.aspx?print_type=windows&print_sn=14574&print_nu
    m=601

張明文、陳盛賢（2006）。桃園縣初等教育國際化及其政策。**教育資料與研究
    雙月刊，71**，63-77。

張偉豪(2011)　。**SEM 論文寫作不求人**。高雄市：三星統計。

張善禮（2015)。國際行動的能力：國際教育要帶給學生的改變。**新北市教育
    ，16**，27-29。

張欽盛（2006)。臺灣教育國際化的政策與措施。**教育資料與研究雙月刊，71**
    ，1-16。

張瑞生、呂惠甄（2014）。以推拉策略推動學校國際交流模式之研究。洪志
    成（主持人），**中小學國際教育國際研討會：國際交流與課程變革論文集**
    ，420-430，國立中正大學。

張碧娟(2013)。現階段高中國際教育的評析與展望。**教育研究月刊，230**，27-40
    。

張樹倫（2008）。邁向全球化社會的多元文化素養。**教師天地，157**，28-33。

教育基本法(1999 年 6 月 23 日)。取自
    http://edu.law.moe.gov.tw/LawContent.aspx?id=FL008468#lawmenu

教育部（1995）。**中華民國教育報告書--邁向 21 世紀的教育願景**。取自
    http://3w.naer.edu.tw/education/pdf/%E4%B8%AD%E8%8F%AF%E6%B0%91
    %E5%9C%8B%E6%95%99%E8%82%B2%E5%A0%B1%E5%91%8A%E6%9

B%B8%EF%BC%9A%E9%82%81%E5%90%9121%E4%B8%96%E7%B4%80%E7%9A%84%E6%95%99%E8%82%B2%E9%A1%98%E6%99%AF.pdf

教育部（2000）。九年一貫課程綱要暫行版。臺北市：作者。

教育部（2001a）。九年一貫課程綱要。臺北市：作者。

教育部（2001b）。推動高中職國際教育旅行計畫。臺北市：作者。

教育部（2009）。教育部補助增進高級中等學校學生國際視野要點。取自 http://edu.law.moe.gov.tw/LawContentDetails.aspx?id=GL000020&KeyWordHL=&StyleType=1

教育部（2010）。教育部中程施政計畫（99 至 102 年度）。取自 https://ws.moe.edu.tw/001/Upload/1/relfile/6313/6897/0dcc4912-e390-4505-b094-b239c5e36184.pdf

教育部（2011）。中小學國際教育白皮書：扎根培育 21 世紀國際人才。臺北市：作者。

教育部（2012a）。教育部補助高級中等以下學校推動國際教育計畫要點。 http://gazette.nat.gov.tw/EG_FileManager/eg023pub/eg018055/ch05/type2/gov40/num16/Eg.htm

教育部（2012b）。中華國民師資培育白皮書。臺北市：作者。

教育部（2012c）。中小學國際教育融入課程資源手冊國小版（第一冊）。臺北市：作者。

教育部（2013）。教育部中程施政計畫（102 至 105 年度）。取自 https://ws.moe.edu.tw/001/Upload/1/relfile/6313/6896/4677c787-46a4-4a29-9d81-1a276828b800.pdf

教育部（2014a）。103-104 年教師合作問題解決教學能力提升計畫。臺北市：作者。

教育部（2014b）。十二年國民基本教育課程綱要。臺北市：作者。

教育部（2016）。國民小學與國民中學班級編制及教職員員額編制準則。取自 http://edu.law.moe.gov.tw/LawContent.aspx?id=FL008932

教育部（2017a）。**教育部中程施政計畫（106 至 109 年度）**。取自
　　https://ws.moe.edu.tw/001/Upload/3/relfile/6313/54847/6f0059a3-39e1-4a91-ba
　　b3-ae82512684c7.pdf

教育部(2017b)。**106 年度中小學國際教育課程領導者培訓工作坊實施計畫**。
　　取自
　　http://www.ietw.moe.gov.tw/GoWeb/include/GetDBfile.php?KeyID=20956513
　　5058a7a6b2a7146-f01

教育部統計處（無日期）。取自 https://depart.moe.edu.tw/ed4500/

教育部補助高級中等以下學校推動國際教育計畫要點（2012 年 3 月 23 日）。
　　取自 http://edu.law.moe.gov.tw/LawContentHistory.aspx?hid=753

梁俐玲(2015 年 7 月 16 日)。美國國際教育政策。**教育部電子報：國際視窗，
　　674**。取自 https://epaper.edu.tw/windows.aspx?windows_sn=17064

梁福鎮（2013）。**比較教育學：起源、內涵與問題探究**。臺北市：五南。

莊文忠、鄭天澤（譯）（2017）。**愛上統計學 (第 4 版)**。(原作者：Neil J. S.)
　　。臺北市：五南。(原著出版年：2014)。

許西玲(2016)。國際教育旅行與姊妹校交流的現況與問題。**國教新知，63**（3
　　），98-113。

郭峰（2015）。**全球化時代大學國際理解教育策略構建**。取自
　　https://www.sinoss.net/uploadfile/2012/0531/20120531115645810.pdf

陳玉琨（2004）。**教育評鑑學**。臺北市：五南。

陳怡如（2011）。臺灣中等學校國際教育實施現況與未來發展。**教育資料集刊
　　，50**，1-26。

陳怡如（2015)。二十一世紀全球國際學校的發展與挑戰。**教育研究月刊，259
　　**，39-55。

陳美如、郭昭佑(2014)。課程導向之國際交流教育個案研究--以資訊科技為媒
　　介。**教育資料與研究，113**，171-203。

陳偉泓（2006）。臺北市麗山高中國際教育實務經驗。**教與資料與研究雙月刊**，71，79-86。

陳善德（2006）。教育品質推廣列車正式啟動--教育品質委員會成立及運作紀實。**品質月刊**，42（6），58-59。

陳惠邦（2013）。論國際教育的理念與實踐。**教育研究月刊**，230，5-13。

陳順興 (2011)。建構高等教育經營績效架構和關鍵績效指標。**教育研究月刊**，209，25-38。

陳意尹、蔡清華(2013 年 3 月)。英國推動中小學全球教育內涵與政策之研究。**中小學國際教育國際研討會—理論與實踐的對話論文集**，565-572，國立中正大學。

陳劍涵、陳麗華（2015）。以網路國際交流重構學習者教材知識的契機與實例。**教科書研究**，8（1），109-134。

陳嬋娟、陳斐娟（2016 年 4 月）。國民小學推動國際教育之實施困境與契機分析。王智弘（主持人），**中小學國際教育國際研討會：全球公民：素養、知能與能力論文集**，207-222，國立中正大學。

陳麗華（2010）。臺北市全球教育白皮書芻議。**教師天地**，168，4-11。

傅爾布萊特學術交流基金會（無日期）。取自
http://www.fulbright.org.tw/dispPageBox/CtCh.aspx?ddsPageID=FOSECHIAAA

就業服務法（1992 年 5 月 8 日）。

黃乃熒（2009）。臺灣推動中小學國際教育之行動建構。**教育資料集刊**，42，1-23。

黃乃熒（2011）。**全球領導與國際教育**。台北：學富。

黃文定(2014 年 4 月)。從跨國校際交流探究臺灣國小學童跨文化能力—技能面向的分析。王俊斌（主持人），**中小學國際教育研討會國際交流與課程變革論文集**，382-396，國立中正大學。

黃文定(2017)。析論影響英國「國際學校獎」實施之因素：政策執行的觀點。**教育政策論壇，20**，35-69。

黃文定、詹盛如、陳怡如(2013)。英國「國際學校獎」運作機制與功能之探究。**教育資料與研究，110**，189-214。

黃月純、王如哲(2013)。臺灣、韓國國際教育之展望。**教育研究月刊，230**，121-135。

黃玫玲(2012)。永續發展教育下，國小教師應有的國際教育素養。**國民教育，52**，75-79。

黃冠勳(2014)。國民中小學推動國際教育之迷思與困境。**學校行政，92**，164-181。

黃捷（2016）。**全球文化素養調查北歐包辦前5名**。取自 https://anntw.com/articles/20160321-PBgy

黃碧智（2012）。**臺灣《中小學國際教育白皮書》之推動與反思－國民小學學校本位融入課程規劃之個案研究**（未出版博士論文）。國立暨南國際大學。

楊巧玲（2004）。高等教育國際化的意義與爭議。**教育政策論壇，7(1)**，101-110。

楊思偉（2007）。**比較教育**。臺北市：心理。

楊深坑（2014）。比較教育的意義、目的、研究類型與方法策略。載於楊深坑、王秋絨、李奉儒主編，**比較與國際教育**，21-54。臺北市：高等教育。

經濟合作暨發展組織（The Organization for Economic Cooperation and Development, OECD）（無日期）。取自 http://www.oecd.org/

葉興華、郭玉慧、吳奇美、劉春陽、吳卿華、林雅雯(2013)。以讀報推動國際教育之調查研究。**國教新知，60**，54-67。

葉蕙芬（2012年4月）。臺灣教育國際化影響因素與推動策略之研究。「**教育國際化之反思」國際學術研討會會議手冊**，212-227，國立暨南國際大學。

董國安(2012)。臺灣中小學紮根國際教育的思維與作為。**竹縣教育，43**，50-57。

詹盛如（2011）。**國際組織與英澳國際教育政策**。取自
http://www.qtm.ks.edu.tw:82/dyna2/data/user/internation/files/20110505104627
2.pdf

詹盛如（2012）。英、澳與國際組織國際教育推動現況。**教育部 101 年中小學
國際教育初階研習手冊**，107-112，國立中正大學。

詹盛如（2013）。國際教育政策：中央與地方政府之比較分析。**國民教育**，53
，93-97。

詹盛如（2015）。國際教育的理念分析。**教育部 104 年中小學國際教育初階研
習手冊**，28-32，國立中正大學。

電子化語言學習(elanguages)（無日期）。取自 http://www.elanguages.ac.uk

廖文靜（2013）。中小學國際教育之探討。**教育研究月刊**，230，41-54。

廖玉枝、陳正為、施馨貴、王婉如（2014 年 4 月）。國際教育融入學校本位
課程之實踐策略與建議-以「深耕大甲 國際順中」課程推動為例。陳聖謨
（主持人），**中小學國際教育國際研討會：國際交流與課程變革論文集**，
210-226，國立中正大學。

網路學校社群(eTwinning)（無日期）。取自
http://www.britishcouncil.org/etwinning

臺北市政府教育局（2002）。**臺北市教育國際交流白皮書**。臺北市：作者。

臺北市政府教育局（2010）。**臺北市全球教育白皮書**。臺北市：作者。

趙文德（2015）。**臺灣小學推動學校本位國際教育之行動研究 -苗栗縣後龍國
民小學反省性實踐歷程分析**（未出版博士論文）。國立暨南國際大學。

趙文德、劉火欽、陳佳宜、徐千惠（2016 年 4 月）。臺灣小學推動國際教育
姐妹校交流模式之行動研究—以苗栗縣後龍國民小學為例。王智弘（主持
人），**中小學國際教育國際研討會：全球公民：素養、知識與能力論文集**，
223-240，國立中正大學。

劉永順(2015)。國際教育旅行的過去、現在與未來。**師友月刊**，581，10-15
。

劉美慧、游美惠、李淑菁編著（2016）。**多元文化教育**。臺北市：高等教育。

劉慶仁(2006)。英國中小學國際教育之推展。**教育資料與研究雙月刊，71，**
87-108。

劉靜宜（2013）。美國加州大學海外學習計畫模式及其啟示。**教育資料集刊，**
60，61-92。

潘志煌（2012年4月）。臺灣中小學國際教育政策之批判論述分析。「**教育國**
際化之反思」國際學術研討會會議手冊，321-338，國立暨南國際大學。

潘慧玲（2017）。縣市教育力指標系統：臺灣地方學會之初探。**學校行政雙月**
刊，109，138-151。DOI：10.3966/160683002017050109008

蔡宜紋、黃文定（2016）。臺灣國民小學國際教育交流之帶隊教師國際教育技
能研究。載於溫明麗主編，**國際教育人才培育之策略研究**，11-46。新北市
：國家教育研究院。

蔡金田（2004）。從全球化教育競爭力的觀點談校長領導。**人文及社會學科教**
學通訊，15(3)，58-77。

蔡金田（2017）。各國國際教育推動現況。**桃園市106年度國際教育初階研習**
手冊，20-26。

蔡金田、許瑞芳（2019）。**臺灣國民小學多元文化教育理念與分析**。臺北市：
元華文創。

蔡清田、劉祐彰（2007）。國小教師課程設計的實踐與難題。**課程研究，**3，
59-85。

蔡靜儀（2013a）。英國中小學國際教育之學校國際化研究。**真理大學人文學**
報，14，29-48。

蔡靜儀(2013b年3月)。英國中小學教育國際化研究。**中小學國際教育國際研**
討會—理論與實踐的對話論文集，357-372，國立中正大學。

鄭以萱（2013）。以非政府組織支援的海外服務學習培育國際化人才。**教育資**
料與研究，110，27-48。

鄭新輝 (2011)。整合性學校績效管理系統與關鍵績效指標之應用。**教育研究月刊**，209，39-53。

薛承泰、林昭禎（2004）。外勞數量與臺灣勞工之就業關係。**國家政策論壇，春季號**。2015/11/15 擷取自 http://old.npf.org.tw/monthly/0401/theme-212.htm

謝孟恬(2015)。國際教育課程設計--以「日本文化欣賞與體驗」為例。**新北市教育**，16，38-41。

鍾宜興 (2012) 。飛向國際，飛向未來。**竹縣文教**，43，13-18。

鍾宜興、黃碧智（2013）。流動的文化疆界與跨界的心靈--國際教育相關概念的釐清。**教育資料與研究**，110，1-26。

鄺灩湘（2016）。**二戰後美國國際教育交流及其政治效應探析**。取自 http://www.charhar.org.cn/newsinfo.aspx?newsid=11212

顏佩如（2005）。全球教育發展與內涵之研究。載於中華民國課程與教學學會主編，**當代課程與教學新課題**，1-17。臺北市：中華民國課程與教學學會。

顏佩如（2010）。全球教育的核心價值之探討。陳清溪主編，**教育核心價值實踐之研究**，1-38。新北市:國家教育研究院籌備處。

羅雪瑞、林詩敏(2015)。運用人權議題實踐國際教育課程之行動研究：以竹北國小六年級學童實踐公民行動方案為例。**新竹縣教育研究集刊**，15，31-77。

饒見維(2003)。**教師專業發展—理論與實務**。臺北市：五南。

二、外文部分

American International Education Foundation, AIEF（n.d.）。Retrieved from http://www.aief.org.tw/aboutief/whoweare.htm

American president project (n. d.). Retrieved from http://www.presidency.ucsb.edu/ws/index.php.

American Society for Quality (n. d.). *ISO standards.* Retrieved from: https://asq.org/quality-resources/standards-101

Bagozzi, R. P., & Yi, Y. (1989). On the use of structural equation models in experimental designs. *Journal of Marketing Research, 26(3)*, 271-284.

Beck, U. (2000). *What is globalization?* U.S.: Wiley.

Bereday, G.Z.F. (1964). *Comparative method in education.* Canada: Holt, Rinehart & Winston of Canada Ltd.

Bruggencate, G. t., Luyten, H., Scheerens, J., & Sleegers, P. (2012). Modeling the influence of school leaders on student achievement: How can school leaders make a difference? *Educational Administration Quarterly 48(4)*, 699-732. DOI: 10.1177/0013161X11436272

Bruhn, E. (2017). Towards a framework for virtual internationalization. *International Journal of E-learning & Distance Education, 32(1).* Retrieved from: http://www.ijede.ca/index.php/jde/article/view/1014/1667

Bureau of Educational & cultural Affairs (n. d.). *About ECA.* Retrieved from https://eca.state.gov/about-bureau

Cambridge, J. & Thompson, J. J. (2004). Internationalism and globalization as contexts for international education. *Compare, 342,* 161–175.

Canadian Bureau for International Education (2013). *About IE.* Retrieved from: http://www.cbie-bcei.ca/about-ie/

Canadian Bureau for International Education (2016). *International education leadership of tomorrow: where are we and where do we need to go?* Retrieved from: https://cbie.ca/wp-content/uploads/2016/05/INTL-Where-are-We-and-Where-Do-EN.pdf

Clinton, W. J. (2000). *Memorandum on international education policy.*
Retrieved from: http://www.presidency.ucsb.edu/ws/?pid=58389

Collins, H. T., Czarra, F. R. and Smith, A. F. (1995). *Guidelines for global and international studies education: challenges, culture, connections.* Retrieved from:
http://citeseerx.ist.psu.edu/viewdoc/download?doi=10.1.1.513.2794&rep=rep1&type=pdf

Commission of Humanities & Social Sciences (2013). *The heart of the matter.*
Retrieved from:
https://www.humanitiescommission.org/_pdf/hss_executivesummary.pdf

Davis, M. R. (2002). *Paige urges new focus oninternational education.*
Retrieved from:
https://www.edweek.org/ew/articles/2002/11/27/13paige.h22.html

Department for Business, Innovation & Skills (2013). *International education: global growth and prosperity.* U.K.: Author.

Department of Education & Skills (2004). *Putting the world into world-class education.* U.K.: Author.

Friedman, T. L. (2005). *The world is flat: A brief history of the twenty-first century.* USA: Picador.

Guo, S. C. & Liao, W. T.（2014, April）. *An exploration on the perceptions and implementation of international education at the primary school level.*
Retrieved from:
file:///C:/Users/USER1/Downloads/103+0424-%E4%B8%AD%E5%B0%8F%E5%AD%B8%E5%9C%8B%E9%9A%9B%E7%A0%94%E8%A8%8E%E6%9C%83%E7%A0%94%E7%BF%92%E6%89%8B%E5%86%8A.pdf

Howe, D. (2008). Schools without walls. *Phi Delta Kappan, 90(3),* 206-210.

International Baccalaureate Organization (n. d.). *About IB.* Retrieved from http://www.ibo.org/about-the-ib/

International Bureau of Education (n. d.). *Who we are.* Retrieved from http://www.ibe.unesco.org/en/who-we-are/history

Keller, D. (2011). *Toward a system of evaluating a school's international education program.* Retrieved from: http://www.ibo.org/contentassets/477a9bccb5794081a7bb8dd0ec5a4d17/dankel lersystemevaluating.pdf

Kline, R. B. (2011). *Principles and practice of structural equation modeling (3rd Ed.).* USA : The Guilford Press.

Knight, J. (1999). Internationalization of higher education. In Organization for Economic Co-operation and Development (Ed.). *Quality and internationalization in higher education,* 13-28. Retrieved from: http://ebook.umaha.ac.id/E-BOOKS%20ON%20HIGHER%20EDUCATION/Q UALITY%20_%20QA%20MANAGEMENT,%20E-BOOK/QUALITY%20_% 20INTERNATIONALIZATION%20IN%20HE%20(BUKU).pdf#page=14

Knight, J. (2003). Update the definition of internationalization. *International Higher Education, 33 (6),* 2-3. Retrieved from: https://ejournals.bc.edu/ojs/index.php/ihe/article/viewFile/7391/6588

Knight, J. (2011). *Five myths about internationalization.* Retrieved from: https://doi.org/10.6017/ihe.2011.62.8532

Kozma, T., & Radacsi, I. (2000). Should we become more international or more regional? Aspects of minority higher education in Europe. *Higher Education in Europe, 25(1),* 41-45.

Lin, M.H. & Chen, S.H.（2014）. A comparison of the internationalization of education in Taiwan and Japan: The perspective of elementary school principals. *International Education Studies, 7(1),* 47-59.

National Association of Foreign Student Advisers (n. d.). *About us.* Retrieved from http://www.nafsa.org/About_Us/About_International_Education/

Organization for Economic Co-operation and Development (2016). *Global competency for an inclusive world.* Retrieved from: http://www.oecd.org/pisa/aboutpisa/Global-competency-for-an-inclusive-world.pdf

Parmenter, D. (2015). *Key performance indicators: Developing, implementing, and using winning KPIs (3rd Ed.).* Retrieved from: https://doi.org/10.1002/9781119019855.fmatter

Qualification and Curriculum Authority (2007). *The global dimension in action: a curriculum planning guide for schools.* UK: Author.

Qualification and Curriculum Authority (2010). *Cross-curriculum dimensions: A planning guide for schools.* UK: Author.

Redecker, C. (2013). *The use of ICT for the assessment of key competences.* Doi: 10.2791/87007

Reimers, F. M. (2013). *Assessing global education: An opportunity for the OECD.* Retrieved from https://www.oecd.org/pisa/pisaproducts/Global-Competency.pdf

Shapiro, J. P., & Stefkovich, J. A. (2011). *Ethical leadership and decision making in education: Applying theoretical perspectives to complex dilemmas, (3rd Ed.).* U.K.: Routledge.

Thompson, J. J. (1998). Towards a model for international education. In M. Hayden & J. J. Thompson (Eds.), *International education: Principles and practice,* (pp. 276–290). Abingdon, U.K.: Routledge Falmer.

United Nations Educational, Scientific and Cultural Organization (n. d.). *About us.* Retrieved from https://en.unesco.org/about-us/introducing-unesco

United Nations Educational, Scientific and Cultural Organization (1974). *Recommendation concerning education for international understanding, co-operation and peace and education relating to human rights and fundamental freedoms.* Retrieved from http://unesdoc.unesco.org/images/0011/001140/114040e.pdf#page=144

United Nations Educational, Scientific and Cultural Organization (2001). *International decade for a culture of peace and non-violence for the children of the world 2001-2010.* Retrieved from http://www.un-documents.net/a56r5.htm

United Nations Educational, Scientific and Cultural Organization (2004). *What is international education? UNESCO answers.* Retrieved from http://unesdoc.unesco.org/images/0013/001385/138578e.pdf

United Nations Educational, Scientific and Cultural Organization (2010). *The international year for the rapprochement of cultures 2010.* Retrieved from http://www.un.org/en/events/iyrc2010/background.shtml

United Nations Educational, Scientific and Cultural Organization (2013). *The international year for the rapprochement of cultures 2013-2022.* Retrieved from https://en.unesco.org/decade-rapprochement-cultures

United Nations Educational, Scientific and Cultural Organization (2015). *Incheon declaration: Education 2030 framework for action.* Retrieved from http://unesdoc.unesco.org/images/0024/002456/245656E.pdf

United State Department of Education (2012). *Succeeding globally through international education and engagement: U.S. Department of Education International Strategy 2012–16.* Retrieved from https://www.actfl.org/sites/default/files/reports/international-strategy-2012-16.pdf

Wiersma, W., & Jurs, S. G. (2009). *Research methods in education: An introduction (9th Ed.).* USA: Pearson Education, Inc.

Wikipedia (n. d.). *IPO model.* Retrieved from https://en.wikipedia.org/wiki/ IPO_model

World Bank (2018). *Learning: to realize education's promise.* Retrieved from http://www.worldbank.org/en/publication/wdr2018

附錄

附錄一　中小學國際教育能力指標

一、基本理念

　　本能力指標係依據教育部中小學國際教育白皮書揭示國際教育四大目標「國家認同」、「國際素養」、「全球競合力」及「全球責任感」來建構，旨在提供學校發展學校本位課程和作為國際素材融入課程與教學之參考。能力指標由易而難分為基礎、中階及高階能力，三階層能力並非對應國小、國中、高中及高職教育階段，而是配合各校國際交流、教師專業成長及學校國際化之實際情形，選擇適切階層之能力指標，以整合學校資源，發展整體的課程目標與課程規劃。

二、課程目標

　　依據中小學國際教育白皮書揭示國際教育之四大目標「國家認同」、「國際素養」、「全球競合力」及「全球責任感」發展出包含認知、情意、行動三大能力面向的課程目標。在認知面，藉由瞭解本國與國際文化的異同性、全球議題的關連性、全球競爭與合作的現象與運作模式；在情意面，；在行動面。整合三個層面，可以推衍出以下五項課程目標：

1.培養學生具備國際視野的本土文化認同與愛國情操，實踐個人對國家的責任。

2.瞭解世界文化的多樣性，尊重與欣賞不同文化，透過跨文化的溝通與反思，參與國際活動，認識並試圖解決全球議題。

3.培養學生在國際競爭與交流中所需的外語能力及專業知能。

4.瞭解並分析自己與臺灣在國際市場的角色，在競爭與合作的運作中，發揮長處。

5.引導學生具備全球意識、全球智能、全球公民責任感及全球行動力。

三、分段能力指標

　　＜編號說明＞下列「a-b-c」編號中，第一個編號a代表主題軸（1為國家認同，2為國際素養，3為全球競合力，4為全球責任感）；第二個編號b代表階層序號（1為基礎能力，2為中階能力，3為高階能力；c代表流水號。例如：1-1-1代表國家認同主題軸的基礎能力指標、2-3-2代表國際素養主題軸的高階能力指標。

　1.國家認同

　　1-1-1　瞭解台灣與世界其他國家的文化特質

　　1-1-2　表現具國際視野的本土文化認同

　　1-1-3　向外國人介紹台灣文化特色的能力

　　1-2-1　理解國家發展和全球之關連性

　　1-2-2　具備國際視野的國家意識

　　1-3-1　從歷史脈絡中理解台灣在國際社會的角色與處境

　　1-3-2　正視自己對國家的責任

　2.國際素養

　　2-1-1　認識全球重要議題

　　2-1-2　體認國際文化的多樣性

　　2-1-3　具備學習不同文化的意願與能力

　　2-2-1　瞭解台灣與全球議題之關連性

　　2-2-2　尊重與欣賞世界不同文化的價值

　　2-3-1　具備探究全球議題之關連性的能力

　　2-3-2　具備跨文化反思的能力

　　2-3-3　具備跨文化的溝通能力

3.全球競合力

    3-1-1   認識全球競爭與合作的現象

    3-1-2   探究全球競爭與合作關係的能力並體認其重要性

    3-2-1   檢視個人在全球競爭與合作中可以扮演的角色

    3-2-2   具備參與國際交流活動的能力

    3-2-3   察覺偏見與歧視對全球競合之影響

    3-3-1   分析台灣在全球競爭與合作關係中的地位

    3-3-2   具備解讀全球勞動市場的能力

4.全球責任感

    4-1-1   認識世界基本人權與道德責任

    4-1-2   瞭解並體會國際弱勢者的現象與處境

    4-2-1   瞭解全球永續發展之理念並落實於日常生活中

    4-2-2   尊重與維護不同文化群體的人權與尊嚴

    4-3-1   辨識維護世界和平與國際正義的方法

    4-3-2   體認全球生命共同體相互依存的重要性

    4-3-3   發展解決全球議題方案與評價行動的能力

附錄二　學校本位國際教育計畫(SIEP)

學校代碼：○○○○○○　　　　　　　　　編號：（請勿填寫）

「學校本位國際教育」(SIEP)

109 年度 計 畫 書

主辦學校：（全銜）

合辦學校：（全銜）

申請日期：中華民國○○○年○○月○○日

「學校本位國際教育」(SIEP) 申請表

學校名稱			
學校代號			
學校地址			
學校類別	☐國立☐教育部所屬私立　☐直轄市立☐直轄市私立　☐縣(市)立 ☐縣(市)私立		
學校層級	☐高中☐高職　☐國中　☐國小（可複選）		
行政區域			
學校規模	全校班級數	1.	1.含全校日夜間及進修學校等核定之全校編制班之班級總數和學生總人數
		2.	
	全校學生數	1.	2.辦理活動層級之班級總數和學生總人數
		2.	
	全校教師數		編制內之專任教師(包含教官及護理教師)
中小學國際教育校內研習辦理情形 (請勾選並檢具書面證明)	☐本校已辦理校內教職員之「中小學國際教育」研習。 ☐本校未曾辦理校內教職員之「中小學國際教育」研習。		
本校曾參與之國際教育相關活動 (請勾選並檢具書面證明)	☐A-108年度任務學校 ☐B-中正大學初階研習個人證書 ☐C-主管機關辦理初階研習個人證書 ☐D-學校自行辦理初階研習個人證書 ☐E-中正大學初階研習學校行政團隊證書 ☐F-主管機關辦理初階研習學校行政團隊證書 ☐G-中正大學進階研習個人證書 ☐H-中正大學進階研習學校行政團隊證書 ☐I-已開設或109年度預計開設之第二外語課程 ☐J-與出訪學校已締結或即將締結姊妹校關係		

申辦類別計畫項目	計畫名稱	計畫類別	補助項目
	1.		
	2.		
	3.		
	4.		

聯絡人	姓　名		電　話	
	行動電話		E-mail	

承辦單位主任核章		校長核章	

壹、學校國際教育推動現況及目標設定

一、學校推動國際教育現況

類別：課程發展與教學			
		質性說明	量化說明
國際教育相關課程及教學活動		請條列簡要說明學校推動之項目與內容。	請條列簡要說明學校推動之規模與成效，如參與師生人數、執行之次數與頻率等。
現況	(一)辦理中小學國際議題及國際教育融入學校課程		
	(二)研發國際化課程，統整融入學校課程並採資訊及通訊技術（Information Communication Technology，ICT），進行國際交流數位教學		
	(三)辦理開設外語、文化課程及辦理相關活動。		
	其他		

類別：國際交流			
		質性說明	量化說明
國際教育相關課程及教學活動		請條列簡要說明學校推動之項目與內容。	請條列簡要說明學校推動之規模與成效，如參與師生人數、執行之次數與頻率等。
現況	(一)辦理外國學校、師生來訪		
	(二)辦理本國學校、師生出訪活動		
	(三)參與國際網路交流計畫		
	(四)參與國際會議或競賽		
	(五)辦理外國學生來臺服務及學習		
	(六)其他		

類別：教師專業成長			
		質性說明	量化說明
國際教育相關課程及教學活動		請條列簡要說明教師參與活動情形。	請條列簡要說明學校推動之規模與成效，如參與人數、執行之次數與

			頻率、認證或執行次數等。
現況	(一)參加教育部及主管教育行政機關主辦之國際教育專業知能研習		
	(二)結合社區其他學校辦理校內行政人員及教師國際教育專業知能研習		
	(三)自行辦理校內行政人員及教師國際教育專業知能研習		
	(四)教師組團參加國外舉辦之國際教育專業知能研習活動		
	(五)其他		
類別：學校國際化			
國際教育相關課程及教學活動		質性說明請條列簡要說明學校推動之項目與內容。	量化說明請條列簡要說明學校推動之規模與成效，如參與師生人數、執行之次數與頻率等。
現況	(一)營造校園國際化學習環境。		
	(二)設專責單位或指定專責人員辦理國際化事務。		
	(三)提供教務、學務及行政國際化作業服務。		
	(四)採國際化教學及學習，促進文化交流。		
	(五)其他		

說明：

1.填寫內容為近 2 年辦理國際教育的質與量情形，請簡要條列說明。

2.請參考「教育部補助高級中等以下學校推動國際教育計畫要點」之附表補助項目及基準內涵提出說明。

二、學校推動國際教育之未來目標設定

目標	指　　標	現況自評	各指標之推動年度					110 年預計達成指標值 S
			106	107	108	109	110	
1. 國家認同	1. 深入了解自我文化的特質							
	2. 認識臺灣特殊的歷史定位							
	3. 體認國家在國際社會的特殊處境							
	4. 正視自己對國家的責任							
2. 國際素養	1. 理解不同文化							
	2. 尊重不同文化							
	3. 欣賞不同文化							
	4. 接觸並認識國際及全球議題							
	5. 學習跨文化溝通的知識與技巧							
3. 全球競合力	1. 瞭解國際間競爭與合作實際運作情形							
	2. 強化學生參加國際交流及國際教育活動所需的多元外語能力、專業知識與技能							
	3. 鼓勵學生體驗國際競爭與合作經驗							
4. 全球責任感	1. 認識及尊重不同族群的異質文化							
	2. 強調人權與永續觀念							
	3. 體認世界和平的價值							
	4. 重視全球環境生態的相互依存性							
	5. 從日常生活中養成生命共同體的概念							

說明：

1. 撰寫內容：簡述學校未來 3-5 年的國際教育推動方向並依此訂定分年目標。

2. 撰寫方法與步驟：

(1)以「教育部中小學國際教育白皮書」揭櫫的四項政策目標之 17 項指標為方向訂定

及現況之檢視標準。

(2)推選校內推動國際教育之成員代表進行現況自評,評估對象為全校學生,自評之量化等級:「1」代表 20%以下學生能做到;「2」代表 21~40%學生能做到;「3」代表 41~60%學生能做到;「4」代表 61~80%學生能做到;「5」代表 81%以上學生能做到。自評程序為:(1)瞭解國際教育理念與四大目標的意涵;(2)溝通評分標準;(3)依據校內推動現況及成果進行評分。

(3)依據現況自評結果決定國際教育分年(3-5 年)推動目標。

(4)學校本位分年目標可依據現況自評結果,衡量學校為達到國際教育推動指標,落後與先進指標間如何平衡,以校本精神與需求,設定各推動指標之實施學年度。

貳、年度方案

每一項目計畫應發展下列一至二內容，每校每年度至多辦理兩類計畫；每類計畫至多辦理兩個項目計畫。

計畫〇：（請填寫計畫編號及名稱）

（例如：計畫1：〇〇〇〇〇〇〇〇〇〇）

一、計畫目標之操作型定義及差異評估

計畫類別：				計畫項目：		
參與計畫之教師：				說明參與計畫教師之人數及領域別		
參與計畫學生之科別/年級/班級：						
國際教育目標	校本重點推動指標	操作型定義(S_1)	參與計畫學生之現況自評(P)（填列數字）	參與計畫學生之現況與標準差異(D) D=S-P （填列數字）	差異(D)說明（質性描述）
例：2.國際素養	例：2-4 接觸並認識國際及全球議題	認知： 2-4-1 學生藉由閱讀及與夥伴學校討論國際新聞，了解國際間在政治、生態及科技等發展的情勢。			
		情意： 2-4-2 學生能列舉全球面臨與關心的議題(至少3項)。			
		技能(行動)： 2-4-3 學生能對全球面臨與關心的議題提出自己的想法(至少2個議題)。			

（每項目計畫填寫一份）

說明：

1.申辦「教師專業成長」類計畫，本表可不必填寫。

2.撰寫內容：呈現校本重點推動指標的操作型定義，並就校本重點推動指標之操作型定義(S_1)進行自評，並呈現學校自評結果(P)與 110 年預計達成指標值(S)的落差(D)。

3.操作型定義撰寫方式：

　(1)第一個編號代表國際教育的 4 大目標(1：國家認同；2：國際素養；3：全球競合力；4：全球責任感)。

　(2)第二個編號代表國際教育 17 項指標。

　(3)請參考該年段的能力指標、學校分年國際教育重點推動指標，以及國際教育白皮書之推動策略等進行編寫。每個指標編寫 2-3 個操作型定義。

二、計畫內容

　(一)實施對象

　(二)具體內容及配套措施(課程發展與教學類)

　　1.相關領域/科目：

　　2.課程主題：

　　3.課程架構：

　　4.課程實施方式：

　　5.學生學習評量方式：

　　6.計畫期程：

　(二)具體內容及配套措施(國際交流類)

　　1.交流單位：

　　2.相關領域/科目：

　　3.課程主題：

　　4.前置規劃：

　　5.交流活動：

　　6.學生學習評量方式：

　　7.活動檢討：

　　8.計畫期程：

　(二)具體內容及配套措施(教師專業成長類)

　　1.實施時間：　　年　　月　　日至　　　年　　月　　日

2.實施主題：

3.實施內容：

4.活動檢討：

5.計畫期程：

(二)具體內容及配套措施(學校國際化類)

1.實施時間：　　年　　月　　日至　　　年　　月　　　日

2.相關領域/科目：

3.計畫主題：

4.實施內容:

5.計畫期程:

(三)經費需求

名稱	單價	數量/單位	總價	學校自籌	申請教育部補助	主管行政機關配合款	其他配合款	用途說明(本欄必填)
經常門								
業務費								
小計								
雜支								
總計								

說明：

請依據「教育部國民及學前教育署補助高級中等以下學校推動國際教育要點」以及教育部補助及委辦經費核撥結報作業要點之相關規定申請。

附件一、教師組團參加國外舉辦之國際教育專業知能研習活動**相關證明文件**(研討會註冊證明、研討會議程及網址)

附件二之1：研討會註冊證明

附件二之2：研討會議程及網址

附錄三　2012-2018 年申辦 SIEP 學校名冊

2012-2018 年申辦 SIEP 學校名冊

縣市別	學校編號	學校名稱	班級數	2012	2013	2014	2015	2016	2017	2018
新北市	014631	有木國小	6		V	V		V		
新北市	014680	雲海國小	6			V				
新北市	014717	興仁國小	6	V						
新北市	014684	烏來國(中)小	7	V						
新北市	014742	更寮國小	14		V			V		
新北市	014748	米倉國小	15					V	V	V
新北市	014657	白雲國小	18		V					
新北市	014811	青山國(中)小	18					V		
新北市	014602	國光國小	25					V		
新北市	014740	明志國小	35			V		V	V	
新北市	014766	中山國小	40		V					
新北市	014791	中信國小	40			V		V		
新北市	014613	樹林國小	56	V						
新北市	014782	鄧公國小	56			V				
新北市	014783	新興國小	58					V		
新北市	014670	大豐國小	61					V	V	V
新北市	014608	江翠國小	64	V					V	V
新北市	014735	丹鳳國小	64		V	V				
新北市	014787	仁愛國小	68			V				
新北市	014637	積穗國小	71	V						
新北市	014607	海山國小	90			V				
新北市	014649	廣福國小	91			V				
新北市	014808	忠義國小	91					V		

縣市別	學校編號	學校名稱	班級數	2012	2013	2014	2015	2016	2017	2018
宜蘭縣	024607	凱旋國小	16	∨	∨					
宜蘭縣	024604	新生國小	17					∨		
宜蘭縣	024614	竹林國小	24	∨				∨		
宜蘭縣	024629	礁溪國小	26	∨						
宜蘭縣	024601	中山國小	27	∨	∨	∨		∨		
宜蘭縣	024610	羅東國小	31		∨					
宜蘭縣	024611	成功國小	31	∨	∨	∨	∨	∨	∨	
宜蘭縣	024605	光復國小	46	∨	∨	∨				
宜蘭縣	024613	北成國小	54	∨	∨	∨	∨			
宜蘭縣	024612	公正國小	57			∨				
桃園市	034707	北湖國小	6				∨			
桃園市	034732	義盛國小	6		∨					
桃園市	034751	迴龍國(中)小	12						∨	∨
桃園市	034712	觀音國小	21	∨	∨					
桃園市	034674	青埔國小	24	∨				∨		
桃園市	034630	果林國小	27			∨				
桃園市	034609	南門國小	30		∨					
桃園市	034725	石門國小	32		∨					
桃園市	034649	瑞豐國小	39		∨					
桃園市	034768	瑞塘國小	42	∨						
桃園市	034610	西門國小	52					∨		
桃園市	034775	莊敬國小	56						∨	∨
桃園市	034685	忠貞國小	70				∨			
新竹縣	044657	五龍國小	6	∨						
新竹縣	044675	五峰國小	6		∨					
新竹縣	044647	大肚國小	13	∨						

縣市別	學校編號	學校名稱	班級數	2012	2013	2014	2015	2016	2017	2018
新竹縣	044651	新豐國小	32				V			
新竹縣	044684	東興國小	43	V						
新竹縣	044627	竹北國小	49		V	V	V	V	V	
花蓮縣	150601	東華大學附小	30		V	V	V	V	V	V
花蓮縣	154605	中正國小	36		V					
基隆市	173620	仙洞國小	6	V						
基隆市	173623	中華國小	6					V		
基隆市	173632	尚仁國小	6	V	V	V	V			
基隆市	173610	東光國小	7		V	V				
基隆市	173616	安樂國小	20				V			
基隆市	173606	東信國小	21				V	V	V	
新竹市	183606	竹蓮國小	26				V	V	V	
新竹市	183625	頂埔國小	28			V	V			
新竹市	180601	清華大學附小	34					V	V	V
新竹市	183626	舊社國小	43	V						
新竹市	180301	科學工業園區高中附設國小部	48					V		
新竹市	183611	載熙國小	53	V	V					
臺北市	413604	陽明山國小	6					V		
臺北市	423609	湖山國小	6	V						
臺北市	333609	公館國小	12	V						
臺北市	380601	政大實小	12			V		V		
臺北市	313601	松山國小	27	V						
臺北市	363601	蓬萊國小	27						V	V
臺北市	383606	志清國小	27						V	V
臺北市	313607	民族國小	28	V						

縣市別	學校編號	學校名稱	班級數	2012	2013	2014	2015	2016	2017	2018
臺北市	413619	三玉國小	32	V		V		V		
臺北市	383607	景興國小	36			V				
臺北市	330601	台北教育大學附小	38			V			V	V
臺北市	403613	麗湖國小	45		V					
臺北市	413605	社子國小	48		V					
臺北市	423616	文化國小	54					V		
臺北市	353604	國語實小	57	V						
臺北市	413615	天母國小	57		V					
臺北市	353606	東門國小	59					V		
臺北市	403601	內湖國小	59					V		
金門縣	714603	中正國小	43						V	
苗栗縣	054675	錦水國小	17	V						
苗栗縣	054680	新港國(中)小	19					V	V	
苗栗縣	054679	後龍國小	25		V	V	V	V		
苗栗縣	054720	蟠桃國小	27			V	V	V	V	
苗栗縣	054717	文華國小	35	V	V	V	V	V	V	
臺中市	064648	協成國小	6		V					
臺中市	064762	東新國小	12				V			
臺中市	064698	旭光國小	13		V		V			
臺中市	064656	三田國小	16	V	V	V				
臺中市	064653	西寧國小	26					V		
臺中市	064654	建國國小	26						V	V
臺中市	064705	大里國小	27						V	V
臺中市	064707	崇光國小	48	V	V	V				
臺中市	064738	益民國小	52		V			V		
臺中市	064760	頭家國小	62		V		V	V		

縣市別	學校編號	學校名稱	班級數	2012	2013	2014	2015	2016	2017	2018
臺中市	064652	清水國小	63				V			
彰化縣	074624	僑愛國小	6			V				
彰化縣	074702	東和國小	6				V	V		
彰化縣	074728	僑義國小	6						V	
彰化縣	074749	西港國小	6				V			
彰化縣	074763	建新國小	6	V	V	V				
彰化縣	074708	湳雅國小	9						V	
彰化縣	074725	中和國小	10					V		
彰化縣	074606	東芳國小	23					V		
彰化縣	074774	信義國(中)小	23	V						
彰化縣	074683	僑信國小	54					V	V	
彰化縣	074601	中山國小	57					V	V	
彰化縣	074680	員林國小	75						V	
南投縣	084614	千秋國小	6		V	V	V	V		
南投縣	084677	中寮國小	7				V			
南投縣	084612	嘉和國小	8			V	V	V		
雲林縣	094624	新光國小	6					V		
雲林縣	094632	大東國小	6	V						
雲林縣	094667	龍巖國小	6		V					
雲林縣	094673	同安國小	6	V						
雲林縣	094711	東榮國小	6			V				
雲林縣	094716	新生國小	6	V						
雲林縣	094603	溝壩國小	12					V	V	
雲林縣	094639	大美國小	12					V		
雲林縣	094605	石榴國小	17	V	V	V	V	V	V	
雲林縣	094666	褒忠國小	18	V						

縣市別	學校編號	學校名稱	班級數	2012	2013	2014	2015	2016	2017	2018
臺中市	193637	大坑國小	11					∨		
臺中市	193619	健行國小	22	∨	∨					
臺中市	190601	臺中教大附小	30		∨	∨		∨		
臺中市	193601	中區光復國小	30					∨		
臺中市	193651	上石國小	34		∨					
臺中市	193662	惠來國小	34		∨					
臺中市	193663	大墩國小	36			∨				
臺中市	193656	惠文國小	96	∨	∨	∨				
嘉義縣	104708	中和國小	5				∨			
嘉義縣	104605	松梅國小	6		∨	∨	∨	∨		
嘉義縣	104606	大鄉國小	6			∨				
嘉義縣	104630	美林國小	6				∨			
嘉義縣	104665	過路國小	6					∨		
嘉義縣	104676	忠和國小	6	∨	∨		∨			
嘉義縣	104692	灣潭國小	6		∨					
嘉義縣	104717	太平國小	6			∨				
嘉義縣	104736	布新國小	9			∨	∨			
嘉義縣	104721	大南國小	11		∨	∨				
嘉義縣	104670	安東國小	12	∨						
嘉義縣	104672	新埤國小	12	∨	∨	∨	∨			
嘉義縣	104634	文昌國小	18				∨		∨	
嘉義縣	104739	平林國小	18		∨	∨				
嘉義縣	104742	祥和國小	24	∨						
嘉義縣	104633	新港國小	28	∨	∨	∨	∨	∨	∨	
嘉義縣	104625	興中國小	29	∨						
臺南市	114602	文賢國小	6				∨	∨	∨	∨

縣市別	學校編號	學校名稱	班級數	2012	2013	2014	2015	2016	2017	2018
臺南市	114663	安業國小	6		∨	∨	∨			
臺南市	114664	北勢國小	6		∨			∨		
臺南市	114672	子龍國小	6					∨		
臺南市	114747	文昌國小	6					∨		
臺南市	114750	竹門國小	6					∨		
臺南市	114762	新山國小	6	∨						
臺南市	114699	北門國小	11	∨	∨	∨	∨		∨	∨
臺南市	114706	學甲國小	16						∨	∨
臺南市	114609	歸仁國小	22					∨		
臺南市	114660	培文國小	26						∨	
臺南市	114784	永康區勝利國小	26		∨					
臺南市	114625	三村國小	36	∨						
臺南市	114776	崑山國小	52		∨		∨	∨		
臺南市	114654	新市國小	54	∨		∨	∨		∨	∨
高雄市	124620	忠義國小	8					∨		∨
高雄市	124607	誠正國小	10	∨						
高雄市	124640	鳥松國小	22			∨				
高雄市	124601	鳳山國小	23	∨						
高雄市	124753	橋頭國小	25							∨
屏東縣	134632	仕絨國小	6			∨		∨		
屏東縣	134752	泰武國小	6	∨		∨				
屏東縣	134773	瑞光國小	14		∨	∨			∨	
屏東縣	130601	屏東大學附小	24		∨	∨	∨	∨	∨	∨
屏東縣	134651	潮州國小	26		∨	∨				
屏東縣	134606	鶴聲國小	44			∨	∨	∨		
臺東縣	144618	富岡國小	6		∨			∨		

331

縣市別	學校編號	學校名稱	班級數	2012	2013	2014	2015	2016	2017	2018
臺東縣	144621	溫泉國小	6	✓	✓	✓			✓	
臺東縣	144703	興隆國小	6						✓	
臺東縣	144651	福原國小	9			✓				
臺東縣	144625	富山國小	11						✓	
臺東縣	144610	康樂國小	12	✓	✓					
臺東縣	144701	東海國小	24	✓						
臺東縣	140601	台東大學附小	40			✓	✓	✓	✓	✓
嘉義市	203619	文雅國小	12	✓	✓	✓	✓	✓	✓	
嘉義市	203611	北園國小	14	✓	✓	✓	✓	✓	✓	
嘉義市	203618	港坪國小	24	✓			✓	✓	✓	
嘉義市	203614	蘭潭國小	25	✓						
嘉義市	203610	林森國小	26	✓			✓	✓	✓	
嘉義市	203609	僑平國小	28	✓						
嘉義市	200601	嘉義大學附小	30		✓	✓		✓	✓	✓
嘉義市	203606	大同國小	35					✓	✓	
嘉義市	203616	世賢國小	36		✓		✓	✓	✓	
嘉義市	203601	崇文國小	52	✓	✓	✓	✓	✓	✓	
嘉義市	203608	嘉北國小	54	✓	✓					
臺南市	213625	西門實驗小學	15				✓	✓	✓	✓
臺南市	210601	臺南大學附小	36		✓	✓	✓	✓	✓	✓
臺南市	213616	立人國小	39					✓	✓	✓
臺南市	213606	崇學國小	59					✓	✓	✓
臺南市	213644	億載國小	65				✓	✓		
臺南市	213638	海佃國小	71					✓		
臺南市	213639	東區復興國小	76		✓				✓	✓
臺南市	213640	崇明國小	81	✓	✓	✓	✓	✓	✓	✓

縣市別	學校編號	學校名稱	班級數	2012	2013	2014	2015	2016	2017	2018
高雄市	563602	大同國小	12					✓		
高雄市	513603	光榮國小	14					✓		
高雄市	543609	油廠國小	26					✓		
高雄市	583601	苓洲國小	28	✓	✓	✓		✓		✓
高雄市	553605	正興國小	43			✓				✓
高雄市	593613	前鎮區民權國小	48		✓					
高雄市	543606	加昌國小	57		✓	✓	✓	✓		
高雄市	553613	陽明國小	70					✓		
高雄市	583605	四維國小	82	✓	✓	✓				
高雄市	523606	龍華國小	88	✓	✓	✓		✓		
高雄市	553611	東光國小	67			✓				

附錄四　預試問卷

國民小學國際教育實施現況之研究—以 2012~2018 年申辦 SIEP 學校為例
調查問卷（預試問卷）

敬愛的教育先進，您好：
　　首先感謝您在百忙之中協助填答本問卷。中小學國際教育之推動已逾六年，為了瞭解您對國民小學推動國際教育現況之策略模式、執行之困境以及推動成效，懇請您依據學校執行現況及自己理解的實際情形填答以下的問題。本問卷僅供學術研究與決策建議之用，敬請安心作答。您提供的意見非常寶貴，再次謝謝您撥冗幫忙與協助。
　　敬祝
教安

國立暨南大學教育政策與行政學系（所）
指導教授：蔡金田　博士
博士班研究生：劉素珠　敬上
2018.04.

填答說明：請依個人情況填寫下列問題或在□內打「∨」。

【個人基本資料】

1. 學校位置：　□(1) 北區　□(2) 中區　□(3) 南區。

2. 學校規模：□(1) 12(含)班以下　□(2) 13~24班　　□(3) 25(含)班以上

3. 最高學歷：□(1) 師院、師大或一般大學教育院系畢業

　　　　　　□(2) 一般大學（學院）修畢師資職前教育課程

　　　　　　□(3) 碩士　　　　　□(4) 博士

4. 服務年資：□(1) 10(含)年以下　□(2) 11~15年　　□(3) 16~20年

　　　　　　□(4) 21(含)年以上

5. 擔任職務：□(1) 兼任行政人員（□校長　□主任　□組長）

　　　　　　□(2) 級任教師（導師）　　　□(3) 科任教師（專任教師）

【問卷內容】：請依學校執行現況及自己理解的實際情形填寫下列問題，在適當選項□打「V」。

	完全符合 5	大部分符合 4	部分符合 3	大部分不符合 2	完全不符合 1

【第一部分　推動國際教育之輸入面向】

一、推動國際教育之理念

1. 我理解不同國家族群文化的差異。	□	□	□	□	□
2. 我喜歡我的國家族群文化。	□	□	□	□	□
3. 我體認地球村各國的關聯性。	□	□	□	□	□
4. 我會主動關心國際議題。	□	□	□	□	□
5. 我能接納不同種族文化的族群。	□	□	□	□	□
6. 我樂意推動學校本位國際教育計畫。	□	□	□	□	□

二、教師國際教育知能

7. 我對世界各國有基本瞭解。	□	□	□	□	□
8. 我瞭解教育部頒布《中小學國際教育白皮書》的內容。	□	□	□	□	□
9. 我會向外國人介紹我國文化特色。	□	□	□	□	□
10. 我能具體瞭解國際教育的意義與內涵。	□	□	□	□	□
11. 我會主動參加與國際教育相關議題的研習。	□	□	□	□	□
12. 除了本國語言，我至少具備一種外語能力。	□	□	□	□	□
13. 我願意參與國際教育專業社群。	□	□	□	□	□

二、學校環境與設備

14. 我能製作多媒體教材進行國際議題教學。	□	□	□	□	□
15. 學校環境佈置能幫助國際教育的推動。	□	□	□	□	□
16. 我認為學校的資訊設備對進行國際交流很有幫助。	□	□	□	□	□

	完全符合 5	大部分符合 4	部分符合 3	大部分不符合 2	完全不符合 1
17. 學校各班級教室會佈置世界各地訊息。	☐	☐	☐	☐	☐
18. 我會佈置學校或教室情境以營造國際教育學習氣氛。	☐	☐	☐	☐	☐
19. 配合國際教育推動,學校會定期汰舊換新相關教學設施。	☐	☐	☐	☐	☐

三、經費與資源整合

	5	4	3	2	1
20. 社區家長都能參與學校的國際教育活動。	☐	☐	☐	☐	☐
21. 學校會爭取經費推動國際教育。	☐	☐	☐	☐	☐
22. 學校會充實環境設備推動國際教育教學或活動。	☐	☐	☐	☐	☐
23. 學校會整合學校內外部資源推動國際教育。	☐	☐	☐	☐	☐
24. 學校會爭取民間社會資源推動國際教育。	☐	☐	☐	☐	☐
25. 學校會與各大專院校合作推動國際教育。	☐	☐	☐	☐	☐

【第二部分　推動國際教育之過程面向】

一、學校文化與氛圍

	5	4	3	2	1
26. 學校行政主管非常支持國際教育之推動。	☐	☐	☐	☐	☐
27. 推動國際教育能凝聚全體教師對學校發展之共識。	☐	☐	☐	☐	☐
28. 推動國際教育能彰顯學校特色。	☐	☐	☐	☐	☐
29. 學校同仁都願意額外付出心力推動國際教育工作。	☐	☐	☐	☐	☐
30. 學校已成立國際教育教師專業社群。	☐	☐	☐	☐	☐
31. 推動國際教育能啟動親師合作機制。	☐	☐	☐	☐	☐

二、行政領導與執行

	5	4	3	2	1
32. 我認為推動國際教育啟動學校團隊合作的機制。	☐	☐	☐	☐	☐
33. 學校推動國際教育會適時追蹤實施進程。	☐	☐	☐	☐	☐
34. 學校規劃國際教育能考量在地脈絡。	☐	☐	☐	☐	☐

	完全符合	大部分符合	部分符合	大部分不符合	完全不符合
	5	4	3	2	1
35. 學校會向全體教職員說明國際教育計畫執行之內容。	☐	☐	☐	☐	☐
36. 學校行政人員與教師能互相討論或分享推動國際教育實務。	☐	☐	☐	☐	☐
37. 學校辦理國際教育活動會保留弱勢學生參與機會。	☐	☐	☐	☐	☐

三、課程規劃與設計

38. 我會將國際教育議題設計在各領域課程規劃中。	☐	☐	☐	☐	☐
39. 我會參照國際教育能力指標研訂國際教育課程計畫。	☐	☐	☐	☐	☐
40. 我會依據學生能力選編適合之國際教育教材。	☐	☐	☐	☐	☐
41. 我會應用國際教育資源手冊設計課程。	☐	☐	☐	☐	☐
42. 學校規劃國際教育課程目標會與願景互相配合。	☐	☐	☐	☐	☐
43. 學校研發的國際教育課程會分享在網站上。	☐	☐	☐	☐	☐
44. 學校會將校本課程融入國際教育活動中。	☐	☐	☐	☐	☐

四、統整教學與活動

45. 我能連結學生生活經驗，引發學生學習國際教育之動機。	☐	☐	☐	☐	☐
46. 我會清晰呈現國際教育教材內容引導學生學習。	☐	☐	☐	☐	☐
47. 我會彈性靈活運用教學方法擴展學生國際視野。	☐	☐	☐	☐	☐
48. 我會根據評量結果調整國際教育課程教學。	☐	☐	☐	☐	☐
49. 學校會結合各項活動推動國際教育。	☐	☐	☐	☐	☐
50. 學校會以國際教育目標為主軸辦理各項教學活動。	☐	☐	☐	☐	☐
51. 我能利用 iEARN、網頁、臉書或 Line 等科技管道，分享國際教育教學訊息。	☐	☐	☐	☐	☐

	完全符合 5	大部分符合 4	部分符合 3	大部分不符合 2	完全不符合 1
【第三部分　推動國際教育之輸出面向】					
一、行政領導成效					
52. 學校執行國際教育工作團隊已具成效。	☐	☐	☐	☐	☐
53. 學校會針對實施國際教育之困境提出解決策略。	☐	☐	☐	☐	☐
54. 學校針對補助經費能合理有效規劃與執行運用。	☐	☐	☐	☐	☐
55. 學校規劃國際教育能連結在地脈絡。	☐	☐	☐	☐	☐
56. 行政與教師能分享推動實務，提升國際教育成效。	☐	☐	☐	☐	☐
57. 學校能能依據教師專長做好任務分工。	☐	☐	☐	☐	☐
二、課程教學成效					
58. 我能應用國際教育相關研習知能在行政或教學。	☐	☐	☐	☐	☐
59. 我會適時將國際教育議題融入課室教學中。	☐	☐	☐	☐	☐
60. 我能激發學生投入國際教育議題學習興趣。	☐	☐	☐	☐	☐
61. 我能將國際教育議題連結各學科內容教學。	☐	☐	☐	☐	☐
62. 我能將國際教育議題連結學生生活和真實世界。	☐	☐	☐	☐	☐
63. 我能以學生為中心設計國際教育議題教學策略。	☐	☐	☐	☐	☐
64. 我能將國際教育抽象概念的教材具體化。	☐	☐	☐	☐	☐
65. 我會運用多元評量評估學生國際教育學習成效。	☐	☐	☐	☐	☐
三、學生學習成效					
66. 學生具備向外國人介紹學校在地特色的基本能力。	☐	☐	☐	☐	☐
67. 學生能瞭解我國與世界其他國家文化特質的差異。	☐	☐	☐	☐	☐
68. 學生能喜歡自己的在地文化。	☐	☐	☐	☐	☐
69. 學生參與國際教育教學與活動能尊重其他族群。	☐	☐	☐	☐	☐
70. 學生能簡扼說明全球重要議題，如：環境生態保護。	☐	☐	☐	☐	☐

	完全符合	大部分符合	部分符合	大部分不符合	完全不符合
	5	4	3	2	1
71. 遇到不同語言或種族的人，學生願意與他們互動溝通。	☐	☐	☐	☐	☐
72. 學生能舉例說出國際文化的多樣性。	☐	☐	☐	☐	☐
73. 學生喜歡學習世界各地不同的文化。	☐	☐	☐	☐	☐
74. 學生能體認地球村是生命共同體的概念。	☐	☐	☐	☐	☐
75. 學生能從時事中體認全球的競爭情形。	☐	☐	☐	☐	☐
76. 學生能從日常用品中了解全球合作分工的情形。	☐	☐	☐	☐	☐
77. 學生願意聲援國際弱勢者。	☐	☐	☐	☐	☐
78. 學生能接納或同理不同生長背景的同學。	☐	☐	☐	☐	☐
79. 學生能透過主題探討了解自己應擔負的全球責任。	☐	☐	☐	☐	☐
80. 學生能主動幫助遭遇困難的同學。	☐	☐	☐	☐	☐

【第四部分　推動國際教育的困境】（複選題）

81. 推動國際教育輸入面向之困難（可複選）

☐推動國際教育之理念
☐教師國際教育知能
☐學校環境與設備
☐經費與資源整合

82. 推動國際教育過程面向之困難（可複選）

☐學校文化與氛圍
☐行政領導與執行
☐課程規劃與設計
☐統整教學與活動
☐國際交流與旅行

【問卷到此結束，敬請檢閱是否有遺漏填答之問題。謝謝您的協助！】

附錄五　正式問卷

國民小學國際教育實施現況之研究—以 2012~2018 年申辦 SIEP 學校為例
調查問卷（正式問卷）

敬愛的教育先進，您好：
　　首先感謝您在百忙之中協助填答本問卷。中小學國際教育之推動已逾六年，為了瞭解您對國民小學推動國際教育現況之策略模式、執行之困境以及推動成效，懇請您依據學校執行現況及自己理解的實際情形填答以下的問題。本問卷僅供學術研究與決策建議之用，敬請安心作答。您提供的意見非常寶貴，再次謝謝您撥冗幫忙與協助。
　　敬祝
教安

國立暨南大學教育政策與行政學系（所）
指導教授：蔡金田　博士
博士班研究生：劉素珠　敬上
2018.09.

填答說明：請依個人情況填寫下列問題或在□內打「∨」。

【個人基本資料】

1. 學校位置：　□(1) 北區　　□(2) 中區　　□(3) 南區。

2. 學校規模：□(1) 12(含)班以下　□(2) 13~24班　□(3) 25(含)班以上

3. 最高學歷：□(1) 師院、師大或一般大學教育院系畢業

　　　　　　□(2) 一般大學（學院）修畢師資職前教育課程

　　　　　　□(3) 碩士　　　　□(4) 博士

4. 服務年資：□(1) 10(含)年以下　□(2) 11~15年　□(3) 16~20年

　　　　　　□(4) 21(含)年以上

5. 擔任職務：□(1) 兼任行政人員（□校長　□主任　□組長）

　　　　　　□(2) 級任教師（導師）　　　□(3) 科任教師（專任教師）

【問卷內容】：請依學校執行現況及自己理解的實際情形填寫下列問題，在適當選項□打「∨」。

	完全符合 5	大部分符合 4	部分符合 3	大部分不符合 2	完全不符合 1
【第一部分 推動國際教育之輸入面向】					
一、推動國際教育之理念					
1. 我理解不同國家族群文化的差異。	□	□	□	□	□
2. 我喜歡我的國家族群文化。	□	□	□	□	□
3. 我體認地球村各國的關聯性。	□	□	□	□	□
4. 我會主動關心國際議題。	□	□	□	□	□
5. 我能接納不同種族文化的族群。	□	□	□	□	□
6. 我樂意推動學校本位國際教育計畫。	□	□	□	□	□
二、教師國際教育知能					
7. 我會向外國人介紹我國文化特色。	□	□	□	□	□
8. 我能具體瞭解國際教育的意義與內涵。	□	□	□	□	□
9. 我會主動參加與國際教育相關議題的研習。	□	□	□	□	□
10. 除了本國語言，我至少具備一種外語能力。	□	□	□	□	□
11. 我願意參與國際教育專業社群。	□	□	□	□	□
二、學校環境與設備					
12. 我能製作多媒體教材進行國際議題教學。	□	□	□	□	□
13. 學校環境佈置能幫助國際教育的推動。	□	□	□	□	□
14. 我認為學校的資訊設備對進行國際交流很有幫助。	□	□	□	□	□

…	完全符合 5	大部分符合 4	部分符合 3	大部分不符合 2	完全不符合 1
15. 我會佈置學校或教室情境以營造國際教育學習氣氛。	☐	☐	☐	☐	☐
16. 配合國際教育推動，學校會定期汰舊換新相關教學設施。	☐	☐	☐	☐	☐

三、經費與資源整合

17. 社區家長都能參與學校的國際教育活動。	☐	☐	☐	☐	☐
18. 學校會爭取經費推動國際教育。	☐	☐	☐	☐	☐
19. 學校會充實環境設備推動國際教育教學或活動。	☐	☐	☐	☐	☐
20. 學校會整合學校內外部資源推動國際教育。	☐	☐	☐	☐	☐
21. 學校會爭取民間社會資源推動國際教育。	☐	☐	☐	☐	☐
22. 學校會與各大專院校合作推動國際教育。	☐	☐	☐	☐	☐

【第二部分　推動國際教育之過程面向】
一、學校文化與氛圍

23. 學校行政主管非常支持國際教育之推動。	☐	☐	☐	☐	☐
24. 推動國際教育能凝聚全體教師對學校發展之共識。	☐	☐	☐	☐	☐
25. 推動國際教育能彰顯學校特色。	☐	☐	☐	☐	☐
26. 學校同仁都願意額外付出心力推動國際教育工作。	☐	☐	☐	☐	☐
27. 學校已成立國際教育教師專業社群。	☐	☐	☐	☐	☐

二、行政領導與執行

28. 我認為推動國際教育啟動學校團隊合作的機制。	☐	☐	☐	☐	☐
29. 學校推動國際教育會適時追蹤實施進程。	☐	☐	☐	☐	☐
30. 學校規劃國際教育能考量在地脈絡。	☐	☐	☐	☐	☐

	完全符合 5	大部分符合 4	部分符合 3	大部分不符合 2	完全不符合 1
31. 學校會向全體教職員說明國際教育計畫執行之內容。	☐	☐	☐	☐	☐
32. 學校行政人員與教師能互相討論或分享推動國際教育實務。	☐	☐	☐	☐	☐

三、課程規劃與設計

33. 我會參照國際教育能力指標研訂國際教育課程計畫。	☐	☐	☐	☐	☐
34. 我會依據學生能力選編適合之國際教育教材。	☐	☐	☐	☐	☐
35. 我會應用國際教育資源手冊設計課程。	☐	☐	☐	☐	☐
36. 學校規劃國際教育課程目標會與願景互相配合。	☐	☐	☐	☐	☐
37. 學校研發的國際教育課程會分享在網站上。	☐	☐	☐	☐	☐
38. 學校會將校本課程融入國際教育活動中。	☐	☐	☐	☐	☐

四、統整教學與活動

39. 我能連結學生生活經驗，引發學生學習國際教育之動機。	☐	☐	☐	☐	☐
40. 我會清晰呈現國際教育教材內容引導學生學習。	☐	☐	☐	☐	☐
41. 我會彈性靈活運用教學方法擴展學生國際視野。	☐	☐	☐	☐	☐
42. 我會根據評量結果調整國際教育課程教學。	☐	☐	☐	☐	☐
43. 學校會結合各項活動推動國際教育。	☐	☐	☐	☐	☐

【第三部分　推動國際教育之輸出面向】

四、行政領導成效

44. 學校執行國際教育工作團隊已具成效。	☐	☐	☐	☐	☐
45. 學校會針對實施國際教育之困境提出解決策略。	☐	☐	☐	☐	☐

	完全符合 5	大部分符合 4	部分符合 3	大部分不符合 2	完全不符合 1
46. 學校針對補助經費能合理有效規劃與執行運用。	☐	☐	☐	☐	☐
47. 學校規劃國際教育能連結在地脈絡。	☐	☐	☐	☐	☐
48. 行政與教師能分享推動實務，提升國際教育成效。	☐	☐	☐	☐	☐
49. 學校能依據教師專長做好任務分工。	☐	☐	☐	☐	☐
五、課程教學成效					
50. 我能應用國際教育相關研習知能在行政或教學上。	☐	☐	☐	☐	☐
51. 我會適時將國際教育議題融入課室教學中。	☐	☐	☐	☐	☐
52. 我能激發學生投入國際教育議題學習興趣。	☐	☐	☐	☐	☐
53. 我能將國際教育議題連結各學科內容教學。	☐	☐	☐	☐	☐
54. 我能以學生為中心設計國際教育議題教學策略。	☐	☐	☐	☐	☐
55. 我能將國際教育抽象概念的教材具體化。	☐	☐	☐	☐	☐
56. 我會運用多元評量評估學生國際教育學習成效。	☐	☐	☐	☐	☐
六、學生學習成效					
57. 學生具備向外國人介紹學校在地特色的基本能力。	☐	☐	☐	☐	☐
58. 學生能瞭解我國與世界其他國家文化特質的差異。	☐	☐	☐	☐	☐
59. 學生能喜歡自己的在地文化。	☐	☐	☐	☐	☐
60. 學生參與國際教育教學與活動能尊重其他族群。	☐	☐	☐	☐	☐
61. 學生能簡扼說明全球重要議題，如：環境生態保護。	☐	☐	☐	☐	☐
62. 遇到不同語言或種族的人，學生願意與他們互動溝通。	☐	☐	☐	☐	☐
63. 學生能舉例說出國際文化的多樣性。	☐	☐	☐	☐	☐

	完全符合 5	大部分符合 4	部分符合 3	大部分不符合 2	完全不符合 1
64. 學生喜歡學習世界各地不同的文化。	☐	☐	☐	☐	☐
65. 學生能體認地球村是生命共同體的概念。	☐	☐	☐	☐	☐
66. 學生能從時事中體認全球的競爭情形。	☐	☐	☐	☐	☐
67. 學生能從日常用品中了解全球合作分工的情形。	☐	☐	☐	☐	☐
68. 學生能主動幫助遭遇困難的同學。	☐	☐	☐	☐	☐

【第四部分　推動國際教育的困境】（複選題）

69. 推動國際教育輸入面向之困難（可複選）

☐(1)推動國際教育之理念
☐(2)教師國際教育知能
☐(3)學校環境與設備
☐(4)經費與資源整合

70. 推動國際教育過程面向之困難（可複選）

☐(1)學校文化與氛圍
☐(2)行政領導與執行
☐(3)課程規劃與設計
☐(4)統整教學與活動
☐(5)國際交流與旅行

【問卷到此結束，敬請檢閱是否有遺漏填答之情形。】　謝謝您的協助！

國家圖書館出版品預行編目(CIP)資料

臺灣國際教育政策與實踐 / 蔡金田, 劉素珠著.
-- 初版.-- 臺北市：元華文創, 2020.08
面； 公分

ISBN 978-957-711-179-1 (平裝)

1.教育政策 2.小學教學 3.國際化 4.文集

526.1107   109010058

臺灣國際教育政策與實踐

蔡金田　劉素珠　著

發 行 人：賴洋助
出 版 者：元華文創股份有限公司
公司地址：新竹縣竹北市台元一街 8 號 5 樓之 7
聯絡地址：100 臺北市中正區重慶南路二段 51 號 5 樓
電　　話：(02) 2351-1607　　傳　　真：(02) 2351-1549
網　　址：www.eculture.com.tw
E - m a i l：service@eculture.com.tw
出版年月：2020 年 08 月 初版
定　　價：新臺幣 460 元

ISBN：978-957-711-179-1 (平裝)

總經銷：聯合發行股份有限公司
地　址：231 新北市新店區寶橋路 235 巷 6 弄 6 號 4F
電 話：(02)2917-8022　　　　傳　真：(02)2915-6275